John C. Eccles
Wie das Selbst

SERIE PIPER

Zu diesem Buch

Ein faszinierendes Lese-Abenteuer: Der große alte Mann der Hirnforschung und Nobelpreisträger John C. Eccles setzt den Weg, den er in seinem Buch »Die Evolution des Gehirns – die Erschaffung des Selbst« eingeschlagen hat, konsequent fort und wagt sich weit hinaus auf ein Gebiet, das für die Neurowissenschaften bisher tabu war. Er unternimmt den Versuch, die Herrschaft des Geistes über die Materie, des Selbst über das Gehirn nachzuweisen. In einer Rückschau rechnet er endgültig mit der materialistischen Sichtweise der Neurowissenschaften ab und untersucht die Mechanismen einer möglichen Wechselwirkung zwischen Geist und Gehirn. Eccles weist nach, daß in dieser Wechselwirkung eindeutig der Geist dominiert – das Selbst kontrolliert sein Gehirn.

Sir John C. Eccles, 1903 geboren in Melbourne und 1997 in Locarno gestorben. Medizinstudium in Melbourne. Nach Promotion Lehrtätigkeit in Oxford, dann Institutsdirektor in Sydney. Professuren in Otago (Neuseeland), Canberra (Australien) und Buffalo (USA). 1963 Nobelpreis für gehirnphysiologische Forschung. Zahlreiche Veröffentlichungen im Piper Verlag.

John C. Eccles
Wie das Selbst sein Gehirn steuert

Aus dem Englischen von
Malte Heim

Mit zahlreichen Abbildungen

Piper München Zürich

Von John C. Eccles liegen in der Serie Piper außerdem vor:
Das Gehirn des Menschen (826)
Das Ich und sein Gehirn (mit Karl R. Popper, 1096)
Die Evolution des Gehirns – die Erschaffung des Selbst (1699)

Unveränderte Taschenbuchausgabe
1. Auflage Juni 1996
3. Auflage Mai 2000

Titel der englischen Originalausgabe:
»How the Self Controls its Brain«,
Springer Verlag Berlin, Heidelberg 1994

Umschlag: Büro Hamburg
Umschlagabbildung: Bayerische Staatsbibliothek, München
Satz: FotoSatz Pfeifer, München
Druck und Bindung: Clausen & Bosse, Leck
Printed in Germany ISBN 3-492-22286-2

In Bewunderung und Dankbarkeit meinem lieben Freund Dr. Dr. h.c. mult. Götze zum wundervollen Anlaß seines achtzigsten Geburtstages gewidmet

Inhalt

Mein Hirn soll meines Geistes Weibchen sein,
Mein Geist der Vater; diese zwei erzeugen
Dann ein Geschlecht stets brütender Gedanken,
Und die bevölkern diese kleine Welt
Voll Launen, wie die Leute dieser Welt:
Denn keiner ist zufrieden.
William Shakespeare, König Richard II.,
5. Aufzug, 4. Szene [1]

1 Heidelberg: L. Schneider, o. J., übers. von A. W. Schlegel (Anm. d. Übers.)

Vorwort

Der provozierende Titel dieses Buches steht für eine kühne Hypothese, die in wissenschaftlichen Untersuchungen – wie in den Kapiteln 4 bis 10 beschrieben – Schritt für Schritt entwickelt wurde.

Es ist sehr bedauerlich, daß die meisten Wissenschaftler auf dem Gebiet der Gehirnforschung immer noch Induktivisten sind und glauben, daß man Wissenschaft betreiben sollte, indem man im Experiment beobachtete Tatsachen in der Hoffnung sammelt, aus ihnen die wissenschaftliche Wahrheit herausfiltern zu können. Die wissenschaftliche Literatur über das Gehirn besteht wie in solchen Fällen üblich aus einer Flut von Berichten über Fakten mit sehr wenigen Hinweisen auf ihre Bedeutung im Licht einer vollständig ausformulierten wissenschaftlichen Hypothese. Popper hat in *The Logic of Scientific Discovery* (1958) (dt.: *Logik der Forschung*) gezeigt, daß Induktion als wissenschaftliche Methode unhaltbar ist. Fortschritte im wissenschaftlichen Verständnis im eigentlichen Sinne ergeben sich durch einen Hypothetico-Deduktivismus: Zu Beginn steht die Entwicklung einer Hypothese anhand einer Problemsituation, dann folgt ihre Überprüfung anhand der Summe des relevanten Wissens, und am Schluß wird ihre Fähigkeit geprüft, etwas zu erklären.

Ich habe mich mehrere Jahrzehnte lang bemüht, in meinen Untersuchungen zum *Geist-Gehirn-Problem* auf diese Art vorzugehen, wie es in den ersten Kapiteln dieses Buches beschrieben ist. Am Schluß (Kapitel 9 und 10) stelle ich eine Hypothese vor, von der ich glaube, daß sie ein kühnes »Wie« darstellt, aber auch sie ist immer noch nur eine Hypothese gemäß der Popper-Methode. Es ist höchst bedeutsam, daß zum ersten Mal in wissenschaftlicher Detailliertheit eine Hypothese zum Geist-Gehirn-Problem entwickelt wurde und daß sie den Erhaltungsgesetzen der Physik nicht widerspricht.

Die Philosophie der frühen Jahrzehnte dieses Jahrhunderts

hat uns in den lange die Szene beherrschenden trüben Lichtschimmer des Behaviorismus, des Ryleanismus, des logischen Positivismus, des Skinnerismus und dergleichen getaucht. Ich stimme mit der Bewertung durch Roger Sperry überein, wie sie in den Zitaten in Kapitel 3 zum Ausdruck kommt. Sperry und ich haben diese materialistische Interpretation der Wissenschaft vom Gehirn seit den fünfziger Jahren in Frage gestellt, aber man hat uns nicht zur Kenntnis genommen. Nach wie vor beherrschen Materialisten die Diskussion, weil sie einem dogmatischen Glaubenssystem anhängen, das sie zu einer fast religiösen Orthodoxie verpflichtet, wie sie sich in Edelmans materialistischer Metaphysik (Kapitel 3) ausdrückt.

Aber nun erhellt ein unverhoffter Glanz den allgegenwärtigen trüben Schimmer. Es ist ein überraschendes Interesse an der menschlichen Erfahrung des Bewußtseins erwacht. In Kapitel 3 finden Sie Auszüge aus vielen Veröffentlichungen speziell zum Thema Bewußtsein von Autoren wie Changeux, Crick und Koch, Dennett, Edelman, Hodgson, Penrose, Searle, Sperry und Stapp.

Allerdings darf man die Materialisten-Monisten nicht unterschätzen. Von Feigl (1967) und anderen wurde der seltsame Glaube an eine Identitätstheorie entwickelt, die besagt, daß mentale Ereignisse wie das Bewußtsein in gewisser Hinsicht »identisch« mit Gehirnereignissen sind (Kapitel 1, Abschnitt 3). Mit dieser rätselhaften Identitätshypothese werden mentale Zustände einfach zu vom Gehirn gesteuerten Ereignissen erklärt! Und die meisten Neurowissenschaftler glauben an einen materialistischen Monismus. Dieser vorherrschende Materialismus gesteht dem Gehirn die uneingeschränkte Herrschaft über den Geist zu – selbst in der Erfahrung des Bewußtseins.

Es gehört zu den wichtigsten Aufgaben dieses Buches, den Materialismus herauszufordern, vom Thron zu stoßen und das geistige Selbst als Herrscher im Gehirn wiedereinzusetzen. Wir alle, jeder einzelne von uns, haben – wenn wir es auch vielleicht nicht voll erkennen – die Gewißheit des bewußten Selbst im Zentrum unseres Seins, wie es Sherrington so poetisch beschrieben hat (siehe das Einleitungszitat zum 1. Kapitel). Das große Problem, mit dem jeder von uns konfrontiert wird, ist die Art und Weise, in der unser erfahrenes Selbst mit dem Gehirn in Beziehung steht. Dieses Problem wurde zuerst von den griechischen Philosophen Alkmeion von Kroton und Hippokrates erkannt, in der Folge haben es Philosophen von Plato bis Descartes behandelt. Vor rund einem Jahrhundert entwickelte William James eine Philosophie des Geistes, die heute von Philosophen und Neurowissenschaftlern weitgehend anerkannt wird, obwohl das Gehirn damals kaum verstanden war – wie James selbst voll und ganz erkannt hatte.

Mein lebenslanges starkes Interesse an dem Geist-Gehirn-Problem hat sich – da ich ein Schüler von Sherrington bin – auf das Gehirn konzentriert. Es war eine sehr lange, mühevolle Reise, bis ich es nun gemeinsam mit Beck wagte, eine neue Hypothese aufzustellen, die dieses Problem zum Inhalt hat (Kapitel 10).

Es gibt zwei großartige Konzepte, das »Ich« und das »Gehirn«, die gemeinsam in den Titeln von drei Büchern erscheinen: 1. *The Self and its Brain* (Popper und Eccles, 1977, dt. *Das Ich und sein Gehirn*, 1982 – den Titel hat sich Karl Popper ausgedacht); 2. *Evolution of the Brain, Creation of the Self* (Eccles, 1989, dt. *Die Evolution des Gehirns – die Erschaffung des Selbst*, 1993); 3. *How the Self Controls its Brain*, dt. *Wie das Selbst sein Gehirn steuert* – das vorliegende Buch.

Dieser letzte Titel ist recht gewagt, und das mit Absicht. Die Hypothese, daß das Selbst das Gehirn wirksam in seinen Absichten und Aufmerksamkeiten kontrollieren kann, eröffnet die Aussicht auf ein Selbst, das sein Gehirn beherrscht, wie es für jeden von uns als Kleinkind, in der Kindheit und im Verlauf eines naiven Erwachsenenlebens selbstverständlich war. Und doch leugnen die führenden materialistischen Philosophen diese Tatsache.

Somit stellt dieses Buch eine Herausforderung dar, der sich die Materialisten stellen müssen. Können sie behaupten, daß das Selbst nicht das Gehirn steuert, und können sie diese Behauptung durch wissenschaftliche Untersuchungen des menschlichen Neokortex in seiner ganzen Komplexität stützen? Man sollte meinen, daß Materialisten bei der Untersuchung des Neokortex in der vordersten Reihe stünden und die Neurowissenschaft am weitesten vorantrieben, aber sie bauen bei der Suche nach dem Ursprung des Bewußtseins auf die Komplexität neuraler Schaltkreise, wie es Changeux und Edelman im Kapitel 3 darlegen.

Wesentlich ist, daß Beck – ausgehend von ausgezeichneten Struktur- und Funktionsuntersuchungen der mikroskopischen Schlüsselorte des Neokortex (Akert, Fleischhauer, Peters, Redman und Mitarbeiter) – die Hypothese der Wechselbeziehung zwischen Geist und Gehirn mit Hilfe der Quantenphysik erklärt, ohne gegen die Erhaltungsgesetze der Physik zu verstoßen.

Sehr wichtig ist auch, daß der Kern der Hypothese in den Abbildungen 9.5 und 10.2 in Form von Diagrammen dargestellt wurde. Diese Abbildungen stellen den Höhepunkt des Buches dar, aber auf dem Weg zu diesem Höhepunkt müssen Sie mit vielen unerwarteten Episoden und Entdeckungen rechnen, so daß die Geschichte davon, »wie das Selbst sein Gehirn steuert«, in allen Zügen einem Roman gleicht – dem Roman meines Lebens.

Contra (TI), Schweiz, März 1993 *John C. Eccles*

1 Das Problem

Jeder Tag unseres Lebens ist eine Bühne, die zum guten oder schlechten – in einer Komödie, Farce oder Tragödie – von einer »dramatis persona« beherrscht wird: dem »Selbst«. Und so wird es bleiben, bis der Vorhang fällt. Dieses Selbst ist Einheit. Seine ständige Präsenz in der Zeit – manchmal kaum unterbrochen vom Schlaf –, seine unveräußerliche »Innerlichkeit« im sinnlichen Raum, seine Beständigkeit in der Art, die Dinge zu sehen, und die Privatheit seiner Erfahrung machen gemeinsam seine einzigartige Existenz aus... Es betrachtet sich selbst als Eines, andere betrachten es als Eines. Es wird als Eines angesprochen, mit einem Namen, auf den es hört. Gesetz und Staat legen es als Eines fest. Es selbst sowie Gesetz und Staat identifizieren es mit einem Körper, von dem sie alle übereinstimmend sagen, daß er mit ihm ein Ganzes bildet. Kurz gesagt, nach nie bezweifelter und in Frage gestellter Überzeugung ist es Eines. Die Logik der Grammatik bestätigt dies durch ein Pronomen im Singular. Die ganze Vielfalt des Selbst geht in einer Einheit auf.
Charles Sherrington, 1947

1.1 Einführung

Diese poetische und lebendige Äußerung Sherringtons stellt ein vortreffliches Leitthema für mein Buch dar, das in so hohem Maß von Sherringtons mutigen, aber erfolglosen Kampf, das Geheimnis des menschlichen Seins zu lösen, abhängt (*Man on His Nature*, Sherrington 1940).

Mit dem Wort »erfolglos« ist keine Kritik beabsichtigt. Wir alle, die wir uns mit diesem widerspenstigsten aller Probleme herumschlagen, können keinen Erfolg in einem Wagnis erwarten, das allen Philosophen und Wissenschaftlern seit Aristoteles spottete. Aber es hat beachtliche Fortschritte in der Erforschung dieses unermeßlichen und verwirrenden Problems gegeben. Unser rasch fortschreitendes Wissen – insbesondere in der Biologie und in den Neurowissenschaften – läßt erwarten, daß wir diese Probleme bald »mit neuen Augen« betrachten können. Natürlich gibt es eine verstockte materialistische Orthodoxie in der Philosophie wie auch in der Wissenschaft –, die sich erhebt, um ihre Dogmen mit einer Selbstgerechtigkeit zu verteidigen, die jene aus den vergangenen Tagen eines religiösen Dogmatismus noch übertrifft. Aber ich schöpfe aus diesem hartnäckigen Widerstand Mut. Es ist ein gutes Gefühl, gegen ein unglaubwürdiges Establishment zu kämpfen! Natürlich werde ich dabei noch weitaus mehr durch die bedeutenden Wissenschaftler und Philosophen ermutigt, die sich – jeder auf seine Art – auf dieses außerordentlich schwierige und gefahrvolle Gebiet des Denkens gewagt haben.[1] In Anlehnung an Popper (1968) kann ich sagen:

> »Ich möchte jedoch von vornherein gestehen, daß ich ein Realist bin: Ich vermute, wie ein etwas naiver Realist, daß es eine physikalische Welt und eine Welt der Bewußtseinszustände gibt und daß diese beiden Welten in einer Wechselbeziehung miteinander stehen.«

Ich habe mich lange Zeit mit einem Problem befaßt, das Schrödinger (1958) sehr bündig formuliert hat:

> »Die Welt ist eine Konstruktion aus unseren Empfindungen, Wahrnehmungen und Erinnerungen. Wir können getrost annehmen, daß sie objektiv selbständig existiert. Aber sie manifestiert sich gewiß nicht allein durch ihre Existenz. Ihre Manifestation hängt von ganz besonderen Vorgängen in ganz besonderen Teilen dieser Welt ab – namentlich von bestimmten Ereignissen im Gehirn. Hier handelt es sich um eine ungewöhnliche und eigenartige Implikation, die zu der Frage führt: Welche besonderen Eigenschaften charakterisieren diese Vorgänge im Gehirn und befähigen sie, manifest zu werden?«

1.2 Hypothesen zum Geist-Gehirn-Problem

Es ist an dieser Stelle nicht möglich, die sehr umfangreiche philosophische Literatur zum Geist-Gehirn-Problem oder Körper-Geist-Problem detailliert anzuführen. Zum Glück hat Popper (Popper und Eccles 1977, Kap. P1, P3-P5) diese Aufgabe meisterhaft bewältigt. Er hat die historische Entwicklung des Problems seit den frühesten Aufzeichnungen des griechischen Denkens zu diesem Thema kritisch gesichtet. Ich werde mit einer einfachen Beschreibung und einem Diagramm der wichtigsten Varianten dieser außerordentlich komplexen und subtilen Philosophie beginnen. Hierbei konzentriere ich mich hauptsächlich auf jene Formulierungen, die sich eher auf das Gehirn als auf den Körper beziehen, weil die klinische Neurologie und die Neurowissenschaften im Übermaß verdeutlichen, daß der Geist keinen direkten Zugang zum Körper hat. Alle Wechselwirkungen mit dem Körper werden durch das Gehirn vermittelt, und darüber hinaus nur durch die höheren Ebenen der Gehirntätigkeit.

WELT 1	WELT 2	WELT 3
PHYSIKALISCHE OBJEKTE UND ZUSTÄNDE	ZUSTÄNDE DES BEWUSSTSEINS	WISSEN IM OBJEKTIVEN SINN
1. ANORGANISCH Materie und Energie des Kosmos 2. BIOLOGIE Aufbau und Tätigkeiten aller Lebewesen Menschliche Gehirne 3. ARTEFAKTE Ausgangsmaterialien *menschliche Kreativität* *Werkzeuge* *Maschinen* *Bücher* *Kunstwerke* *Musik*	Subjektives Wissen Erfahrung von *Wahrnehmung* *Denken* *Gefühlen* *planvollen Absichten* *Erinnerungen* *Träumen* *kreativen Vorstellungen*	kulturelles Erbe, codiert *auf materiellen Trägern* *philosophisch* *theologisch* *wissenschaftlich* *historisch* *künstlerisch* *technisch* Theoretische Systeme *Forschungsprobleme* *kritische Argumente*

Abb. 1.1: Tabellarische Darstellung der drei Welten, die alles Existierende und alle Erfahrungen ausmachen, wie Popper sie definiert hat.

Für unsere Zwecke ist es sinnvoll, die Argumente (Abb. 1.1) zu verdeutlichen, indem wir ein Diagramm (Abb. 1.2) der wichtigsten Theorien entwerfen, mit dessen Hilfe wir die materialistischen Theorien des Geistes der dualistisch-interaktionistischen Theorie, die hier vertreten wird (Abb. 1.2), gegenüberstellen können.

Diagramm der Geist-Gehirn-Theorien

Welt 1 = Die Gesamtheit der materiellen oder physikalischen Welt, einschließlich der Gehirne
Welt 2 = Alle subjektiven oder mentalen Erfahrungen
Welt 1_P ist die Gesamtheit der materiellen Welt, das heißt ohne mentale Zustände
Welt 1_M ist der winzige Bruchteil der Welt, der mit mentalen Zuständen verbunden ist

radikaler Materialismus:	Welt 1 = Welt 1_P; Welt 1_M = 0; Welt 2 = 0.
Panpsychismus:	Alles ist Welt 1–2, Welt 1 oder 2 existieren nicht allein.
Epiphänomenalismus:	Welt 1 = Welt 1_P + Welt 1_M Welt $1_M \rightarrow$ Welt 2
Identitätstheorie:	Welt 1 = Welt 1_P + Welt 1_M Welt 1_M = Welt 2 (die Identität)
Dualistischer Interaktionismus:	Welt 1 = Welt 1_P + Welt 1_M Welt $1_M \rightleftarrows$ Welt 2; diese Wechselwirkung ereignet sich im Liaison-Hirn, LH = Welt 1_M. Also: Welt 1 = Welt 1_P + Welt $_{LH}$, und Welt $1_{LH} \rightleftarrows$ Welt 2.

Abb. 1.2: Schematische Darstellung der verschiedenen Theorien über das Gehirn und den Geist.

* *Welt 1* ist die gesamte materielle Welt des Kosmos – sowohl anorganisch als auch organisch – einschließlich aller Untersuchungsgegenstände der Biologie, sogar des menschlichen Gehirns, und aller von Menschen hergestellten Dinge.

* *Welt 2* ist die Welt der bewußten Erfahrungen oder die geistige Welt. Sie umfaßt nicht nur unsere direkten Sinneswahrnehmungen visueller, auditiver und taktiler Art wie Schmerz, Hunger, Zorn, Freude, Furcht etc., sondern auch unsere Erinnerun-

gen, Vorstellungen, Gedanken, geplanten Handlungen und im Zentrum unser einzigartiges Selbst als fühlendes Wesen.

* *Welt 3* ist die Welt der menschlichen Kreativität – zum Beispiel die objektiven Inhalte der Gedanken, die dem wissenschaftlichen, künstlerischen und literarischen Ausdruck zugrunde liegen. Somit ist Welt 3 die Welt der Kultur in allen ihren Manifestationen, wie es Popper (Popper und Eccles 1977, Kap. P2) ausgedrückt hat.

1.3 Materialistische Theorien zum Geist-Gehirn-Problem

Die heute bei den Neurowissenschaftlern vorherrschenden Theorien über die Beziehung zwischen Geist und Gehirn sind rein materialistisch in dem Sinne, daß sie dem Gehirn die absolute Herrschaft zusprechen (Pribram 1971; Rensch 1971, 1974; Barlow 1972; Doty 1975; Blakemore 1977; Mountcastle 1978, 1989; Changeux 1985; Edelman 1978, 1989).

Die Existenz des Geistes oder Bewußtseins wird gewöhnlich nicht in Abrede gestellt, aber man weist ihm die passive Rolle von mentalen Prozessen zu, die gewisse Arten von Gehirntätigkeiten begleiten – zum Beispiel die psychoneurale Identität –, die aber ihrerseits nicht den geringsten *wirksamen* Einfluß auf das Gehirn ausüben. Die komplexe neurale Anlage des Gehirns funktioniert danach auf eine determinierte materialistische Art und Weise, unbeschadet irgendeines Bewußtseins, das mit ihr einhergehen mag. Der »Common sense«-Eindruck, daß wir unsere Handlungen in einem gewissen Umfang kontrollieren oder unsere Gedanken sprachlich ausdrücken können, wird als trügerisch angesehen. Man spricht dem seiner selbst bewußten Geist eine wirksame Kausalität ab.

In Abbildung 1.2 ist die Welt in Welt 1_P und eine unendlich kleine Welt 1_M aufgeteilt. Allgemein kann man jene Theorien als materialistisch bezeichnen, die sich der Feststellung verpflichtet fühlen, daß mentale Ereignisse keinen *wirksamen* Einfluß auf

Gehirnereignisse in Welt 1 haben – daß Welt 1 für jeden wahrnehmbaren Einfluß von außerhalb, wie er im dualistischen Interaktionismus postuliert wird, unzugänglich ist. Diese *Abgeschlossenheit* von Welt 1 ist in den vier Spielarten des Materialismus, die in Abbildung 1.2 dargestellt sind, auf vier verschiedene Arten gesichert.

1.3.1 Radikaler Materialismus

Zuweilen wird die Existenz bewußter Prozesse und mentaler Zustände geleugnet (Quine 1960). Der radikale Behaviorismus bietet eine vollständige Erklärung des Verhaltens, einschließlich des Sprachverhaltens und der disponierenden Zustände, die zu ihm führen. Ich glaube nicht, daß sich viele Neurowissenschaftler zu einer derart extremen Sehweise bekennen. Sie spricht jedoch einige Philosophen an, weil sie so einfach ist und nicht nur das Geist-Gehirn-Problem, sondern auch das Problem vom Ursprung des Geistes beseitigt. Der Kosmos ist auf jene ursprüngliche Einfachheit reduziert, die ihm vor dem Auftreten des Lebens und des Geistes zu eigen war. Eine solche Betrachtungsweise mag reduktionistische Philosophen ansprechen, aber Neurowissenschaftler müssen sie absurd finden; deshalb werden wir sie nicht weiter besprechen. Eine erschöpfende Diskussion, die zur Ablehnung dieser Sehweise führt, finden Sie in Popper und Eccles (1977), Teil I, Abschnitt 18.

1.3.2 Panpsychismus

Hierbei handelt es sich um eine uralte Theorie, die von den frühesten griechischen Philosophen entwickelt wurde. Ihr zufolge ist »alles im gesamten Universum beseelt«. Philosophen wie Spinoza und Leibniz übernahmen verschiedene Formen des Panpsychismus. Im wesentlichen glaubten sie, daß allen Dingen ein innerer psychischer Aspekt zu eigen sei, während die materielle

Beschaffenheit ein äußerer Aspekt sei. Der Panpsychismus hat sogar moderne Biologen wie Waddington (1961), Rensch (1971) und Birch (1974) angezogen, weil er eine so attraktive Lösung des Problems vom evolutionären Ursprung des Bewußtseins bietet, indem er behauptet, daß alle Materie ein protopsychisches Bewußtsein besitzt, das sich mit der zunehmenden Komplexität des Gehirns nur weiter entwickelte, bis es das Bewußtsein seiner selbst erreichte, das man dem menschlichen Gehirn zuspricht. Man stellt sich die Beziehung zwischen Bewußtsein und Gehirn ähnlich wie die zwischen der inneren und der äußeren Seite einer Eierschale vor! Aber die moderne Physik spricht den Elementarteilchen – Elektronen, Protonen und Neutronen – keinerlei Gedächtnis oder Individualität zu, deshalb müssen wir die panpsychistische Doktrin des »Protobewußtseins« solcher Partikeln ablehnen. Der Panpsychismus löst somit nicht das Problem vom Ursprung des Bewußtseins. Sowohl der Panpsychismus als auch der radikale Materialismus besitzen den Vorzug, daß sie das Universum als monistisch und homogen erklären. Aber wie wir noch sehen werden, sind die Kosten dieser Einfachheit unerschwinglich (siehe auch Popper und Eccles 1977, Teil I, Abschnitt 19).

1.3.3 Epiphänomenalismus

Der Epiphänomenalismus unterscheidet sich darin vom Panpsychismus, daß er eine mentale Ebene nur Tieren zuspricht, die ein Verhalten an den Tag legen, das auf Geist schließen läßt, wie zum Beispiel intelligentes und absichtsvolles Lernen und Reagieren. Alle Spielarten des Epiphänomenalismus vertreten im Kern die These, daß mentale Prozesse völlig untauglich sind, Verhalten zu kontrollieren. Die neurale Anlage funktioniert ohne jede Einflußnahme durch ein Bewußtsein, wie auch – nach T. H. Huxley – die Funktion einer Dampflokomotive nicht durch den Ton der Dampfpfeife beeinflußt wird! Aber es wird eingeräumt, daß diese wirkungslosen mentalen Zustände in einem bestimmten Stadium der Evolution auftraten und sich dann im Laufe des Evolutionsprozesses stark weiterentwickelten, bis zum Bewußtsein seiner selbst beim Menschen. Das tatsächliche Verhältnis des wechselseitigen Einflusses von Geist und Gehirn wird nicht definiert, aber eine Ansicht lautet, daß Zustände des Geistes mit Zuständen des Gehirns einhergehen, weitgehend wie in der Sicht des Panpsychismus (siehe Popper und Eccles 1977, Teil I, Abschnitt 20).

1.3.4 Die psycho-physikalische Identitätstheorie oder die Zentrale-Zustands-Theorie

Diese Theorie wurde – wie der Panpsychismus – zuerst von griechischen Philosophen entwickelt, und beide Theorien wurden häufig miteinander verknüpft, zum Beispiel durch Spinoza und Rensch. Die subtilste und annehmbarste Form dieser Theorie wurde von Feigl (1967) vorgetragen, jedoch gibt es viele Spielarten. Es wurden mehrere Analogien genannt, um die postulierte Identität zu illustrieren, die aber alle unbefriedigend sind, weil beide Komponenten der materiellen Welt entstammen. Da gibt es zum Beispiel die stark überstrapazierte Analogie von Abendstern und Morgenstern, die im Planeten Venus identisch sind. Andere Analogien sind Wolke und Nebel, die als Wassertröpfchen in der Atmosphäre identisch sind, oder der Blitz, der gleich einer elektrischen Entladung ist, oder die Gene, die der DNS gleich sind.

Trotzdem weist die Identitätstheorie attraktive und wichtige Züge auf. Mentale Prozesse werden als Dinge an sich betrachtet. Man vermutet in ihnen eine sehr kleine und ausgewählte Gruppe materieller Objekte – nämlich neuronale Ereignisse im Gehirn –, die wahrscheinlich in bestimmten Regionen des Gehirns stattfinden. Von unseren bewußten Erfahrungen haben wir von innen her Kenntnis – *Wissen durch Kenntnis* –, während uns die »identischen« physikalischen Ereignisse von außerhalb durch Beschreibung der neuronalen Ereignisse im Gehirn bekannt werden – *Wissen durch Beschreibung*. Diese Ereignisse, die der Neurowissenschaftler beschreibt, erweisen sich als die Erfahrungen, die wir bewußt wahrnehmen. Somit betrifft das Kernpostulat im wesentlichen eine Parallelität oder einen inneren und äußeren Aspekt. Es überrascht, daß diese kühne Hypothese anfangs so wenig weiterentwickelt wurde und vor allem kaum Versuche durchgeführt wurden, die neuronalen Ereignisse, die diesem Identitäts-Kriterium entsprachen, zu identifizieren – nicht nur anatomisch, sondern auch physiologisch; inzwischen wurde dies allerdings versucht (Changeux 1985; Edelman 1989). Polten (1973) hat die Identitätstheorie, wie Feigl (1967) sie definiert hat, kritisch untersucht. Dieser Angriff auf logischem Grund war heftig und umfassend und konnte anscheinend bis heute nicht abgewehrt werden. Zu weiteren Argumenten siehe Popper und Eccles (1977, Teil I, Abschnitt 22.)

Neurowissenschaftler finden die Identitätstheorie attraktiv, weil sie ihrem Forschungsansatz die Zukunft sichert (Changeux 1985; Edelman 1989). Es wird zugegeben, daß unser gegenwärtiges Verständnis des Gehirns recht wenig geeignet ist, mehr als eine oberflächliche Erklärung für den Reichtum und die wunderbare Vielfalt unserer Wahrnehmungserfahrungen zu liefern oder dafür, wie mentale Ereignisse oder Gedanken die erstaunliche Bandbreite und Ergiebigkeit haben können, die unser erfinderisches Verständnis in seiner Einwirkung auf die Welt entfaltet.

All dies wurde jedoch in der Theorie berücksichtigt, die als *Schuldscheinmaterialismus* bezeichnet wurde (Popper und Eccles 1977, Teil I, Abschnitt 26). Diese Theorie gründet sich auf den großen Erfolg der Neurowissenschaften, die unbestreitbar mehr und mehr von dem entdecken, was bei der Wahrnehmung, bei der Bewegungskontrolle und in Zuständen des Bewußtseins und der Bewußtlosigkeit im Gehirn geschieht. Diese Forschungsprogramme beabsichtigen, immer vollständiger und genauer Rechenschaft darüber abzulegen, wie sich sämtliche Fähigkeiten und Erfahrungen von Tieren und Menschen durch die Aktivitäten der neuralen Anlage des Gehirns erklären lassen. Nach dem Schuldscheinmaterialismus wird dieser wissenschaftliche Fortschritt zunehmend die Anzahl jener Phänomene verringern, zu deren Erklärung mentale Begriffe erforderlich scheinen, so daß in absehbarer Zeit alles in den materialistischen Begriffen der Neurowissenschaften beschreibbar sein wird. Der Sieg des Materialismus über den Mentalismus wird vollständig sein.

Ich halte diese Theorie für unbegründet. Je mehr wir in wissenschaftlicher Hinsicht über das Gehirn entdecken, desto deutlicher können wir zwischen Gehirnereignissen und den mentalen Phänomenen unterscheiden und desto wunderbarer werden die mentalen Phänomene. Der Schuldscheinmaterialismus ist schlicht ein Aberglaube, dem dogmatische Materialisten huldigen. Er trägt alle Züge einer messianischen Prophezeiung, einschließlich einer zukünftigen Befreiung von allen Problemen – eine Art Nirwana für unsere unglücklichen Nachfolger. Die wahrhaft wissenschaftliche Einstellung besagt vielmehr, daß wissenschaftliche Probleme die niemals endende Herausforderung darstellen, ein immer umfassenderes und tieferes Verständnis der Natur und des Menschen zu erlangen.

Ein auffallendes Merkmal der Identitätstheorien im Umkreis um Feigls (1967) brillante Formulierung ist die Vielzahl der Namen für Theorien, die fast ununterscheidbar sind. Hier ein paar Beispiele: Emergierender Interaktionismus (Sperry 1976, 1977); Identistischer Panpsychismus (Rensch 1971); Physikalismus (Smart 1963, 1978); Bioperspektivismus (Lazlo 1972) und Emergierender Materialismus (Bunge 1980).

1.3.5 Allgemeines über materialistische Theorien

Ich möchte nun über die biologischen Schlußfolgerungen der drei materialistischen Theorien sprechen, die die Existenz von Bewußtsein oder mentalen Zuständen zugeben (Welt 2). Trotz ihrer im Detail unterschiedlichen Auslegungen der Beziehung zwischen Welt 1 und Welt 2 stimmen sie alle überein, daß die physikalischen Ereignisse im Gehirn (Welt 1) die allein wirkende Ursache von Handlungen sind. Der Panpsychismus spricht den mentalen Begleitphänomenen von Gehirnereignissen nicht mehr ursächliche Wirkung zu als der Epiphänomenalismus. Sie sind nur die unvermeidlichen Nebenerscheinungen der Gehirntätigkeit. Auf den ersten Blick sieht es so aus, als sei es bei der Identitätstheorie – wo sich Welt 1_M und Welt 1_P gegenseitig beeinflussen können, weil beide Komponenten der neuralen Anlage des Gehirns sind – anders. Somit haben wir: Welt $1_P \rightleftarrows$ Welt 1_M, und Welt 1_M steht in Beziehung zu Welt 2. Trotzdem läßt sich die Leistung des Gehirns bei der Verhaltenskontrolle restlos durch den physikalischen Aufbau des Gehirns erklären. Die einzige ursächliche Wirkung, die Welt 2 zugestanden wird, ist ihre Zugehörigkeit zu Welt 1_M. Somit ist die Abgeschlossenheit von Welt 1 hier ebenso vollständig wie beim Panpsychismus oder beim Epiphänomenalismus.

Diese drei Theorien versichern die ursächliche Unwirksamkeit von Welt 2, und doch ist sie eine nicht zu leugnende Tatsache (siehe Popper und Eccles 1977, Teil I, Abschnitte 20 und 23, Dialog VIII sowie Teil II, Kapitel E5 und E7). Das zeigt sich zunächst einmal in ihrem Sichtbarwerden und dann auch darin, daß sie sich im Verhältnis zur zunehmenden Komplexität des Gehirns entwickelt. Gemäß der Evolutionstheorie entwickeln sich in der natürlichen Selektion nur jene Organstrukturen und Abläufe, die einen deutlichen Überlebensvorteil darstellen. Wenn Welt 2 machtlos ist, kann man ihre Entwicklung nicht durch die Evolutionstheorie begründen. Es ist den Verfechtern des Panpsychismus, des Epiphänomenalismus und der Identitätstheorie entgangen, daß sie sich für eine Theorie aussprechen, die keinen Bezug zur Theorie der biologischen Evolution hat. Nach dieser Theorie hätten mentale Zustände und Bewußtsein (Welt 2) nur dann entstehen und sich entwickeln können, wenn sie *ursächlich erfolgreich* darin gewesen wären, Veränderungen in neuronalen Vorgängen im Gehirn mit daraus folgenden Verhaltensveränderungen herbeizuführen, die einen Überlebenswert gehabt hätten. Dies kann nur geschehen, wenn Welt 1 des Gehirns für Einflüsse durch mentale Ereignisse in Welt 2 offen ist – und dies ist das Kernpostulat der dualistisch-interaktionistischen Theorie.

1.4 Die dualistisch-interaktionistische Theorie

Diese Theorie stellt die älteste Formulierung des Geist-Gehirn-Problems dar. Sie wurde in der einen oder anderen Form im allgemeinen von griechischen Denkern seit Homer anerkannt (Popper und Eccles 1977, Teil I, Abschnitte 43 und 46). Descartes hat sie weiterentwickelt. Er versuchte eine detaillierte Vorgehensweise zu bestimmen, die diese Theorie zugunsten einer Form des Parallelismus widerlegen sollte. In ihrer modernen Form unterscheidet sie sich gerade durch die Bedingung der Offenheit von Welt 1 gegenüber Ereignissen in Welt 2 von allen parallelistischen Theorien (Abb. 1.3)

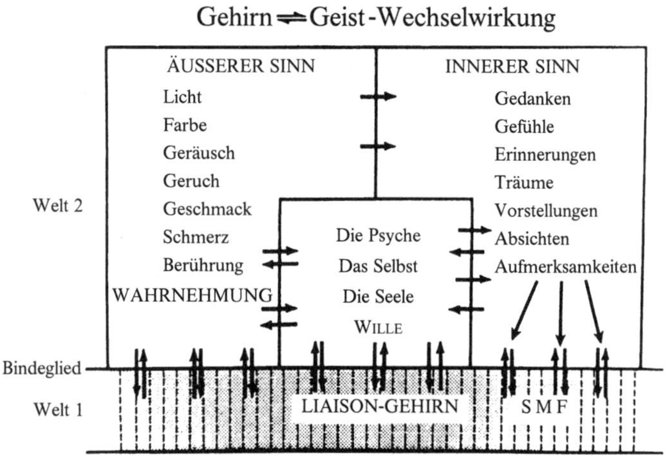

Abb. 1.3: Informationsflußdiagramm der Wechselwirkungen zwischen Gehirn und Geist. Der Informationsaustausch zwischen den drei Komponenten von Welt 1 – äußerer Sinn, innerer Sinn und das Ich oder Selbst – ist durch Pfeile angedeutet. Außerdem sind die Kommunikationsbahnen über die Grenze zwischen Welt 1 und Welt 2, d. h. zwischen dem Liaison-Hirn und diesen Komponenten von Welt 2, dargestellt. Das Liaison-Hirn besitzt die säulenförmige Struktur, die durch vertikale unterbrochene Linien angedeutet ist. Man muß sich das Areal des Liaison-Hirns ungeheuer ausgedehnt vorstellen. Es ist mit über einer Million offener Module bestückt, nicht nur mit den 40 hier abgebildeten.

Die wichtigste Aussage des dualistischen Interaktionismus lautet, daß Geist und Gehirn eigenständige Entitäten sind – das Gehirn befindet sich in Welt 1 und der Geist in Welt 2 – und daß sie über die Quantenphysik eine Wechselbeziehung aufnehmen, wie in den Kapiteln 6, 9 und 10 beschrieben und in den Abbildungen 9.5 und 10.2 dargestellt wird.

Es gibt eine Grenze, und über diese Grenze findet ein wechselseitiger Austausch statt, den man sich als einen Fluß von Informationen – nicht von Energie – vorstellen kann. Somit haben wir die unerwartete Doktrin, daß die Welt der Materie-Energie (Welt 1) nicht vollständig abgeschlossen ist – in der klassischen Physik ein grundlegendes Dogma –, sondern daß es in der ansonsten vollständig abgeschlossenen Welt 1 subtile Kommunikationen gibt. Im Gegensatz dazu wurde die Abgeschlossenheit von Welt 1 in allen Theorien des Geistes mit großem Erfindungsreichtum behütet.

Keine der materialistischen Theorien unterstützt das dualistische Verständnis, daß die Welt des Geistes (Welt 1) in Wechselbeziehung mit dem Gehirn (Welt 2) steht und daß sie ihr gegenüber offen ist.

1.5 Kritische Beurteilung der Geist-Gehirn-Hypothese

Materialisten aller Spielarten machen großes Aufhebens darum, daß ihre Gehirn-Geist-Theorie in Übereinstimmung mit den Naturgesetzen steht, soweit wir sie heute verstehen. Aber dieser Anspruch wird durch zwei schwerwiegende Überlegungen entkräftet.

Erstens gibt es nirgendwo in den Gesetzen der Physik oder in denen der von ihr abgeleiteten Wissenschaften Chemie und Biologie einen Hinweis auf Bewußtsein oder Geist. Shapere (1974) macht diese Feststellung in seiner scharfen Kritik an der panpsychistischen Hypothese von Rensch (1974) und Birch (1974), in der behauptet wurde, daß Bewußtsein oder Protobewußtsein eine grundlegende Eigenschaft der Materie darstellen. Man kann unmöglich sagen, in einer elektrischen, chemischen oder biologischen Anordnung trete jene seltsame, nicht materielle Entität auf – Bewußtsein oder Geist –, so komplex diese Anordnung auch sein mag. Diese Feststellung besagt nicht, daß im Verlauf der Evolution kein Bewußtsein auftreten kann, sondern nur, daß sein Auftreten nicht mit den Gesetzen der klassischen Physik – also mit den Naturgesetzen, soweit wir sie zur Zeit verstehen – vereinbar ist. Zum Beispiel erlauben diese Gesetze keine Aussage des Inhalts, Bewußtsein entstehe auf einer bestimmten Ebene der Komplexität von Systemen, wie es unbegründet von sämtlichen Materialisten außer den Panpsychisten angenommen wird (Edelman 1989; Changeux 1985; Searle 1984, 1992). Der Glaube der Panpsychisten, daß ein uranfängliches Empfinden aller Materie zu eigen ist – wahrscheinlich sogar Atomen und subatomaren Partikeln (Rensch 1971) –, findet in der Physik keinerlei Unterstützung. Man kann sich auch die brennende Frage einiger Computerfans in Erinnerung rufen: Auf welcher Stufe der Komplexität und Leistungsfähigkeit müssen wir dem Computer ein Bewußtsein zusprechen? Zum Glück muß diese emotionsgeladene Frage nicht beantwortet werden. Sie können mit Ihrem Computer anstellen, was Sie wollen, ohne befürchten zu müssen, grausam zu sein.

Zweitens befinden sich – wie bereits erwähnt – alle materialistischen Theorien im Widerspruch zur biologischen Evolution. Da sie alle (Panpsychismus, Epiphänomenalismus und die Identitätstheorie) die ursächliche Wirkungslosigkeit des Bewußtseins an sich versichern, versagen sie völlig darin, die biologische Evolution des Bewußtseins zu erklären (Kapitel 7), die eine nicht zu leugnende Tatsache darstellt. Nach der biologischen Evolution können mentale Zustände und Bewußtsein *nur* dann entstanden sein und sich entwickelt haben, wenn sie darin *ursächlich erfolgreich* waren, Veränderungen in neuronalen Ereignissen im Gehirn mitsamt der daraus folgenden Verhaltensänderung hervorzurufen. Dies kann *nur* dann geschehen, wenn die neurale Anlage des Gehirns für Einflüsse durch mentale Ereignisse in der Welt der bewußten Erfahrungen offen ist, denn so lautet das Kernpostulat der dualistisch-interaktionistischen Theorie.

Schließlich richtet sich die schwerwiegendste Kritik an den materialistischen Theorien des Geistes gegen ihr Kernpostulat, daß die Ereignisse in der neuralen Anlage des Gehirns eine notwendige und ausreichende Erklärung sowohl aller Fähigkeiten als auch aller bewußten Erfahrungen des Menschen bieten. Zum Beispiel nimmt man an, daß die Absicht einer willkürlichen Bewegung ebenso wie alle anderen kognitiven Erfahrungen vollständig durch Ereignisse in der neuralen Anlage des Gehirns determiniert ist. Aber wie schon Popper feststellt (Popper 1972, Kapitel 6):

> »... physikalische Determiniertheit ist eine Theorie, über die man, wenn sie zutrifft, nicht diskutieren kann, weil sie alle unsere Reaktionen erklären muß, einschließlich dessen, was uns als Überzeugungen erscheint, die sich auf Argumente gründen, die sich auf rein physikalische Bedingungen beziehen. Zu den rein physikalischen Bedingungen gehört auch unsere Umwelt, die uns dazu bringt, zu sagen oder zu akzeptieren, was immer wir sagen oder akzeptieren.«

Das ist eine gelungene *reductio ad absurdum*. Diese Kritik läßt sich gegenüber allen materialistischen Theorien des Geistes anwenden. Andererseits zeigt die Anwendung der Quantenphysik auf die Ultra-Mikrostruktur und Funktionsweise des Gehirns (Neokortex) in Kapitel 9 dieses Buchs, daß eine mentale Tätigkeit die neuronalen Reaktionen verstärken könnte, indem sie die Quantenwahrscheinlichkeit durch Exozytose erhöht, ohne mit den Erhaltungssätzen der Physik in Konflikt zu geraten (Beck und Eccles 1992). Somit läßt sich die dualistische Interaktion jetzt im Prinzip erklären.

Anmerkung

1 Als Beispiele führe ich folgende Veröffentlichungen an: Eddington (1939), Schrödinger (1958), Polanyi (1958, 1966), Beloff (1962), Hinshelwood (1962), Kneale (1962), Wigner (1964, 1969), Hardy (1965), Dobzhansky (1967), Jaki (1969), Popper (1972, 1977, 1981, 1982),

Thorpe (1974, 1978), Penfield (1975), Creutzfeldt und Rager (1978), MacKay (1980, 1981), Armstrong (1981), Searle (1984), Ingvar (1985, 1989), Creutzfeldt (1987, 1988, 1989) und Szentágothai (1987).

2 Der dualistische Interaktionismus – meine Geschichte

Dieses Kapitel handelt von einer Philosophie, die seit meinen frühen Jahren als Medizinstudent mein gesamtes intellektuelles Leben bestimmte. Ich war mit einer religionsfeindlichen Philosophie des monistischen Materialismus konfrontiert worden, die ich nicht anerkennen konnte. Während meiner umfassenden Lektüre philosophischer Schriften von den Vorsokratikern bis zur Gegenwart war ich auf die dualistische Philosophie von Descartes mit seiner *res extensa* und *res cogitans* gestoßen.[1] Ich räumte der Seele oder dem Selbst des Menschen einen festen Platz ein, aber die Vorstellung von der Wechselbeziehung bei Descartes war völliger Unsinn. In der Tat fiel mir bei der Lektüre der philosophischen Texte auf, daß das Gehirn auf der subtilen Ebene, auf der es mit bewußten Erfahrungen in Verbindung gebracht werden konnte – zum Beispiel in der Neurologie –, vollständig übergangen wurde. Folgerichtig nahm ich mir vor, meine Studien auf das Gehirn zu konzentrieren. Mein erster Erfolg bestand darin, daß ich 1925 von Melbourne als Rhodes-Stipendiat[2] nach Oxford ging, um mit Sir Charles Sherrington, dem großen Neurologen jener Zeit, zu arbeiten.

Bald schon sah ich meine Aufgabe in einem lebenslangen Studium des Gehirns oder der Neurologie, wie es bald genannt werden sollte.

Meine dualistisch-interaktionistische Philosophie war wie ein Leuchtturm, dessen Licht mich durch die Wirrnisse meines neurowissenschaftlichen Studiums geleitete. Es gab Motive der Philosophie, bei denen ich mein gründliches wissenschaftliches Wissen über das Gehirn anwenden konnte. Im Jahr 1975 stellte ich die experimentelle Arbeit ein und widmete mich mehr und mehr der Philosophie über das Gehirn. Dann, 1977, ergab sich die größte Gelegenheit in meiner Zusammenarbeit mit Sir Karl Popper: Wir schrieben gemeinsam das Buch *Das Ich und sein Ge-*

hirn, das inzwischen als die gelungenste Darstellung des dualistischen Interaktionismus anerkannt wird.

Meine erste philosophische Veröffentlichung erschien 1951 in der Zeitschrift *Nature*: »Hypotheses Relating to the Brain-Mind Problem« (Hypothesen zum Gehirn-Geist-Problem). Der Artikel entstand aus einer Vorlesung, die ich auf Einladung von Professor Passmore an der Philosophischen Abteilung der University of Otago, Dunedin, hielt. Die Vorlesung war von den anwesenden materialistischen Philosophen, die fast nichts über das Gehirn wußten, stark kritisiert worden. Passmore gab diese Episode nach einer Vorlesung vor der Königlichen Belgischen Akademie, die ich mehr als 20 Jahre später hielt, auf erheiternde Art und Weise zum besten.

2.1 *Hypothesen über das Gehirn-Geist-Problem,* Nature, 1951

In meinem Bemühen, mir eine Vorstellung von der Beziehung zwischen zerebralem Kortex (der Hirnrinde) und dem Geist zu machen, mußte ich mich zwangsläufig auf die Organisation der kortikalen Neuronen in komplexen funktionellen Netzen mit Synapsen als Erzeugern neuronaler Entladungen konzentrieren. Die Muster neuronaler Aktivität mußten von den sehr kurz zurückliegenden synaptischen Erregungen und dem Muster der strukturellen Verbindungen abhängig sein, die sowohl angeboren als auch erworben waren.

Der kartesianische Dualismus war zwangsläufig mit dem Problem verbunden, wie Geist und Gehirn bei willkürlichen Tätigkeiten und bei der Wahrnehmung aufeinander einwirken konnten. Man erkannte, daß Bewußtsein die Zusammenarbeit von Geist und Gehirn voraussetzt, und das Elektroenzephalogramm (EEG) zeigte, daß die Hirnrinde auf eine selektive Art sehr aktiv sein mußte. Die stark erhöhte Aktivität bei einem epileptischen Anfall führt zu einem sofortigen Verlust des Bewußtseins. Diese Konzepte bringen die räumlich-zeitlichen Muster im neuronalen

Netz mit speziellen Erfahrungen im Geist in Verbindung, aber sie sagen nichts über das »Wie« dieser Verbindung aus. Dies war das Problem, das mich ständig beschäftigte. Das Gedächtnis stellt man sich so vor, daß der erinnerte Gedanke im Geist auftaucht, wenn das betreffende räumlich-zeitliche Muster im Kortex aufgerufen wird.

Wenn man die Augen schließt und seine Aufmerksamkeit von der Umwelt abzieht, zeigt der vorherrschende Alpharhythmus im EEG das Fehlen spezifischer Aktivitätsmuster an. Bei aktiver Wahrnehmung und Aufmerksamkeit entwickeln sich im EEG Aktivitätsmuster, die anzeigen, daß sich im neuronalen Netz spezifische räumlich-zeitliche Muster bilden. Sherrington (1940) schildert das neuronale Netz lebendig und treffend wie folgt:

> »[ein] verwunschener Webstuhl, in dem Millionen blitzender Weberschiffchen (die Nervenimpulse) ständig neue Muster weben, die alle Bedeutung haben, aber nie von Dauer sind; eine wechselnde Harmonie aus Sub-Mustern.«

Leider hat man den neuronalen Aufbau 1951 kaum verstanden, so daß man nur sehr allgemein über neuronale Netze sprechen konnte. Es wurde die Hypothese geäußert, daß der Geist eine Verbindung zum Gehirn herstellt, indem er räumlich-zeitliche »Einflußfelder« erregt, die durch die einzigartige Detektorfunktion jener speziellen neuronalen Netze wirksam werden, die für Einflüsse durch den Geist empfänglich sind.

2.2 *The neurophysiological Basis of the Mind (Die neurophysiologische Grundlage des Geistes),* 1953

Die Einladung, 1952 die Waynflete Lectures an der Oxford University zu halten (»The Mind-Brain Problem«, Eccles 1953, Kapitel 8), verschaffte mir die Gelegenheit, meine dualistische Hypothese anhand dieses Problems zu entwickeln und zu modifizieren, nachdem ich in Kapitel 7 umfassend die Hirnrinde abgehandelt hatte (Eccles 1953).

In Kapitel 7 dieses Buches schien es, als unterschieden sich die kortikalen Neuronen an sich mit ihren Synapsen nicht grundsätzlich von den Neuronen anderswo im Gehirn. Die Unterschiede in den Leistungen erklärten sich anscheinend aus der Komplexität ihrer Verbindungen in neuronalen Netzen, die Sherrington mit einem verwunschenen Webstuhl verglichen hatte. Sherrington (1951) faßte das Problem gut zusammen:

»Jede der Millionen Nervenzellen [in der Hirnrinde] ist auf den ersten Blick eindeutig eine Nervenzelle. Aber die Nervenzellen als Zellart haben anderswo nichts speziell mit Geist zu tun. Man kann nur darüber spekulieren, ob all diese Nervenzellen, ihre Fasern, ihre Zell-Kontakte (Synapsen) und Zellkörper genau dieselben Eigenschaften aufweisen, die man bei den leichter zugänglichen Zellen im Rükkenmark und anderswo beobachten kann. Daß sich ihre Eigenschaften nicht grundsätzlich von denen anderer Nervenzellen unterscheiden, scheint ziemlich sicher.«

Eine detaillierte Beschreibung aller Untersuchungen der Hirnrinde in Kapitel 7 des erwähnten Buches widersprach Sherringtons Annahme nicht.

Sherrington (1951) bezieht sich auf ein nicht sensualistisches Konzept des Geistes. Er sagt:

»Unsere mentale Erfahrung ist für Beobachtungen durch ein beliebiges Sinnesorgan nicht offen ... Sie weist keinen derartigen Eingangskanal in den Geist auf ... Der mentale Akt des ›Wissens‹ ... wird erfahren, nicht beobachtet.«

Diese Erfahrung des Bewußtseins seiner selbst erlangt durch symbolische Kommunikation zwischen Erfahrenden – besonders durch Sprache – einen öffentlichen Status. Sie kann deshalb als Erfahrungstatsache mitgeteilt werden. Ähnlich können wir unsere mentalen Erfahrungen anderen mitteilen und entdecken, daß sie ähnliche Erfahrungen haben, die sie uns mitteilen können. Auf diese Art und Weise läßt sich jede Sinnestäuschung erkennen und zurückweisen.

Ein anderes Wort, das einer Erläuterung bedarf, ist »selbst«

oder »das Selbst«. Es wird im Sinn einer erfahrenen Einheit verwandt, die sich aus einer Verbindung von Erinnerungen an bewußte Zustände herleitet, die zu sehr unterschiedlichen Zeiten über das ganze Leben verteilt erfahren werden. Daher muß, damit ein »Selbst« existieren kann, ein ununterbrochener Zusammenhang mentaler Ereignisse bestehen, der insbesondere auch die Unterbrechungen durch Perioden der Bewußtlosigkeit überbrückt. Zum Beispiel stellt sich die Kontinuität unseres »Selbst« nach dem Schlaf, nach einer Narkose und nach vorübergehenden Amnesien als Nachwirkung von Gehirnerschütterungen oder Krämpfen wieder her.

Der kartesianische Dualismus von Geist und Materie war zwangsläufig mit der Frage verbunden, wie Geist und Gehirn in der Wahrnehmung und bei willkürlichen Handlungen zusammenarbeiten konnten. Es ist natürlich leicht, die Erklärung von Descartes für diese Zusammenarbeit zu verwerfen, weil es zu seiner Zeit buchstäblich keine wissenschaftlichen Kenntnisse über das Gehirn gab und er eine grobe, mechanische Erklärung abgab. Es war meine Aufgabe, die wissenschaftliche Antwort auf diese Frage zu liefern. Sie wurde vor kurzem in einer gemeinschaftlichen Veröffentlichung von Beck und Eccles (1992) dargelegt.

Eine Kernfrage lautet: Wie kommt es, daß nur in besonderen Zuständen des Materie-Energie-Systems der Hirnrinde eine Zusammenarbeit mit dem Geist stattfindet? Weist dieses System eine Besonderheit auf, die ihm eine eigene Kategorie unter allen Materie-Energie-Systemen oder mit anderen Worten in der natürlichen Welt zuweist und es sogar aus seiner eigenen Kategorie heraushebt, wenn es sich nicht in jenem besonderen Zustand der Aktivität befindet? Ich behaupte hier, daß sich eine solche besondere Eigenschaft in auffallender Weise in den dynamischen Aktivitätsmustern der neuronalen Netze zeigt, die die Hirnrinde in bewußten Zuständen aufweist, und ich stelle die Hypothese auf, daß das Gehirn dank dieser besonderen Eigenschaft mit dem Geist zusammenarbeitet. Es spielt die Rolle eines »Detektors« mit einer anderen Art von Empfindlichkeit, als sie ein beliebiges physikalisches Instrument aufweist.

Die neurophysiologische Hypothese über den Willen lautet, daß der »Wille« die räumlich-zeitliche Aktivität des neuronalen Netzes verändert, indem er räumlich-zeitliche »Einflußfelder« erzeugt, die durch die einzigartige Detektor-Funktion der aktiven Hirnrinde wirksam werden. Wie man bemerken wird, setzt diese Hypothese voraus, daß der »Wille« oder »geistige Einfluß« selbst ein räumlich-zeitliches Muster aufweisen muß, um auf diese Art und Weise wirksam sein zu können.

Wahrnehmung verläuft in der Regel so, daß ein bestimmter Stimulus auf ein Rezeptororgan eine Entladung von Impulsen entlang afferenter Nervenfasern verursacht, die – nachdem sie verschiedene synaptische Schaltstellen durchlaufen haben – bestimmte räumlich-zeitliche Impulsmuster im neuronalen Netz der Hirnrinde erzeugen. Die Übermittlung vom Rezeptororgan zur Hirnrinde geschieht durch ein kodiertes Muster, das recht wenig Ähnlichkeit mit dem ursprünglichen Stimulus aufweist, und das räumlich-zeitliche Muster, das in der Hirnrinde erzeugt wird, ist noch einmal anders. Aber als Folge dieses zerebralen Aktivitätsmusters erleben wir Gefühle (oder richtiger die komplexen Eindrücke, die wir als sinnliche Wahrnehmungen bezeichnen), die nach irgendwohin außerhalb des Kortex »projiziert« werden, etwa an die Körperoberfläche, in den Körper hinein oder – wenn Sicht-, Gehör- oder Geruchsrezeptoren beteiligt sind – in die Außenwelt. Aber die einzige notwendige Bedingung dafür, daß ein Beobachter Farben sieht, Töne hört oder die Existenz seines eigenen Körpers erfährt, besteht darin, daß entsprechende neuronale Aktivitätsmuster in den zuständigen Regionen seines Gehirns auftreten – wie Descartes als erster klar erkannte. Es ist unwichtig, ob diese Ereignisse durch örtliche Stimulierung der Hirnrinde oder eines Teils der afferenten Nervenbahnen oder auch – wie es in der Regel der Fall ist – durch afferente Impulse ausgelöst werden, die durch Rezeptororgane erzeugt wurden. Persönliche Erfahrungen von der frühesten Kindheit an und ein Meinungsaustausch mit anderen Beobachtern stellen die üblichen Methoden dar, wie wir lernen, einige unserer privaten Wahrnehmungserfahrungen als Ereignisse in einer einzigen physikalischen Welt zu interpretieren, die wir mit anderen Beobachtern teilen.

Über das Kernproblem bei der Wahrnehmung haben wir bis jetzt allerdings nicht gesprochen, nämlich über die Frage: Wie kann ein bestimmtes räumlich-zeitliches, neuronales Aktivitätsmuster in der Hirnrinde zu einer Wahrnehmung in seinem Geist führen?

Wir werden am Ende dieses Buches auf diese schwierige und verwirrende Frage zurückkommen.

Zusammenfassend muß man sagen, daß die Aufmerksamkeit in der Geschichte der Philosophie der dualistischen Interaktion anfangs den neuronalen Netzen der Hirnrinde galt, von denen die Neurowissenschaft annimmt, daß sie – entsprechend der klassischen Physik – mit Nervenimpulsen, synaptischer Übermittlung und so weiter befaßt sind. Man behauptete, die Hirnrinde befände sich in bewußten Zuständen in einem Stadium extremer Empfindlichkeit und fungiere als Detektor sehr kleiner räumlich-zeitlicher Einflußfelder. Man hat die Hypothese entwickelt, daß der Geist dem Gehirn diese räumlich-zeitlichen Einflußfelder durch einen Willensakt aufprägt. Aber diese Hypothese ist immer noch sehr problematisch. So geht aus keinem Konzept von der Beschaffenheit des Geistes hervor, auf welche Weise der Geist diese »geisterhaften Einflüsse« ausüben könnte und wie das räumlich-zeitliche Muster, das den Ereignissen im neuronalen Netz ihre spezifischen Beziehungen verleiht, beschaffen sein mag. In Kapitel 9 wird beschrieben, wie sich die Situation 1992 mit dem von Beck und mir beschriebenen Ansatz wandelte.

Die große Anziehungskraft des dualistischen Interaktionismus besteht darin, daß er dem Selbst – das unsere grundlegende Erfahrung darstellt – eine zentrale Rolle zugesteht. Trotzdem habe ich die Philosophie etwa 20 Jahre lang aufgegeben und mich erst wieder ernsthaft damit befaßt, nachdem es zu großen Fortschritten in der Neurowissenschaft von der Hirnrinde gekommen war.

2.3 Mein langes Interregnum 1952–1969

Nachdem 1953 mein Buch erschienen war, habe ich die philosophischen Aspekte lange Zeit beiseite gelassen. Ich glaubte immer noch an die dualistische Interaktion und die Einzigartigkeit des Selbst. Aber mein Hauptinteresse galt der Neurowissenschaft – der wissenschaftlichen Herausforderung meines Lebens –, besonders in den 14 Jahren an der Australian National University in Canberra (1952–1966). Ich ließ mich nicht auf philosophische Abenteuer in Sachen dualistischer Interaktion ein, aber ich nahm Einladungen an, über das Geist-Gehirn-Problem – an dem sich seit 1952, als ich ihm den Rücken zuwandte, nicht viel verändert hatte – Vorlesungen zu halten oder zu schreiben. Zudem wandte ich mich versuchsweise vom Rückenmark und dem Hirnstamm ab und der Hirnrinde oder, genauer gesagt, dem Hippokampus, zu. Dann – von 1963 bis 1976 – galt mein besonderes Interesse dem Zerebellum. Ich entschuldigte mich damit, daß ich am Zerebellum Neurowissenschaft studieren konnte, ohne mich mit der Möglichkeit von Störungen durch Bewußtseinsphänomene befassen zu müssen!

2.4 Gehirn und bewußte Erfahrung

Im Jahr 1964 bot sich mir eine attraktive Gelegenheit, mich wieder dem Gehirn und dem Bewußtsein zuzuwenden. Ich organisierte damals ein internationales Symposium in der Pontifikalen Akademie der Wissenschaften in Rom unter dem Titel »Gehirn und bewußte Erfahrung«. Es war eine großartige Versammlung von Gehirnforschern, aber unsere philosophischen Beiträge waren enttäuschend. Ich vermißte Karl Popper sehr.

Im Kapitel 2 des Symposium-Bandes, den der Springer-Verlag veröffentlichte (Eccles, 1966), habe ich alle wissenschaftlichen Entdeckungen über die Neuronen der Hirnrinde aufgeführt, die Phillips, Creutzfeldt, Lux, Klee, Armstrong, Li und Purpura mit Hilfe modernster Techniken untersucht hatten. Bemerkenswerterweise bestätigte sich die oben zitierte Vermutung Sherringtons, daß kortikale Neuronen die Eigenschaften anderer Neuronen teilen. Somit ist der Aufbau neuronaler Netze einschließlich der Leistungen seiner einzelnen Neuronen experimentell erhärtet.

Trotzdem waren weitere Fortschritte in dem Versuch, die Wechselbeziehungen zwischen Geist und Gehirn zu verstehen, nicht möglich. Die Überzeugung des strikten Dualismus, daß das Gehirn bei bewußten Erfahrungen in willentlichen Akten vom bewußten Geist empfängt und seinerseits an den Geist weitergibt, mußte auf neue wissenschaftliche Fortschritte warten. Ermutigender waren einige gute Untersuchungen über die Einzigartigkeit des Selbst, zum Beispiel von Bremer, Libet, Penfield, Adrian, Jasper, Moruzzi, Thorpe und MacKay.

2.5 Meine philosophische Renaissance seit 1969

Ich beschäftigte mich bis 1984 ohne nennenswerte Höhepunkte über viele Jahre hinweg Schritt für Schritt wieder mit der Philosophie.

Ich nenne 1969 hier als Datum meines Neubeginns, weil ich in diesem Jahr eingeladen wurde, die Foerster-Vorlesung in Berkeley mit dem bemerkenswerten Titel »Das Gehirn und die Seele« (»The Brain and the Soul«) zu halten.

Meine Vorlesung zog die größte Zuhörerschaft an, die ich jemals hatte. Der Vorlesungsraum, den man mir zur Verfügung gestellt hatte, faßte 2000 Personen. Er erwies sich bald als zu klein, und wir waren gezwungen, in den größten Vorlesungssaal Berkeleys umziehen zu müssen, der über 3000 Personen Platz bot.

Der Titel der Vorlesung bereitete mir ein wenig Sorgen – ich fragte mich, ob er absichtlich gewählt worden war, um mir eine Falle zu stellen. Ich nahm die Herausforderung an. Früher hatte ich gezögert, das religiös gefärbte Wort »Seele« zu benutzen, und hatte ihm den philosophischen Begriff »Selbst« bei weitem vorgezogen. Auch während dieser Vorlesung achtete ich sorgsam darauf, meine akademische Glaubwürdigkeit zu wahren, indem ich den anatomischen und histologischen Aufbau des Gehirns und der neuronalen Anlage der Hirnrinde mit seinen neuronalen Netzen, seinen Bewußtseinszuständen und der Freiheit des Willens entwarf. Dann kam ich zu dem Drei-Welten-Konzept Poppers mit seiner besonderen Betonung der kulturellen und sprachlichen Entwicklung, und schließlich folgte der Begriff des Selbst mitsamt dem Selbst-Bewußtsein und dem Wissen um den Tod. Erst dann kam ich auf die Seele zu sprechen:

> »... glaube ich, daß mein erfahrendes Selbst nur teilweise durch den evolutionären Ursprung meines Körpers und Gehirns, das heißt, meiner Welt-1-Komponenten, erklärt wird. Über den Ursprung unserer Welt bewußter Erfahrungen (Welt 2) [Abbildung 1.1] wissen wir nur, daß man sagen kann, sie habe eine neu entstehende Beziehung zur evolutionären Entwicklung des menschlichen Gehirns. Die Einzigartigkeit des Individuums, die ich an mir erfahre, kann nicht der Einzigartigkeit meines DNS-Erbes zugeschrieben werden, wie ich das bereits einmal ausgeführt habe. Unser Entstehen ist genauso geheimnisumwittert wie unser Vergehen im Tode. Können wir nicht daraus Hoffnung schöpfen, weil unser Unwissen über unsere Entstehung genauso groß ist wie unser Unwissen über unser Schicksal? Kann das Leben nicht als herausforderndes, wundervolles Abenteuer erlebt werden, das eine Bedeutung hat, die noch entdeckt werden muß?« (Eccles, 1970, S. 243)

Die anschließende angeregte Diskussion, die über eine Stunde dauerte, erfüllte mich mit Befriedigung über mein philosophisches Comeback. Die Vorlesung hatte zwei bemerkenswerte Folgen. Am nächsten Morgen (dem 1. Mai) begannen auf dem Berkeley-Campus die Studentenunruhen, die von dort aus auf einen großen Teil der Vereinigten Staaten übergriffen und jahrelang anhielten. Welcher Zusammenhang bestand zwischen ihnen und meiner Vorlesung? Die zweite Folge war, daß ich das Manuskript – wie es bei der Foerster-Vorlesung Bedingung war – zur Veröffentlichung an die Berkeley University Press schickte. Nach einigen Wochen wurde es abgelehnt, weil der Verlag überlastet sei! Also hatten die Materialisten mich ereilt! Zum Glück war ich soeben dabei, einige Arbeiten zur Veröffentlichung durch meinen guten Freund Heinz Götze zu sammeln. Die Foerster-Vorlesung bildet das 10. Kapitel und zugleich den wichtigsten Teil des Buchs *Facing Reality* (1970; dt. *Gehirn und Seele*, München 1987).

Diese gesammelten Vorlesungen belegen, daß ich schon vor 1970 zur Philosophie des Geist-Gehirn-Problems und des menschlichen Selbst zurückgekehrt war.

Mein nächster bedeutender Schritt in diese Richtung fand anläßlich der Konferenz »Studies in the Philosophy of Biology« (»Philosophische Studien in der Biologie«) statt (Ayala und Dobzhansky, 1972). Es nahmen 16 Personen teil. Mein Beitrag trug den Titel »Cerebral Activity and Consciousness« (»Zerebrale Aktivität und Bewußtsein«). Es hatte große technische Fortschritte gegeben, aber an den Schlußfolgerungen hatte sich wenig geändert. Die neurophysiologische Hypothese lautet, daß der »Wille« die räumlich-zeitliche Aktivität des neuronalen Netzes beeinflußt, indem er räumlich-zeitliche »Einflußfelder« erzeugt, die sich dank dieser einzigartigen Detektor-Funktion der Hirnrinde auswirken können. Wie der Leser bemerken wird, setzt diese Hypothese voraus, daß der »Wille« oder der »Einfluß des Geistes« selbst ein gewisses räumlich-zeitliches Muster aufweisen muß, um auf diese Weise wirksam werden zu können. Der einzige wissenschaftliche Fortschritt war der Nachweis gewesen, daß der geistige Einfluß des Willens die postulierte Wirkung auf das Gehirn besaß – wie das von Deecke und Kornhuber entdeckte Bereitschaftspotential zeigte. Aber über das »Wie« dieser Wirkung wußten wir immer noch nichts.

Der für mich unschätzbare Fortschritt dieser Konferenz bestand in der Entdeckung von Popper und mir, daß wir Partner in dem Bemühen waren, das Konzept der dualistischen Interaktion zu entwickeln. Karl forderte mich sogar auf, mit ihm gemeinsam ein Buch zu schreiben. Er wollte die philosophische Seite übernehmen, ich sollte für die Neurowissenschaft zuständig sein. Tatsächlich kamen wir überein, unsere Zusammenarbeit während eines mehrmonatigen Aufenthaltes in der Villa Serbonelli – wo unsere Konferenz abgehalten wurde – zu beginnen.

Szentágothais ausgezeichnete Untersuchungen der histologischen Struktur der Hirnrinde stellten einen wichtigen Fortschritt dar. Sie sind in den Abbildungen 2.1b, 6.5 und 9.8 dargestellt, aus denen die Dominanz der Pyramidenzellen beim Aufbau der neuronalen Muster eines kortikalen Moduls ersichtlich ist.

> »Bis jetzt wissen wir noch wenig über das innere dynamische Leben eines Moduls, aber seine komplexe Organisation und seine intensive Aktivität lassen vermuten, daß es sich um eine Komponente der physikalischen Welt (Welt 1) handeln könnte, die für den seiner selbst bewußten Geist (Welt 2) offen ist, sowohl für den Empfang als auch für das Geben [Abbildung 1.1]. Wir können ferner vermuten, daß nicht alle Module in der Hirnrinde diese transzendente Eigenschaft aufweisen, für Welt 2 ›offen‹ und somit die Welt-1-Komponenten des Bindeglieds zu sein.« (Popper und Eccles, 1977, Kapitel E7)

Wir müssen annehmen, daß Entwicklung und Interaktion der Module dynamischen Mustern folgen, wie es auf einfache Weise in den Abbildungen 2.2, 6.5 und 6.11 dargestellt ist.

> »So wird angenommen, daß der selbstbewußte Geist eine überlegene interpretierende und kontrollierende Funktion in bezug auf die neuronalen Ereignisse ausübt, mit Hilfe einer in beiden Richtungen erfolgenden Interaktion über die Kluft zwischen Welt 1 und Welt 2 [Abbildung 1.3]. Es wird vermutet, daß die Einheit der bewußten Erfahrung nicht von einer letzten Synthese in der neuralen Maschinerie herrührt, sondern in der integrierenden Aktion des selbstbewußten Geistes auf das, was er aus der ungeheuren Vielfalt neuronaler Aktivitäten im Liaison-Gehirn herausliest, liegt [Abbildungen 2.1b, 2.2 und 6.5].« (Popper und Eccles, 1977, S. 428 f.)
>
> Wir haben aufzuzeigen versucht, wie die Funktionsmerkmale von Moduln der Hirnrinde zu Eigenschaften von derartiger Subtilität führen könnten, daß sie Empfänger der schwächeren Aktionen sein könnten, die der seiner selbst bewußte Geist über das Bindeglied ausführen soll. Diese Operationen zeigen sich bei den willkürlichen Bewegungen und bei Erinnerungen.«

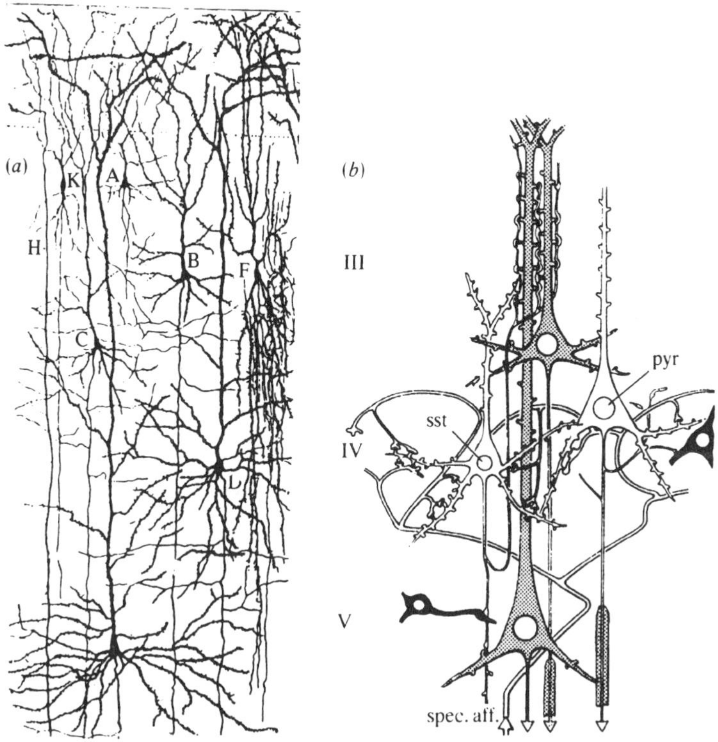

Abb. 2.1: Neuronen und ihre synaptischen Verbindungen. **(a)** Acht Neuronen aus Golgi-Präparaten der drei oberen Schichten des frontalen Kortex bei einem einen Monat alten Kind. Kleine (B, C) und mittlere (D, E) Pyramidenzellen sind mit ihren Dendriten und überreichlichen Dornfortsätzen dargestellt. Außerdem sind drei weitere Zellen (F, J, K) dargestellt, die der allgemeinen Kategorie des Golgi-Typs II angehören und lokalisierte axonale Verzweigungen aufweisen (Ramón y Cajal, 1911). **(b)** Der direkt erregende neuronale Schaltkreis der spezifischen (sensorischen) afferenten Nerven (spez. aff.) Beide sternförmigen Zellen mit Dornfortsätzen (s-ZD) mit ihrem aufsteigenden Hauptaxon und apikalen Dendriten der Schicht III- und IV-Pyramidenzellen *(getüpfelt)* sind wahrscheinlich die Hauptziele (Szentágothai, 1979).

Im Kapitel E7 (Popper und Eccles, 1977) werden eingehende Fragen zum Thema der Wechselwirkungen gestellt, aber über das »Wie« der Vorgänge wird nichts ausgesagt. Das Diagramm in Abbildung 2.3 stellt vermutete kortikale Module dar – von der Oberfläche des Kortex aus gesehen –, um ein momentanes Muster offener (aktiver) und geschlossener (inaktiver) Moduln zu zeigen.

Im Dialog V (Popper und Eccles, 1977) wird eine neue Annahme zum Geist-Gehirn-Problem formuliert.

> »Laß uns dann an die Hypothese denken, daß der selbstbewußte Geist nicht nur passiv damit beschäftigt ist, Operation aus neuronalen Ereignissen herauszulesen, sondern daß es sich um eine aktiv suchende Operation handelt. Von Augenblick zu Augenblick entfaltet sich oder stellt sich vor ihm dar die Gesamtheit der komplexen neuronalen Prozesse, und gemäß der Aufmerksamkeit und Wahl und des Interesses oder des Antriebes kann er aus dieser Repräsentation der Leistung im Liaison-Gehirn auswählen, indem er einmal dies, einmal jenes aussucht und die Ergebnisse seines Herauslesens aus vielen verschiedenen Abschnitten im Liaison-Gehirn miteinander verschmilzt. Auf diese Weise erreicht der selbstbewußte Geist eine einheitliche Erfahrung.« (Popper und Eccles, 1977, S. 559)

Ich habe die Geist-Gehirn-Wechselwirkung in meinen Gifford Vorlesungen »The Human Mystery« (»Das Geheimnis des Menschen«) und »The Human Psyche« (»Die Psyche des Menschen«), 1978 bis 1979, mehrmals behandelt, aber das Hauptthema waren die großen philosophischen Fragen nach unserer Natur und unserer Bestimmung einschließlich des Entwurfs einer natürlichen Theologie.

Auf jeden Fall habe ich mich bemüht, die Entwicklung der Hypothesen des seiner selbst bewußten Geistes in Beziehung zum Gehirn voranzutreiben.

> »Der selbst-bewußte Geist ist aktiv damit beschäftigt, von der Vielzahl der aktiven Module auf den höchsten Hirnebenen abzulesen, nämlich in den Liaison-Bereichen, die sich weitgehend in der dominanten Hirnhälfte befinden. Der selbst-bewußte Geist wählt je nach Aufmerksamkeit aus diesen Modu-

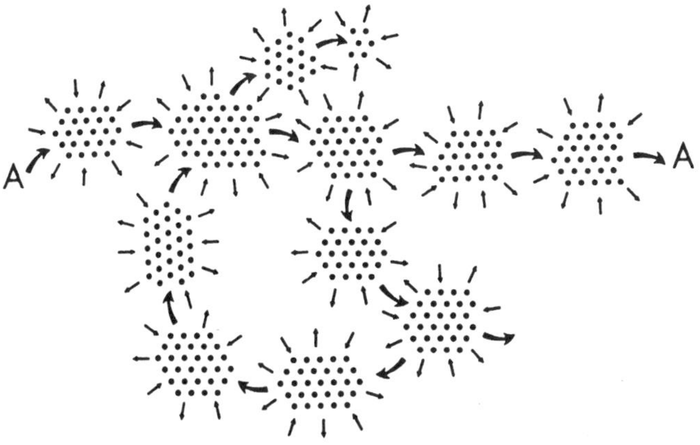

Abb. 2.2: In dieser schematischen Darstellung der Hirnrinde von oben gesehen sind die großen Pyramidenzellen als Punkte eingezeichnet, die zu Haufen angeordnet sind. Jeder dieser Haufen entspricht einer Säule oder einem Modul. Die Pfeile stehen für Impulsentladungen entlang Hunderten von parallelen Linien, die den Modus der erregenden Kommunikation von Säule zu Säule darstellen. Nur ein minimales System seriell erregter Säulen wird gezeigt.

len aus und integriert das, was er ausgewählt hat, in jedem Augenblick, um selbst der flüchtigsten Erfahrung Einheitlichkeit zu verleihen. Darüber hinaus wirkt der selbst-bewußte Geist auf diese Module ein und ändert damit die dynamischen räumlich-zeitlichen Muster der neuronalen Geschehnisse. Auf diese Weise übt der selbst-bewußte Geist eine höhere interpretierende und regelnde Funktion in bezug auf die neuronalen Geschehnisse aus. Eine Schlüsselkomponente der Hypothese ist, daß die Einheit der bewußten Erfahrung von dem selbst-bewußten Geist hervorgebracht wird, und nicht von der Neuronenmaschinerie der Liaison-Bereiche der zerebralen Hemisphäre. Bisher war es unmöglich, irgendeine neurophysiologische Theorie zu entwickeln, die erklärt, wie eine Vielfalt von Geschehnissen im Gehirn schließlich derart zusammengeschmolzen wird, daß eine einheitliche Erfahrung globalen oder Gestaltcharakters entsteht. Die Geschehnisse im Gehirn bleiben disparat, sie sind im wesentlichen die individuellen Aktionen unzähliger Neuronen, die in komplexe Schaltkreise eingebaut sind und auf diese Weise an den räumlich-zeitlichen Aktivitätsmustern beteiligt sind.« (Eccles, 1979, S. 222f.)

Die Gehirnereignisse bieten keinerlei Erklärung für unsere gewöhnlichste Erfahrung; dafür, daß wir die visuelle Welt von Augenblick zu Augenblick als eine globale Entität sehen.

Trotz der eindrucksvollen Beschreibung der komplexen modularen Operationen der Hirnrinde war es nicht möglich, die Frage nach dem »Wie« dieser Operationen auf irgendeine Weise zu beantworten. Die neuronale Komplexität reichte nicht aus – selbst dann nicht, wenn man die transzendenten Operationen der klassischen Physik heranzog. So begannen die achtziger Jahre, und ich erlebte meinen achtzigsten Geburtstag, ohne daß meine lebenslange Frage beantwortet worden wäre. Inzwischen konzentrierte ich mich auf eine grundlegende Studie über die Wechselwirkung zwischen Geist und Gehirn, über willkürliche Bewegungen und besonders über die Schlüsselstellung jenes Bereichs der Hirnrinde, der als supplementäres motorisches Feld bezeichnet wird. Im Jahr 1984 half ich, eine Konferenz zu organisieren, die dem Thema gewidmet war, »wie das Selbst auf sein Gehirn einwirkt«, und 1984 auf Schloß Ringberg stattfand.

Man war sich allgemein darin einig, daß die willkürlichen Bewegungen des Selbst neuronale Ereignisse hervorbringen konnten, aber das »Wie« dieses Vorgangs entzog sich uns immer noch. Die monistischen Materialisten beriefen sich auf die Erhaltungsgesetze der Physik, um solchen Ereignissen zu widersprechen.

2.6 Quantenphysik und Margenau, 1984

Dann – immer noch im Jahr 1984 – erschien das Buch *The Miracle of Existence* (dt. *Das Wunder der Existenz*) von dem Physiker Henry Margenau. Für mich war es ein Licht am Ende des Tunnels, die folgenden Zeilen zu lesen:

»Man kann den Geist im anerkannten Sinn des Wortes als ein Feld betrachten, aber er ist ein nicht-materielles Feld.

> Vielleicht kommt ihm ein Wahrscheinlichkeitsfeld noch am nächsten ... es muß auch keine Energie enthalten, um für all die bekannten Phänomene verantwortlich zu sein, in denen der Geist mit dem Gehirn in Wechselbeziehung tritt.«

Ich kannte Margenau bereits und setzte mich sofort mit ihm in Verbindung. Es ergab sich eine anregende Korrespondenz. Mittlerweile hatte ich eine begeisterte Besprechung seines Buchs für *Foundations of Physics* geschrieben.

Genau zu dieser Zeit lud mich Professor Herman Haken aus Stuttgart zu einer Konferenz ein, die vom 6. bis 11. Mai 1985 in dem hübschen Schloß Elmau in Südbayern stattfinden sollte und die er organisierte. Das allgemeine Thema der Konferenz war »Complex Systems: Operational Approaches in Neurobiology, Physics and Computers« (»Komplexe Systeme: Funktionsansätze in der Neurobiologie, in der Physik und bei Computern«). Sie verschaffte mir eine Gelegenheit, meine Arbeit »New Light on the Mind-Brain Problem: How Mental Events Could Influence Neural Events« (»Neues Licht auf das Geist-Gehirn-Problem: Wie mentale Ereignisse neuronale Ereignisse beeinflussen könnten«) vorzustellen.

Professor Haken war unbedingt dafür, daß ich die neue Entwicklung umfassend darstellte. Er gab mir auf dem Programm zwei Stunden für die Vorlesung und eine anschließende Diskussion, aber selbst das reichte nicht. Die Diskussion setzte sich nach dem Essen noch etwa eine Stunde lang fort! Ich war über die gute Aufnahme bei der aus rund 60 Physikern, Computertheoretikern und anderen Wissenschaftlern bestehenden Zuhörerschaft sehr glücklich. Meine Arbeit wurde in dem Band über die Konferenz, der im Springer-Verlag erschien, veröffentlicht, und ich habe sie als erste meiner veröffentlichten Arbeiten in dieses Buch aufgenommen (Kapitel 4).

Anmerkungen

1 *Res extensa* und *res cogitans* (»ausgedehnte« und »denkende« Substanz oder Außenwelt und Innenwelt). Grundbegriffe der kartesischen Zweisubstanzenlehre, die zum erkenntnistheoretischen Paradigma aller dualistischen Systeme geworden ist. (Anm. d. Übers.)

2 Die nach Cecil Rhodes benannte Rhodes Scholarship ist eines von mehreren Stipendien der Oxford University. (Anm. d. Übers.)

Literatur zu Kapitel 1 und 2

Armstrong, D.M. (1981), *The Nature of Mind* (Cornell University Press, Ithaca NY).

Barlow, H.B. (1972), »Single units and sensation: A neuron doctrine for perceptual psychology?«, *Perception* 1, 371-394.

Beck, F., and Eccles, J.C. (1992), »Quantum aspects of consciousness and the role of consciousness«, *Proc. Nat. Acad. Sci.* 89, 11357-11361.

Beloff, J. (1962), *The Existence of Mind* (Mecgibbon and Kee, London).

Birch, C. (1974), »Chance, necessity and purpose«, in: *Studies in the Philosophy of Biology*, eds. F.J. Ayala and T. Dobzhansky (Macmillan, London), 225-239.

Blakemore, C. (1977), *Mechanics of the Mind* (Cambridge University Press, Cambridge).

Bunge, M. (1980), *The Mind-Body-Problem* (Pergamon, Oxford); dt.: (1984) *Das Leib-Seele-Problem* (Mohr, Tübingen).

Changeux, J.P. (1985), *Neuronal Man. The Biology of Mind* (Pantheon, New York); dt.: (1984) *Der neuronale Mensch* (Rowohlt, Reinbek).

Creutzfeldt, O.D., and Rager, G. (1978), »Brain mechanisms and the phenomenology of conscious experience«, in: *Cerebral Correlates of Conscious Experience*, eds. P.A. Buser and A. Rougeul-Buser (North Holland, Amsterdam), 311-318.

Deecke, L., and Kornhuber, H.H. (1978), »An electrical sign of participation of the mesial ›supplementary‹ motor cortex in human voluntary finger movement«, *Brain Res.* 159, 473-476.

Dobzhansky, T. (1967), *The Biology of Ultimate Concern* (New American Library, New York).

Doty, R.W. (1975), »Consciousness from neuron«, *Acta Neurobiol. Exp. (Warsz.)* 35, 791-804.

Eccles, J.C. (1951), »Hypotheses relating to the brain-mind problem«, *Nature* 168, 53-57.

Eccles, J.C. (1953), *The Neurophysiological Basis of Mind: The Principles of Neurophysiology* (Clarendon, Oxford).

Eccles, J.C. (1966) in: *Brain and Conscious Experience*, Symposium of the Pontif. Acad. of Sci. (Springer, Berlin, Heidelberg).

Eccles, J.C. (1970), *Facing Reality* (Springer, Berlin, Heidelberg), dt.: (1975) *Wahrheit und Wirklichkeit* (Springer, Berlin, Heidelberg) und (1987) *Gehirn und Seele* (Piper, München, Zürich).

Eccles, J.C. (1979), *The Human Mystery* (Springer, Berlin, Heidelberg), dt.: (1982) *Das Rätsel Mensch* (Reinhardt, München, Basel) und (1989) *Das Rätsel Mensch* (Piper, München, Zürich).
Eccles, J.C. (1980), *The Human Psyche* (Springer, Berlin, Heidelberg), dt.: (1990) *Die Psyche des Menschen* (Piper, München, Zürich).
Eddington, A.S. (1939), *The Philosophy of Physical Science* (Cambridge University Press, Cambridge); dt.: (1949) *Philosophie der Naturwissenschaften* (Franke, Bern).
Edelman, G.M. (1978), »Group selection and phasic reentrant signalling: A theory of higher brain function«, in: *The Mindful Brain*, ed. F.O. Schmitt (MIT Press, Cambridge MA).
Edelman, G.M. (1989), *The Remembered Present. A Biological Theory of Consciousness* (Basic Books, New York).
Feigl, H. (1967), *The Mental and the Physical* (University of Minnesota Press, Minneapolis).
Granit, R. (1977), *The Purposive Brain* (MIT Press, Cambridge MA).
Hinshelwood, C. (1962), *The Vision of Nature* (Cambridge University Press, Cambridge).
Ingvar, D.H. (1975), »Patterns of brain activity revealed by measurements of regional cerebral blood flow«, in: *Brain Work*, eds. D.H. Ingvar and N.A. Lassen (Munksgaard, Copenhagen)
Ingvar, H.D. (1990), »On ideation and ›ideography‹«, in: *The Principles of Design and Operation of the Brain*, eds. J.C. Eccles and O. Creutzfeldt (*Exp. Brain Res.,* Series 21) (Springer, Berlin, Heidelberg), 433-453.
Kneale, W. (1962), *On Having a Mind* (Cambridge University Press, Cambridge).
Kornhuber, H.H. (1978), »A reconsideration of the brain-mind problem«, in: *Cerebral Correlates of Conscious Experience,* eds. P.A. Buser and A. Rougeul-Buser (North Holland, Amsterdam), 319-331.
Laszlo, E. (1972), *Introduction to Systems Philosophy* (Gordon and Breach, New York).
Lorenz, K. (1977), *Behind the Mirror* (Methuen, London); dt.: (1985) *Die Rückseite des Spiegels* (DTV, München, 8. Aufl.).
Mac-Kay, D.M. (1978), »Selves and brains«, *Neurosci.,* 3, 599-606.
Margenau, H. (1984), *The Miracle of Existence* (Ox Bow, Woodbridge CT).
Monod, J. (1971), *Chance and Necessity* (Knoff, New York); dt.: *Zufall und Notwendigkeit* (Piper, München, Zürich) und (1985) *Zufall und Notwendigkeit* (DTV, München, 7. Aufl.).
Mountcastle, V.B. (1978), »An organizing principle for cerebral function: The unit module and the distributed system«, in: *The Mindful Brain*, ed. F.O. Schmitt (MIT Press, Cambridge MA).

Penfield, W. (1975), *The Mystery of the Mind* (Princeton University Press, Princeton NJ).

Polanyi, M., and Prosch, H. (1975), *Meaning* (The University of Chicago Press, Chicago).

Polten, E. (1975), *Critique of the Psycho-physical Identity Theory* (Mouton, Paris).

Popper, K.R. (1959), *The Logic of Scientific Discovery* (Hutchinson, London); dt.: *Logik der Forschung* (Mohr, Tübingen).

Popper, K.R. (1968), »On the theory of the objective mind«, in: *Akten des XIV. Internationalen Kongresses für Philosophie*, Vol. 1 (Herder, Vienna), 25-53.

Popper, K.R. (1972), *Objective Knowledge: An Evolutionary Approach* (Clarendon, Oxford); dt.: *Objektive Erkenntnis* (Hoffmann & Campe, Hamburg, 2. Aufl.).

Popper, K.R., and Eccles, J.C. (1977), *The Self and its Brain* (Springer, Berlin, Heidelberg); dt.: (1982) *Das Ich und sein Gehirn* (Piper, München, Zürich).

Pribram, K.H. (1971), *Languages of the Brain* (Prentice-Hall, Englewood Cliffs NJ).

Ramón y Cajal, S.R. (1911), *Histologie du Système Nerveux de l'Homme et des Vertébrés*, Vol. II (Maloine, Paris).

Rensch, B. (1971), *Biophilosophy* (Columbia University Press, New York).

Rensch, B. (1974), »Polynomistic determination of biological processes«, in: *Studies in the Philosophy of Biology*, eds. F.J. Ayala and T. Dobzhansky (Macmillan, London), 241-258.

Schrödinger, E. (1958), *Mind and Matter* (Cambridge University Press, Cambridge); dt.: (1965) *Geist und Materie* (Vieweg, Braunschweig, 3. Aufl.).

Searle, J.R. (1984), *Minds, Brains and Science* (British Broadcasting Corporation, London); dt.: (1986) *Geist, Hirn und Wissenschaft* (Suhrkamp, Frankfurt).

Searle, J.R. (1992), *The Rediscovery of the Mind* (MIT Press, Cambridge MA); dt.: (1993) *Die Wiederentdeckung des Geistes* (Artemis & Winkler, München).

Shapere, D. (1974), »Discussion of Rensch«, in: *Studies in the Philosophy of Biology*, eds. F.J. Ayala and T. Dobzhansky (Macmillan, London).

Sherrington, C.S. (1940), *Man on His Nature* (Cambridge University Press, London); dt.: (1964) *Körper und Geist* (Schünemann, Bremen).

Smart, J.J.C. (1963), *Philosophy and Scientific Realism* (Routledge and Kegan Paul, London).

Sperry, R.W. (1977), »Forebrain commissurotomy and conscious awareness«, *J. Med. Phil.* 2, 101-126.

Sperry, R.W. (1980), »Mind-brain interaction: Mentalism, yes; dualism, no«, *Neurosci.* 5, 195-206.
Szentágothai, J. (1975), »The ›module‹concept in cerebral cortex architecture«, *Brain Res.* 95, 475-496.
Szentágothai, J. (1978), »The neuron network of the cerebral cortex. A functional interpretation«, *Proc. Roy. Soc. London B* 201, 219-248.
Szentágothai, J. (1979), »Local neuron circuits of the neocortex«, in: *The Neurosciences. Fourth Study Program*, eds. F.O. Schmitt and F.G. Warden (MIT Press, Cambridge MA).
Thorpe, W.H. (1974), *Animal Nature and Human Nature* (Methuen, London).
Thorpe, W.H. (1978), *Purpose in a World of Chance* (Oxford University Press, Oxford).
Waddington, C.D. (1969), »The theory of evolution today«, in: *Beyond Reductionism*, eds. A. Koestler and J.R. Smythies (Hutchinson, London); dt.: (1970) *Das reine Menschenbild* (Molden, Wien, München, Zürich).
Wigner, E.P. (1964), »Two kinds of reality«, *Monist* 48, 248-264.

3 Neuere theoretische Untersuchungen zum Geist-Gehirn-Problem

Einführung

In den letzten Jahren sind über das Geist-Gehirn-Problem sehr viele und sehr unterschiedliche Beiträge erschienen. Schon der Versuch, zumindest alle wichtigen Arbeiten zu zitieren, hätte ungeordnete Kapitel zur Folge gehabt. Daher habe ich mich entschlossen, in Kapitel 3 aus den vielen veröffentlichten Büchern von führenden Autoritäten einige kritische Auszüge vorzustellen.

Um das Wiederauffinden zu erleichtern, habe ich die Beiträge alphabetisch nach Autoren geordnet. Die Autoren habe ich aus Gründen einer sachlichen Diskussion ausgesucht, weil sich ihre Veröffentlichungen speziell auf die Kapitel dieses Buches beziehen. Weitere Verweise auf einschlägige Veröffentlichungen sind in den anderen Kapiteln dieses Buches zu finden.

3.1 J.P. Changeux, Neuronal Man: The Biology of Mind (Der neuronale Mensch: Die Biologie des Geistes), 1985

Das Buch von Changeux ist in weiten Teilen populärwissenschaftlich geschrieben. Es ist nicht meine Aufgabe, irgendwelche Mängel zu kritisieren, die auf seinen ehrgeizigen Versuch zurückzuführen sind, die Wissenschaft vom Gehirn darzustellen. Ich beschränke mich auf die Konzepte, die einen Bezug zu den Kapiteln 4 bis 9 des vorliegenden Buches haben und ihnen einen Hintergrund verleihen.

Die Hauptthesen seiner Neurophilosophie hat Changeux in dem langen Kapitel 5 über »mentale Objekte« zusammengefaßt.

Auf Seite 127 betritt der neuronale Mensch die Bühne. Ich zitiere:

»Das menschliche Gehirn kann selbständig Strategien entwickeln. Es ahnt künftige Ereignisse voraus und arbeitet seine eigenen Programme aus. Ihre Fähigkeit, ein Selbst zu entwickeln, gehört zu den bemerkenswertesten Eigenschaften der zerebralen Anlage des Menschen, und ihre höchste Leistung ist das Denken.«

Dieser Text scheint einem Dualismus das Wort zu geben, den ich anfangs nicht ablehnte, aber dann wirkt er wie eine subtile Variante der Identitätstheorie von Feigl (Kapitel 1, Abschnitt 3.4 dieses Buches), in der dem Gehirn eine »Fähigkeit, ein Selbst zu entwikkeln«, zugesprochen wird. Auf Seite 126 stellt Changeux fest:

»Ein Computer besitzt Eigenschaften, die sich radikal von denen der zerebralen Anlage unterscheiden.«

Auch hier stimme ich zu.

Das mentale Objekt wird in mehreren speziellen Bereichen des Kortex identifiziert. Dann folgt auf mehr als zwei Seiten (S. 138–140) eine neuronale Phantasie ohne jede Erwähnung der Art und Weise, wie ein »mentales Objekt« mental wird.

In »Problems of Consciousness« (»Probleme des Bewußtseins«) schreibt Changeux:

»Während wir wach und aufmerksam sind, erkennen und betreiben wir die Bildung von Regeln und Begriffen. Wir können mentale Objekte im Kopf behalten und uns an sie erinnern, sie miteinander verknüpfen und ihren Widerhall erkennen. Wir sind uns all dessen in unserem niemals endenden Dialog mit der Außenwelt bewußt, aber auch in der Innenwelt, unserem ›Ich‹.« (S. 145)

In bezug auf die Rolle des retikulären Aktivierungssystems als Quelle der wichtigen Hintergrundtätigkeit der Hirnrinde, das Moruzzi und Magoun aufzeigten, stellt Changeux fest:

»Bewußtsein entspricht daher einer Steuerung der allgegenwärtigen Tätigkeit kortikaler Neuronen oder, allgemeiner

> ausgedrückt, des gesamten Gehirns. Einige wenige kleine Gruppen von Neuronen im Hirnstamm, deren Zellkörper zentral angeordnet sind, üben dank der divergierenden Natur ihrer Axonen einen ›globalen‹ Einfluß aus.« (S. 151)

Wie Changeux es ausdrückt:

> »Die verschiedenen Neuronengruppen in der *Formatio reticularis* informieren sich gegenseitig über ihre Tätigkeiten. Sie bilden ein System hierarchischer, paralleler Bahnen, die in ständigem *reziproken Kontakt* mit anderen Hirnstrukturen stehen. Das Ergebnis ist eine holistische Integration zwischen verschiedenen Zentren. Aus dem Zusammenspiel dieser miteinander verbundenen Steuerungssysteme entsteht das Bewußtsein.« (S. 158)

Ich zitiere so ausführlich, um die ungewöhnliche Erklärung der Ursprünge des Bewußtseins aus komplexen Wechselbeziehungen im neuronalen Netz deutlich zu machen, die insgesamt an das Bewußtseinsmodell von Edelman erinnert. Diese Erklärung stützt sich vollständig auf Wechselbeziehungen im neuronalen Netz – in Einklang mit der klassischen Physik – und reicht deshalb nach Stapp (Kapitel 3.12 dieses Buches) nicht aus.

In »The Substance of the Spirit« (»Der Stoff, aus dem der Geist gemacht ist«) schreibt Changeux:

> »Die Aufgabe lautet, die Barrieren zu zerstören, die das Neurale vom Mentalen trennen, und eine Brücke zu bauen, die – so zerbrechlich sie auch sein mag – uns erlaubt, von einem zum anderen zu gelangen.« (S. 168)

Aber ist das nicht das Programm des dualistischen Interaktionismus? Changeux scheint den Weg verfehlt zu haben, der früher beschrieben wurde und später in den Kapiteln 4 bis 9 des vorliegenden Buches vollständig dargelegt wird.

Dieses Kapitel über »mentale Objekte« räumt mit vielen Spekulationen über den neuronalen Aufbau mentaler Objekte auf, sogar mit »Homunkulus«-Objekten!

> »Die Kombinationsmöglichkeiten, die sich aus der Anzahl

und Vielfalt der Verbindungen im menschlichen Gehirn ergeben, scheinen völlig auszureichen, um die Fähigkeiten des Menschen zu erklären. Für die Annahme einer Spaltung zwischen mentaler und neuronaler Tätigkeit liegt kein Grund vor.« (S. 275)

»Der Gedanke scheint völlig gerechtfertigt, daß mentale Zustände und physiologische oder physikalisch-chemische Zustände des Gehirns identisch sind.« (S. 275)

So verfällt Changeux in eine simple Identitätstheorie, ohne viel philosophischen Aufhebens.

»Wir müssen zuerst in unserem Kopf ein Bild vom ›Menschen‹ schaffen – eine Vorstellung nach Art eines Modells –, das wir betrachten können.« (S. 284)

»Der Mensch braucht den Geist nicht länger. Er ist ausreichend erklärt, wenn man ihn als ›neuronalen Menschen‹ (man = Mann oder Mensch) betrachtet.« (S. 169)

Weshalb nicht auch als eine »geistreiche Frau«?

3.2 F. Crick und C. Koch, Towards a Neurobiological Theory of Consciousness (Schritte zu einer neurobiologischen Theorie des Bewußtseins), 1990

Die Vorstellungen von Crick und Koch beruhen auf der Identitätstheorie Feigls, die in Kapitel 1.3.4 und Abbildung 1.2 dieses Buches dargestellt ist. Sie schreiben:

»Nach unserer grundlegenden Hypothese ist auf neuraler Ebene die Vorstellung nützlich, daß das Bewußtsein einer bestimmten Tätigkeit dessen entspricht, was eine Untergruppe von Neuronen im kortikalen System sein mag ... Das Bewußtsein entspricht in jedem Augenblick einer bestimmten Tätigkeit einer wechselnden Gruppe von Neuronen, die eine Untergruppe einer weitaus größeren Gruppe potentieller Kandidaten darstellt.« (S. 266)

> »Unsere Grundidee ist, daß das Bewußtsein entscheidend von einer Art Kurzzeitgedächtnis sowie von irgendeinem seriellen Aufmerksamkeitsmechanismus abhängt. Dieser Aufmerksamkeitsmechanismus hilft Gruppen entsprechender Neuronen, auf eine kohärente, semi-oszillatorische Art zu feuern, wahrscheinlich mit einer Frequenz von 40–70 Hz, so daß Neuronen in vielen unterschiedlichen Bereichen des Gehirns vorübergehend eine globale Einheit auferlegt wird. Diese Oszillationen aktivieren das Kurzzeitgedächtnis.« (S. 263)

Es gibt jedoch viele Anzeichen dafür, daß mentale Aufmerksamkeit zu einer neuronalen Aktivierung führen kann, wie Beck und ich (1992) geschrieben haben und wie es auch in den Kapiteln 9 und 10.6 dieses Buches nachzulesen ist. Crick und Koch können diese neuen Entdeckungen nun dazu nutzen, die Auswahl der auffallendsten Objekte der Aufmerksamkeit durch Aktivierung der geeignetsten Neuronen zu erklären und die

> »beste Interpretation [der Art und Weise zu liefern], wie wir bewußt werden. Die Information über einen einzelnen Gegenstand ist im Gehirn verteilt. Es muß deshalb eine Methode geben, eine vorübergehende Einheitlichkeit in den Tätigkeiten aller Neuronen zu gewährleisten, die in jenem Augenblick von Belang sind. (Übrigens sehen wir keinen Grund zu der Annahme, daß diese globale Einheit ausgefallene Quanteneffekte voraussetzt.) Die Erlangung dieser Einheit mag durch rasche Aufmerksamkeitsmechanismen gefördert werden, deren genaue Beschaffenheit wir bisher noch nicht verstanden haben.« (S. 274)

So weit, so gut, aber ihre Folgerung ist nicht akzeptabel. Sie betrifft

> »Maschinen mit komplexen, rasch wechselnden und hochgradig parallelen Tätigkeiten. Wenn wir solche Maschinen erst herstellen und ihr Verhalten Schritt für Schritt verstehen können, mag sich das Geheimnis des Bewußtseins zum großen Teil auflösen.« (S. 274)

Diese Idee können wir getrost als Science-fiction der unsinnigsten Art abtun. Beachten Sie die kritische Besprechung derartiger intelligenter Maschinen in den Abschnitten in diesem Kapitel über Penrose und Searle sowie in Kapitel 10.7 dieses Buches.

3.3 F. Crick und C. Koch, *Consciousness (Bewußtsein)*, 1992

Nach einer einführenden Besprechung, in der weitgehend Überlegungen der vorhergehenden Arbeit wiederholt werden, schreiben Crick und Koch:

> »Es mag eine sehr flüchtige Form einer vergänglichen Bewußtheit geben, die nur recht einfache Züge aufweist und nicht auf Aufmerksamkeitsmechanismen angewiesen ist. Aus dieser flüchtigen Bewußtheit erschafft das Gehirn Vorstellungen, die den Betrachter zum Mittelpunkt haben – Dinge, die wir lebendig und deutlich sehen – und keiner Aufmerksamkeit bedürfen. Dies wiederum führt zu dreidimensionalen Vorstellungen von Gegenständen, die eher kognitiver Art sind.« (S. 112)

Ich halte diese Aussagen, die vier Bewußtseinsebenen nahelegen, für wichtig. Ich stimme auch der Schlußaussage der Autoren zu:

> »Wenn wir das Geheimnis dieser einfachen Bewußtseinsform erst entschleiert haben, sind wir vielleicht näher daran, ein zentrales Geheimnis des menschlichen Lebens zu verstehen: Wie sich die physikalischen Ereignisse in unseren Gehirnen abspielen, während wir in der Welt gemäß unseren subjektiven Empfindungen denken und handeln – das heißt, wie sich das Gehirn zum Geist verhält.« (S. 117)

Hier scheint weder auf der Identitätstheorie bestanden noch der Dualismus geleugnet zu werden. Der Weg für neue Ergebnisse und Hypothesen von Beck und mir (1992 und in Kapitel 9 des vorliegenden Buches) ist frei.

3.4 D.C. Dennett, *Consciousness explained (Bewußtsein erklärt)*, 1991

Hat Dennett es erklärt?

> »Das menschliche Bewußtsein ist so ziemlich das letzte Geheimnis.« (S. 21)

Am Ende des 468 Seiten starken Buches *Consciousness explained* ist es immer noch ein Geheimnis!

Ich beginne mit einem Zitat aus seiner einleitenden Zusammenfassung.

> »Wir haben vier Gründe gefunden, an einen Geist zu glauben. Wie es aussieht, kann sich der bewußte Geist nicht allein im Gehirn oder in einem entsprechenden Teil des Gehirns befinden, weil nichts im Gehirn
> 1. das Medium sein könnte, in dem sich die rote Kuh abbilden ließe;
> 2. das denkende Agens sein könnte, das Ich in ›ich denke, also bin ich‹;
> 3. Wein genießen, Rassismus hassen, jemanden lieben, eine Quelle von *Bedeutungszuweisungen* sein könnte;
> 4. moralisch verantwortlich handeln könnte.
> Eine akzeptable Theorie des menschlichen Bewußtseins muß diese vier gewichtigen Gründe für die Annahme eines Geistes berücksichtigen.« (S. 32–33)

Das ist Dualismus: Gehirn und Geist.

Und doch folgt diesem Abschnitt unmittelbar ein Abschnitt mit der Überschrift: »Weshalb der Dualismus auf verlorenem Posten steht«:

> »Die vorherrschende geistige Strömung, die auf unterschiedliche Weise zum Ausdruck kommt und verteidigt wird, ist der *Materialismus*: Es gibt nur eine Substanz, und das ist die *Materie* – die physikalische Substanz, die Gegenstand der Physik, Chemie und Physiologie ist –, und der Geist ist auf irgendeine Weise nichts anderes als ein physikalisches Phänomen. Kurz gesagt, der Geist ist das Gehirn.« (S. 33)

> »Wir wollen uns mit den erwiderten Signalen befassen, den Anweisungen des Geistes an das Gehirn. Sie sind – *ex hypothesi* – nicht physikalisch; sie sind keine Lichtwellen oder Klangwellen oder kosmische Strahlen oder Ströme subatomarer Partikel. Sie sind mit keiner physikalischen Energie oder Masse verbunden. Wie rufen sie aber dann eine Verän-

derung der Vorgänge in den Gehirnzellen hervor, die stattfinden muß, wenn der Geist einen Einfluß auf das Gehirn ausüben soll? Ein Grundsatz der Physik lautet, daß jede Bahnveränderung eines beliebigen physikalischen Gegenstandes eine Beschleunigung bedeutet, die einen Aufwand an Energie erfordert – und woher sollte diese Energie stammen? Es ist dieser Satz von der Erhaltung der Energie, der für die physikalische Unmöglichkeit von ›Perpetuum mobiles‹ verantwortlich ist. Und im Dualismus wird genau dieses Prinzip eindeutig verletzt. Diese Unvereinbarkeit von Unterstufenphysik und dem Dualismus ist seit Descartes' Zeiten immer wieder diskutiert worden und gilt allgemein als der unvermeidliche und fatale Mangel des Dualismus.« (S. 35)

Aber im 9. Kapitel des vorliegenden Buches legen Beck und ich dar, daß kein solcher Mangel existiert und der Dualismus nicht länger auf verlorenem Posten steht! Dennett gibt einen aufschlußreichen Kommentar ab:

»Einige Gehirnforscher der Gegenwart würden nicht einmal im Traum daran denken, im Rahmen ihrer Berufspflichten den Geist oder irgendetwas ›Mentales‹ zu erwähnen. Für andere Wissenschaftler, die einen größeren theoretischen Wagemut aufbringen, gibt es einen neuen Forschungsgegenstand, das Geist/Gehirn. Diese neuerdings populäre Wortprägung drückt auf hübsche Weise den vorherrschenden Materialismus dieser Forscher aus, die der Welt und sich selbst fröhlich verkünden, was das Gehirn besonders interessant und erstaunlich mache, sei, daß es auf die eine oder andere Weise der Geist sei. Aber selbst unter diesen Forschern kann man ein Zögern beobachten, sich dem Großen Thema zu stellen; einen Wunsch, die verwirrende Frage nach der Natur des Bewußtseins auf einen späteren Zeitpunkt zu verschieben.« (S. 39)

Hier drückt Dennett aus, was ich im 1. Kapitel dieses Buches geschrieben habe.

Im 8. Kapitel seines Buches legt er seine Philosophie dar:

»Wir haben in unserem Gehirn eine Ansammlung von zufällig zusammengewürfelten spezialisierten Schaltkreisen, die

– dank einer Schar von Gewohnheiten, die zum Teil kulturell und zum Teil durch unsere individuelle Selbsterkundung bedingt sind – zusammenwirken, um eine mehr oder weniger geordnete, mehr oder weniger wirksame, mehr oder weniger gut entworfene virtuelle Maschine zu ergeben; die *joyceanische* Maschine. Indem sie diese unabhängig voneinander entwickelten spezialisierten Organe zu einem gemeinsamen Zweck einspannt und dieser Vereinigung enorm verstärkte Kräfte verleiht, vollbringt diese virtuelle Maschine, diese Software des Gehirns, eine Art internes politisches Wunder. Sie erschafft einen *virtuellen Kapitän* der Mannschaft, ohne ein Mitglied dieser Mannschaft auf längere Sicht mit diktatorischer Macht auszustatten.« (S. 228)

Die Weisheit in der Ausführung, die sich daraus ergibt, gehört zu den Fähigkeiten, die herkömmlicherweise dem Selbst zugesprochen werden, aber sie ist sehr wichtig. (S. 228)

Dennett skizziert seine Theorie kurz wie folgt:

»Es gibt keinen einzelnen, bestimmten ›Bewußtseinsstrom‹, weil kein Hauptquartier existiert, kein kartesisches Theater, wo zur Sichtung durch den Zentralen Bedeutungsgeber [Central Meaner] ›alles zusammenläuft‹. Anstelle eines solchen Stromes (so breit er auch sein mag) gibt es vielfache Kanäle, in denen die spezialisierten Schaltkreise in parallelen Pandämonien sich bemühen, ihren jeweiligen Aufgaben nachzukommen, und dabei Multiple Entwürfe schaffen. Die meisten dieser fragmentarischen Entwürfe von ›Darstellungen‹ beeinflussen die gegenwärtige Aktivität nur wenig, aber einige erhalten durch die Tätigkeit einer virtuellen Maschine im Gehirn in rascher Folge höhere Funktionsrollen.« (S. 254)

»Oft erhalten sie neue Rollen zugeteilt, weil sie gerade verfügbar sind, und ihre angeborenen Talente entsprechen dieser neuen Rolle eher schlecht als recht. Das führt nur deshalb nicht zu einem Tollhaus, weil die Trends, denen all diese Tätigkeiten gehorchen, selbst die Ergebnisse eines Entwurfs sind. Ein Teil dieses Entwurfs ist unser genetisches Erbe, das wir mit den Tieren gemeinsam haben. Aber er ist vergrößert und manchmal sogar durch Mikro-Denkgewohnheiten, die wir individuell erwerben und die zum Teil idiosynkratische Produkte unserer Selbsterforschung und manchmal vorgefertigte Mitgift der jeweiligen Kultur sind, in seiner Bedeutung übertrieben. Tausende von Memen, die vor allem aus der Sprache entstanden sind, aber auch durch wortlos überlieferte ›Bilder‹ und andere Informationsgebilde, halten in das Gehirn des Individuums Einzug, formen seine Neigungen und verwandeln es auf diese Art und Weise in einen Geist.« (S. 254)

Diese Serie dogmatischer Behauptungen findet sich zu Beginn von Dennetts Darstellung seiner Theorie der Multiplen Entwürfe (Multiple Drafts). Ich frage mich, ob es sich um eine Theorie des Bewußtseins handelt. Dennett erkennt dieses Problem anscheinend, denn er schreibt:

> »Bis jetzt habe ich mich bei der Frage nach dem Bewußtsein zurückgehalten. Ich mußte solche Zweifel von mir weisen, bis die Theorie in ihren Grundzügen stand, aber endlich ist es an der Zeit, in den sauren Apfel zu beißen und sich mit dem Bewußtsein selbst zu befassen – mit dem ganzen wunderbaren Geheimnis. Und somit erkläre ich nunmehr, JA, meine Theorie ist eine Theorie des Bewußtseins. Wer oder was auch immer über eine solche virtuelle Maschine verfügt, ist in der vollen Bedeutung des Wortes bewußt, und er oder es ist bewußt, *weil* er oder es über eine solche virtuelle Maschine verfügt.« (S. 281)

Einhundertundsiebzig Seiten später erklärt Dennett:

> »Ich habe nicht eine metaphorische Theorie – das kartesische Theater – durch eine nicht-metaphorische (›buchstäbliche, wissenschaftliche‹) Theorie ersetzt. Alles, was ich getan habe, war, eine Familie von Metaphern und Bildern durch eine andere zu ersetzen; das Theater, den Zeugen, den Zentralen Bedeutungsgeber und die Phantasie gegen Software, Multiple Entwürfe und ein Pandämonium der Homunkuli einzutauschen. Es ist nur ein Krieg der Metaphern, werden Sie sagen – aber Metaphern sind nicht ›nur‹ Metaphern, Metaphern sind die Werkzeuge des Denkens.« (S. 455)

Ich bin sehr enttäuscht von Dennetts dogmatischer Schöpfung – dem Modell der Multiplen Entwürfe –, weil es ein einzigartiges Selbst, das im Mittelpunkt unserer Erfahrungen steht, außer acht läßt. Dennett möchte das kartesische Theater loswerden, aber er scheint nur Leere zu erzeugen. Ich vermisse die Verzauberung, das Staunen, die Herausforderung, die mein einzigartiges Selbst erfährt. Weshalb tut uns Dennett diese blutarme und hohle Theorie an? Mangelt es ihm an Demut?

Eine ausführliche und über Strecken kritische Besprechung finden Sie in Roskies und Wood, »A Parliament of the Mind«, *The Sciences*, Mai/Juni 1992, S. 44–60.

3.5 G.M. Edelman, The Remembered Present (Die erinnerte Gegenwart), 1989

Lassen Sie mich betonen, daß ich keine Besprechung dieses monumentalen Werks vorlege. Das könnte ich nicht wagen! Ich sehe meine Aufgabe darin, Edelmans Versuche zu beschreiben, eine Lösung des Geist-Gehirn-Problems zu finden. Er schließt, daß es zumindest möglich ist, eine detaillierte und auf Prinzipien gegründete Theorie des Bewußtseins mit dem Gehirn als dessen Sitz zu formulieren. Edelman beginnt mit einer sachlichen Forderung:

> »Jede angemessene, globale Theorie der Gehirnfunktion muß ein wissenschaftliches Modell des Bewußtseins enthalten, aber um wissenschaftlich akzeptabel zu sein, muß sie außerdem das kartesische Dilemma vermeiden. Mit anderen Worten, sie muß uneingeschränkt physikalisch sein.« (S. 10)

Ich sollte nicht weiterlesen! Das ist die Lösung des reduktionistischen Materialismus, die er »materialistische Metaphysik« nennt. Weiter schreibt er:

> »Wissenschaftliche Epistemologie muß sich mit der Bewußtseinsfrage im Sinne der Evolution, der Entwicklung, des Ge-

hirnaufbaus und der physikalischen Ordnung, wie wir sie kennen, auseinandersetzen. Wenn die Auseinandersetzung im Rahmen der Wissenschaft bleiben soll, kann eine dualistische Lösung oder eine beliebige Form der kartesischen Empirie – die häufig von etwas begleitet wird, was man als kartesische Scham bezeichnen könnte – nicht geduldet werden. Ein Muster an kartesischer Schamlosigkeit bietet K.R. Poppers und J.C. Eccles' Buch *Das Ich und sein Gehirn*, ein offen dualistischer Ansatz.« (S. 278, Fußnote 25)

Diese vorherrschend kritische Atmosphäre erinnert in trauriger Weise an eine umgekehrte inquisitorische Herabsetzung! Ich halte es für besser, mich jedes Kommentars zu Edelmans Bescheidenheit (oder eines Mangels an derselben) zu enthalten!

Man findet in diesem Buch keine detailliert strukturierten oder funktionellen Überlegungen, nur Netztheorien, die mit Hilfe der Identitätstheorie ein Bewußtsein ergeben sollen. Edelman überschreibt einen Abschnitt mit dem Titel: »The insufficiency of functionalism with its basis on computational states of the brain. Brains and consciousness are not based on Turing machines.« (»Die Unzulänglichkeit eines auf Rechnerzuständen des Gehirns gegründeten Funktionalismus. Gehirn und Bewußtsein gründen sich nicht auf Turing-Maschinen.«)

Edelman ist seiner Theorie neuronaler Gruppenselektion (TNGS) ergeben, die nicht mehr als eine kunstvolle Variante der Netzwerktheorie darstellt. Aber in diesem Buch wird die TNGS mit ihrer besonderen Weisheit fast zu einer Persönlichkeit.

Edelman schreibt, indem er in der Identitätshypothese »Gehirn«-Zustände mit »mentalen« Zuständen in Beziehung zueinander setzt:

»Viele unterschiedliche Gehirnzustände können zu einem einzelnen bewußten Zustand führen. Es besteht eine scheinbare Identität zwischen einem mentalen Ereignis und einem physikalischen Ereignis, obwohl das erstere als Vorgang Eigenschaften aufweist, die nicht mit den Eigenschaften der strukturellen Komponenten des Gehirns identisch sein können, die sie hervorbringen.« (S. 260)

Ich warne davor, diese Identität zu ernst zu nehmen; das ist Philosophie, keine Physik!

Wenn »The Model of Primary Consciousness« (»Das Modell des anfänglichen Bewußtseins«) endlich auf den Seiten 153–155 entschleiert wird, wirkt es wie eine sehr ausgeklügelte Variante der Identitätstheorie, mit Berufung auf die große Komplexität neutronaler Netze, wie auf den Seiten 151–153 dargelegt, und mit wiedereintretender Interaktion; das Ganze ist weitaus detaillierter ausgearbeitet als jeder vorherige Ansatz wie zum Beispiel der von Feigl (1957). Schließlich behauptet Edelman:

> »Diese wiedereintretende Interaktion zwischen einer speziellen Gedächtnisform mit starken konzeptionellen Komponenten (mit deren möglichem Sitz wir uns später befassen werden) und einem Strom perzeptiver Kategorisierungen würde ein anfängliches Bewußtsein erschaffen.« (S. 154)

Dies wirkt auf mich wie ein Zaubertrick! In der Folge der Abhandlung werden die Nervenbahnen genannt, die Edelman im Sinn hat. Dem Gedächtnis wird großer Wert beigemessen.

Edelman widmete sich neuronalen Schaltkreisen (der TNGS), denen wir angeblich unsere Identität mit ihren Erfahrungen eines anfänglichen Bewußtseins verdanken. Die Theorie ist großartig ausgearbeitet. Sie könnte sich auf die phänomenalen Erfahrungen wie grobsinnliche Gefühle mit ihrer immensen Vielfalt der Empfindungsqualitäten beziehen. Aber Edelman behauptet:

> »Wir als Wissenschaftler können uns nicht mit ontologischen Geheimnissen wie der Frage befassen, weshalb da etwas und nicht nichts ist oder weshalb Warmes sich ›warm‹ anfühlt.« (S. 168)

Ich zitiere eine nützliche Einführung in das »Bewußtsein einer höheren Ordnung«:

> »Die Sprache macht es möglich, interne Modelle und konzeptuelle Kategorisierungen zu entwickeln, die von der Zeit unabhängig sein und außerdem zu angereicherten Unter-

scheidungen im Konzept eines Selbst und somit zu einer Persönlichkeit führen können.« (S. 185)

Offenbar treten wir »unwissentlich« in den Dualismus ein: wo sonst finden wir das Selbst oder die Person? Leider hat sich Edelman von Liebermans *Hominid Evolution* (1975) dazu verleiten lassen, der Sprache in Verbindung mit der Gehirnentwicklung – die bereits mit dem *Homo habilis* kam (Tobias, 1983; Stebbins, 1982) – ein unsinnig spätes Datum zuzuschreiben.

> »Um sich des Bewußtseins bewußt oder seiner unmittelbar gewahr zu werden, muß ein Tier (der Mensch) zwischen dem Selbst und dem Nicht-Selbst unterscheiden können, das in einem gewissen Ausmaß zeitunabhängig ist.« (Seite 186)

> »An diesem Punkt wird ›Selbst‹ ein Begriff, der sich auf ein solches konzeptuelles Modell und nicht nur auf ein biologisches Individuum bezieht, wie es bei einem anfänglichen Bewußtsein der Fall ist.« (S. 187)

Auf diese Weise werden wir in die Persönlichkeit eingeführt. Wir sind weit von der materialistischen Metaphysik entfernt, die Edelman in seiner Einführung proklamiert!

> »Subjektive Züge, die mit einem Bewußtsein seiner selbst, mit der Benutzung der ersten Person, mit Bedeutung und dergleichen verbunden sind, stellen nichts weiter als dies dar – subjektive Prozesse in einer Person, die über ein Bewußtsein höherer Ordnung verfügt.« (S. 194)

> »Die kausalen Beziehungen zwischen physikalischen und mentalen Ereignissen lassen sich als die Heterogenität eines Bewußtseins verstehen, das als besondere Form eines Gedächtnisses erwacht, das mit den Unterscheidungen zwischen dem Selbst und dem Nicht-Selbst verbunden ist, die ihrerseits mit dem Wiedereintreten in wahrgenommene Ereignisse verbunden sind.« (S. 194)

Das ist dualistischer Interaktionismus.

»Wollen erfordert das Bewußtsein eines Zieles und die Fähigkeit zu zielgerichteten Handlungen (und damit zu Empfindungen und Wahrnehmungen).« (S. 197)

»Auf diesen unvollkommenen Mitteln und auf dem reichen affektiven Austausch, der sich auf ein inneres Leben gründet, baut die Persönlichkeit auf.« (S. 251)

In diesen und anderen Zitaten kommen Begriffe vor, auf die ich als Dualist stolz wäre! Edelman hat keinen Grund zur Bescheidenheit!

Er nimmt für sich in Anspruch, eine biologische Theorie eines Bewußtseins umrissen zu haben, das mit dem Aufbau und der Physiologie des Gehirns zusammenhängt. Aber diese Neurowissenschaft stellt eine recht unfertige Plattform dar und übersieht vollständig die äußersten Verfeinerungen, die für die Geist-Gehirn-Theorie, wie sie in den Kapiteln 4–9 des vorliegenden Buches beschrieben werden, von grundlegender Bedeutung sind.

»Extreme reduktionistische Standpunkte, die erwarten, ein Bewußtsein auf der Grundlage der Quantenphysik zu *erklären*, und die Tatsache der Evolution übersehen, scheinen übertrieben ehrgeizig und leer zu sein (Margenau, 1984; Wigner, 1979).« (S. 254)

Es ist verblüffend, daß Edelman sein Unwissen zur Schau stellt, indem er diese beiden extremen reduktionistischen Standpunkte anklagt. Sie haben im Gegenteil über die Quantenphysik dem dualistischen Interaktionismus den Weg bereitet (Kapitel 4–9 des vorliegenden Buches).

Edelman ist davon »überzeugt« (S. 261), daß er bis zu einem gewissen Ausmaß über einen freien Willen verfügt, den er aber nicht erklären kann, indem er – wie Searle – zu der Widerspruchsfreiheit eines bewußten, rationalen Handelnden gelangt.

Meiner Meinung nach fehlen die Erkenntnis der Einheit und Einzigartigkeit des Selbst. Verschiedene Aspekte der Philosophie Edelmans sind weitgehend unvereinbar, und er geht nicht von der klassischen Physik ab.

3.6 D. Hodgson, *The Mind Matters* (*Der Geist zählt*), 1991

Man muß Richter Hodgson zugestehen, daß er das Problem des menschlichen Geistes im Hinblick auf Vorgänge wie Willen, Freiheit, Verantwortlichkeit und freie Wahl mit einem hochgezüchteten juristischen Verstand angeht.

In bezug auf *mentale Ereignisse* kann man die einleitende Feststellung akzeptieren, daß sie die voll und ganz bewußten Erfahrungen normaler menschlicher Wesen darstellen.

In bezug auf *Wahrnehmung* werde ich mich in Kapitel 10.5 mit den Problemen unter dem Stichwort der Aufmerksamkeit befassen, durch die der Geist seine Erfahrungen in ständig wiederholten Neueinschätzungen auswählt und verstärkt. Hodgson vernachlässigt weitgehend die großen Erfahrungen der Empfindungsqualitäten. In Hinblick auf den kartesianischen Dualismus mit seinen zwei Substanzarten halte ich es für besser, die Konzepte von Popper – Welt 1 und Welt 2 – zu verwenden, und nicht die Theorie des zweifachen Aspekts.

Ich werde mich hier nicht auf eine erschöpfende Bewertung der Konsens-Sehweisen der Vielfalt an unterschiedlichen Autoritäten in Kapitel 3 von Hodgsons Buch einlassen. Angesichts der neuen Einsichten durch mich selbst und Beck in Kapitel 9 dieses Buches ist es nicht länger nötig, all die Verzweigungen der Konsens-Ansichten nachzuvollziehen, die Hodgson in Form eines umfassenden juristischen Schriftsatzes über Philosophie, Computerwissenschaft, Gehirnforschung und Quantenphysik gesammelt hat. Ich kann mich nur kritisch über die Gehirnforschung äußern, die in einem Buch mit dem Titel *The Mind Matters* (*Der Geist zählt*) im Mittelpunkt stehen sollte, aber auf den Seiten 83–90 ungenügend berücksichtigt wird.

Hodgson befaßt sich kurz mit meinen Ideen, wie sie in einem weit zurückliegenden Buch (Eccles und Popper, 1977) dargelegt sind. Meine beiden Clifford-Vorlesungen (1977, 1978) – die gewiß in Sidney erhältlich waren – hätten ihm ein großes Stück weitergeholfen. Es ist besser, wenn ich die Seiten 83–90 übergehe, weil die mentalen Ereignisse und das Geist-Gehirn-Problem in den Kapiteln 5–10 des vorliegenden Buches weitgehend anders dargestellt sind.

Es ist bedauerlich, daß Hodgson so viel Mühe auf den Versuch verwandt hat, ein gutes allgemeines Verständnis der Quantenphysik zu erreichen (sie beansprucht Teil III seines Buches – 180 Seiten). Die Quantenphysik ist zweifellos von großer Bedeutung, wie Margenau (1984) bereits erkannte und Beck und ich selbst (1992) in bezug auf besondere Mikroareale des Neokortex voll gewürdigt haben. Ich habe mich in Kapitel 10.6 dieses Buches kritisch mit künstlicher Intelligenz und Robotik auseinandergesetzt, und wir brauchen uns nicht mehr damit zu befassen, wenn wir über den Konsens sprechen.

Wenn er auf das *durch die Evolution selektierte Bewußtsein* zu sprechen kommt, betont Hodgson die Bedeutung des Bewußtseins für das Überleben. Es könnte zu Verständnis verbunden mit mehr Geschick im kommunalen Leben und zu einem kooperativen Lernen führen. Der Versuch einer Erklärung, wie es dazu kam, wird in Kapitel 7 des vorliegenden Buches unternommen. Höhere Evolutionsstufen bis zum schließlichen Auftreten des *Homo sapiens sapiens* mit seinem Bewußtsein seiner selbst befähigten zu einer klugen Einschätzung von Überlebenssituationen verbunden mit einer Befreiung von mechanistischer Determiniertheit und der Fähigkeit zu unabhängiger Überlegung. So gehen wir stets vor, wenn wir nicht durch Philosophen beschnitten werden!

> »Wir können nur deshalb etwas über die bewußten Erfahrungen anderer wissen, weil wir selbst bewußte Erfahrungen haben. Es ist nur ein kleiner Schritt von diesem Wissen zu der Behauptung, wir *verstünden* die Taten anderer nur deshalb, weil wir die grundlegenden bewußten Erfahrungen kennen, die sie motivieren, und somit nur deshalb, weil wir selbst solche bewußten Erfahrungen haben.«

Hodgson schreibt gut über

> »die zentrale Rolle, die der Geist im Leben und in der Welt eines jeden Menschen spielt. Er stellt in einem unumgängli-

> chen Sinn die Gesamtheit der Welt aller Menschen dar, er ist die Basis allen Wissens und könnte gut der Konstrukteur der gewöhnlichen äußeren Realität sein (statt nur von ihr zu wissen), wie wir sie kennen.«

Geist ist die Gesamtheit, aber wir müssen begreifen, daß er weitaus umfassender und fruchtbarer ist als das, was wir als die Gesamtheit unserer Welt zu erkennen scheinen. Fest steht, daß ich über meine erinnerte Welt noch viele hundert Seiten lang schreiben könnte. Während ich schreibe, erfahre ich erneut längst »vergessene« Aspekte meines Lebens. Diese Entdeckungsreise in den Reichtum meiner Erfahrungen scheint auch dann kein Ende zu nehmen, wenn ich kaum auf Dokumente zurückgreife, um meine Autobiographie zu schreiben.

> »Wenn sie überhaupt über das Bewußtsein schreiben, neigen Konsens-Autoren dazu, es als unbedeutende Anomalie oder Komplikation in einer ansonsten perfekten mechanistischen, physikalischen Welt zu betrachten. Ich sage im Gegensatz dazu, daß das Bewußtsein von höchster Bedeutung ist ohne Bewußtsein hätte alles keinen Sinn.« (S. 447)

Vieles von dem, was Hodgson über persönliche Identität und das Selbst schreibt, ist nur eine Wiederholung der Science-fiction von Parfit (S. 409–413) mit Gehirntransplantaten und aufhebbaren Blockaden des Corpus callosum und so weiter. Parfit ist ein Reduktionist.

Hodgson lehnt in seinen Entwürfen einer Weltanschauung den kartesischen Substanzdualismus ab, und darin stimme ich mit ihm überein. Das Substanzkonzept führt zu einem materialistischen Aspekt des Geistes. Ich spreche statt dessen von der spirituellen Existenz des Selbst, ohne irgendwelche »Substanz«-Eigenschaften zu erwähnen. Die große Frage lautet, »wie das Selbst sein Gehirn steuert«. Das ist dualistisch, bezieht sich aber nicht auf zwei Substanzen, sondern auf die beiden Welten Poppers.

Wenn Hodgson in Kapitel 19 seine Philosophie entwickelt, zeigt sich, daß sie meiner Version des Dualismus recht nahe kommt. Bei ihm spielt sogar eine einschlägige Bewußtseins-Entität eine Schlüsselrolle, die ich als das Selbst bezeichnen würde:

> »Obwohl der Dualismus in diesem Buch nicht von der Existenz zweier verschiedener Substanzen abhängt, läßt die Unterscheidung, die zwischen dem Physikalischen und dem Mentalen getroffen wird, es vernünftig erscheinen, Poppers Terminologie zu übernehmen und ›zwei Welten‹ zu identifizieren: die Welt 1 des Physikalischen oder Objektiven und die Welt 2 des Mentalen oder Subjektiven.« (S. 445)

Auf Seite 449 wird die Moral auf eine Weise besprochen, die von großem Urteilsvermögen zeugt und der ich beipflichte, nur daß von »Liebe« nicht die Rede ist!

Auf Seite 453 fährt Hodgson mit einer Betrachtung über eine Seele fort, die über das Selbst hinausgeht, da sie nicht von der Materie abhängt und somit auch ohne das Gehirn bestehen könnte. Er spekuliert darüber, daß das innere Wesen einer Person den Tod überleben könnte; das ist mehr, als ich zu behaupten wagen würde! Wir müssen in unseren Bemühungen, diese tiefen Geheimnisse zu ergründen, sehr demütig sein. Ich respektiere Hodgsons Forschen nach der eigentlichen Psyche vor der Empfängnis und nach dem Tod. Aber die Unterscheidungen oder die übrigen Spekulationen finde ich wenig ansprechend. Ich wappne mich mit Bescheidenheit; hingegen stimme ich mit Hodgson darin überein, daß wir unsere Glaubensvorstellungen als Annäherung an die unaussprechliche Wahrheit in einem allegorischen Gewand betrachten sollten. Ich hoffe, daß ein einzigartiges Selbst oder eine Seele unseren Tod überlebt.

Über den folgenden Abschnitt über Gott werde ich schweigen, weil er für das Thema dieses Buches nicht von Belang ist, aber ich stimme ihm im allgemeinen zu.

In Hodgsons letztem Abschnitt über den Sinn des Lebens respektiere ich seine hingebungsvolle Suche nach Wahrheit und Werten, aber er hätte dem Gehirn – das die intellektuell sehr faulen Materialisten erstaunlicherweise so sehr vernachlässigen – mehr Raum widmen sollen. Ich hoffe, daß Hodgson künftig dem

Studium des Gehirns wenigstens einen Bruchteil der Zeit opfern wird, die er der Quantenphysik gewidmet hat. Die Möglichkeiten, die Beck und ich mit ihrer Hilfe eröffnet haben, sind unermeßlich, aber die materialistischen Philosophen werden sie ignorieren – ebenso wie alles, was Hodgson als den Konsens zusammengesucht hat!

Als letzte gelungene Bemerkung Hodgsons zitiere ich:

> »Ich glaube, wir alle halten nach einem Zweck Ausschau, den zu erkennen und zu verfolgen wir uns bemühen sollten und den unser Leben gewiß erfüllen wird, wenn es richtig gelebt wird, und der richtig und gut ist. Er mag auch Gottes Absicht mit uns sein. Ich denke, die Vorstellung eines Lebenszwecks ergibt mehr Sinn im Zusammenhang mit einem Gott oder einem weiter verstandenen Bewußtsein.« (S. 462)

3.7 *R. Penrose, The Emperor's New Mind (Computerdenken: Des Kaisers neue Kleider),* 1991

Dieses Buch stellt eine kluge Kritik der extravaganten Ansprüche in bezug auf Künstliche-Intelligenz-Maschinen (KI-Maschinen) dar.

Das erste Kapitel ist überschrieben: »Kann ein Computer einen Geist haben?« Prolog und Epilog bieten eine unterhaltsame Vision von der Einweihungszeremonie des Ultronischen Computers, der über eine unglaubliche Intelligenz und Speicherkapazität verfügt, aber unfähig ist, die einzige Frage, die ihm gestellt wird, zu begreifen oder zu beantworten: »Wie fühlt es sich an?«

Ich werde an eine Episode während der großen Einweihungszeremonie der großartigen wissenschaftlichen Laboratorien der Western Reserve University von Cleveland im Jahr 1962 erinnert. Ich war der letzte Redner, und man hatte mir das reizvolle Thema gestellt: »Geist: der höchste Ausdruck des Lebens«. Professor Philip Abelson, der die anschließende Diskussion leitete, konfrontierte mich mit der unglaublichen Zukunft von Künstliche-Intelligenz-Maschinen als Kontrapunkt zu meiner Vorlesung über die Wunder der Evolution von Gehirn und Geist. Er sprach nicht nur von künstlicher Intelligenz wie bei Schachcomputern, sondern von Leistungen auf dem Gebiet des Verständnisses, des Fühlens und der Meinungsbildung sowie eines Gedächtnisses, das dem Erinnerungsvermögen des Menschen weit überlegen sein würde. In meiner Verzweiflung über seine übermäßig lange und mit Pathos vorgetragene Herausforderung rief ich schließlich aus: »Würden Sie zulassen, daß Ihre Tochter eine solche Maschine heiratet?« Die 500 versammelten Studenten kreischten vor Vergnügen, aber Abelson hat mir niemals vergeben.

Mein Kommentar beginnt mit der Frage, die Penrose auf Seite 402 stellt:

> »Ist unser Bild von einer Welt, die durch die Regeln der klassischen und der Quantenphysik bestimmt wird, so wie wir sie zur Zeit verstehen, tatsächlich geeignet für die Beschreibung von Gehirn und Geist?«

Meine Meinung darüber lautet, daß wir wissenschaftliche und philosophische Fortschritte machen müssen und daß wir große Ermutigung aus den bisherigen Fortschritten schöpfen können. Natürlich gibt es viele Sackgassen, die eine enorme Anziehungskraft auf Computertechniker ausüben – namentlich auf dem Gebiet der künstlichen Intelligenz und der Robotik-Maschinen. Ich lehne solche Intelligenz- und Bewußtseinsmodelle generell ebenso wie Penrose ab. Ein verwandtes Gebiet ist das Studium der Eigenschaften hypothetischer neuronaler Netze, deren Modelle man mit Hilfe der Computertechnologie entwerfen kann; auch das könnte sich als Ansatz der Robotik erweisen.

Penrose stellt zwei herausfordernde Fragen:

> »Wie ist es möglich, daß ein materieller Gegenstand (ein Gehirn) tatsächlich Bewußtsein hervorbringen kann?«

Und – andersherum ausgedrückt:

> »Wie ist es möglich, daß ein Bewußtsein tatsächlich durch seinen Willenseinsatz die (offensichtlich physikalisch deter-

minierte) Bewegung materieller Gegenstände *beeinflussen* kann?
Dies sind die passiven und aktiven Aspekte des Geist-Gehirn-Problems. Es scheint, als hätten wir im ›Geist‹ (oder vielmehr im ›Bewußtsein‹) ein nicht-materielles ›Ding‹, das einerseits von der Welt der Materie hervorgebracht wird und andererseits diese materielle Welt beeinflussen kann.« (S. 405)

Es scheint, als gäbe Penrose sich mit einer Antwort zufrieden, die sich auf die Identitätstheorie gründet.

Er versucht die Natur seiner bewußten Erfahrungen zu erforschen:

»Indem ich bewußt bin, scheine ich mir *einer Sache* bewußt zu sein – etwa eines Gefühls wie Schmerz oder Wärme, einer farbenprächtigen Szene oder eines musikalischen Klangs; oder vielleicht bin ich mir eines Gefühls wie Erstaunen, Verzweiflung oder Glück bewußt; oder ich bin mir der Erinnerung an eine frühere Erfahrung bewußt, oder des Verständnisses dessen, was jemand anderer sagt, oder einer neuen Idee, die ich selbst habe; oder ich beabsichtige bewußt, zu sprechen oder eine andere Tätigkeit auszuführen, etwa von meinem Sitz aufzustehen. Ich könnte auch ›zurücktreten‹ und mir dieser Handlung bewußt sein oder meiner Empfindung von Schmerz oder der Erfahrung einer Erinnerung oder eines beginnenden Verstehens; oder ich bin mir einfach meines eigenen Bewußtseins bewußt. Ich schlafe vielleicht und bin trotzdem bis zu einem gewissen Grad bewußt, vorausgesetzt, ich erlebe einen Traum; oder ich fange an zu erwachen und beeinflusse bewußt den Verlauf dieses Traumes. Ich bin bereit zu glauben, daß Bewußtsein eine Frage des Ausmaßes ist und nicht einfach etwas, das entweder vorhanden oder nicht vorhanden ist.« (S. 407)

Penrose stellt die entscheidende Frage:

»Was bewirkt Bewußtsein tatsächlich? ... Was können wir durch bewußtes Denken tun, was ohne Bewußtsein nicht möglich wäre? ... Irgendwie ist Bewußtsein erforderlich, um Situationen zu handhaben, wo wir uns ein neues Urteil bilden müssen und wo die Regeln nicht von vornherein festgelegt sind. Es ist schwierig, sich sehr genau über die Unterschiede zwischen mentalen Aktivitäten zu äußern, die Bewußtsein erfordern, und jenen, bei denen Bewußtsein unnötig ist.« (S. 411)

»*Die Urteilsbildung*, die ich als Merkmal des Bewußtseins postuliere, ist selbst etwas, von dem die KI-Leute nicht wüßten, wie sie es als Computerprogramm formulieren könnten.« (S. 412)

»Ich behaupte hier, daß diese Fähigkeit, gegebenenfalls Wahrheit von Unwahrheit (und Schönheit von Häßlichkeit) zu unterscheiden (oder diesen Unterschied ›intuitiv‹ zu erkennen), das Merkmal des Bewußtseins darstellt.« (S. 412)

Penrose drückt gut aus, wie unser intelligentes Verhalten im Grunde auf Bewußtsein beruht:

»Ich beziehe mich auf die Einschätzungen, die man ständig vornimmt, während man sich in einem bewußten Zustand befindet, indem man alle Fakten, Sinneseindrücke und erinnerten, relevanten Erfahrungen bedenkt und die Dinge gegeneinander abwägt – und gelegentlich gelingen einem sogar inspirierte Urteile. Im Prinzip stehen genügend Informationen für eine zweckdienliche Einschätzung zur Verfügung, aber der Vorgang der Bildung eines einschlägigen Urteils durch Auswahl der benötigten Informationen aus dem Datenmorast ist möglicherweise etwas, für das kein eindeutiges Rechenverfahren existiert.« (S. 412)

»Ich vermute, daß das Bewußtsein in solchen Fällen auf sich selbst zurückgreift, um zu einer angemessenen Einschätzung zu gelangen.« (S. 413)

Nach eingehender Diskussion gelangt Penrose zu einer klugen Schlußfolgerung:

»Ich kann nicht glauben, daß das anthropologische Argument die *wahre* (oder die einzige) Ursache für die Entwicklung des Bewußtseins ist. Es liegen genügend Belege aus anderen Bereichen vor, um mich davon zu überzeugen, daß das *Bewußtsein selbst* einen wirksamen selektiven Vorteil darstellt, und ich glaube nicht, daß das anthropologische Argument nötig ist.« (S. 434)

In dem Abschnitt über »Zeitverzögerungen des Bewußtseins« (S. 439) setzt sich Penrose ganz zu Recht mit einigen Ergebnissen dieser Forschungsrichtung auseinander, die aber zum Teil noch mit bislang ungelösten technischen Problemen verbunden sind; deshalb wollen wir hier nicht näher darüber sprechen. Man kann darüber bei Libet (1990, S. 185 und die Allgemeine Diskussion auf den Seiten 207–209) nachlesen.

Penrose ist von großem Interesse, weil er sich am Schluß seines Buches mit den großen Fragen befaßt:

> »Einige Leser mögen von Anfang an der Meinung sein, daß die eifrigen KI-Befürworter vielleicht weitgehend auf dem Holzweg sind. Ist es nicht ›offensichtlich‹, daß reine Berechnung weder Lust noch Schmerz erzeugen kann; daß sie weder Poesie noch die Schönheit eines Abendhimmels oder die Magie der Klänge empfinden kann; daß sie weder hoffen noch lieben oder verzweifeln kann; daß sie keine eigenen Absichten hegen kann? Und doch scheint die Wissenschaft uns das Zugeständnis abzunötigen, daß wir alle nur kleine Teile einer Welt sind, die in jedem Detail (wenn auch vielleicht letzten Endes nur probabilistisch) durch sehr präzise mathematische Gesetze bestimmt wird. Unser Gehirn selbst, das über alle unsere Handlungen zu bestimmen scheint, unterliegt diesen präzisen Gesetzen. Es hat sich das Bild herauskristallisiert, daß all diese präzise physikalische Aktivität im Grunde nichts weiter als das Ergebnis einer ungeheuren (und möglicherweise probabilistischen) Berechnung ist und daher unser Gehirn und unser Geist nur im Sinne solcher Berechnungen zu verstehen sind … Und doch kann man sich kaum gegen das unbehagliche Gefühl wehren, daß in diesem Bild etwas fehlt.«

Dies ist das Bild, das uns die monistischen Materialisten zeichnen, das ich mein ganzes Leben lang bekämpft und abgelehnt habe. Penrose fährt mit der Feststellung fort:

»Bewußtsein scheint mir ein so wichtiges Phänomen zu sein, daß ich einfach nicht glauben kann, es könne sich als Nebenprodukt einer komplizierten Berechnung ergeben. Es ist ein Phänomen, das uns die Existenz des Universums selbst zur Kenntnis bringt. Man könnte argumentieren, daß ein Universum, das von Gesetzen bestimmt wird, die kein Bewußtsein zulassen, überhaupt kein Universum ist. Ich würde sogar sagen, daß alle bisherigen mathematischen Beschreibungen des Universums an diesem Kriterium scheitern. Nur das Phänomen des Bewußtseins kann einem ›theoretischen‹ Universum überhaupt zu einer wirklichen Existenz verhelfen!« (S. 447)

Mein Kommentar lautet, daß das Bewußtsein einem jeden von uns die Erfahrung der ganzen unendlichen Vielfalt eines einzigartigen Selbst oder einer Seele ermöglicht. Gewiß ist dies die Antwort, nach der Penrose sucht und die er umgeht, wenn er sagt:

»Wir werden genug Schwierigkeiten haben, mit dem Begriff ›Bewußtsein‹ klarzukommen, deshalb hoffe ich, daß der Leser mir verzeiht, wenn ich die weiteren Probleme, die mit ›Geist‹ oder ›Seele‹ verbunden sind, weitgehend außer acht lasse.« (S. 407)

3.8 *J.R. Searle, Minds, Brains and Science (Geist, Gehirn und Wissenschaft),* 1984

Searle erzählt zu Beginn eine einfache philosophische Geschichte, die mir gefällt. Er stellt eine Neigung fest, die Bedeutung mentaler Entitäten herunterzuspielen. So münden die meisten der seit neuestem modischen materialistischen Vorstellungen vom Geist wie der Behaviorismus, der Funktionalismus und der Physikalismus darin, daß sie – implizit oder explizit – Dinge wie den Geist, wie wir ihn uns gewöhnlich vorstellen, leugnen. Das heißt, sie streiten ab, daß wir subjektive, bewußte, mentale Zustände – die so wirklich und unveränderbar sind, wie nur etwas im Universum – *tatsächlich erleben*.

Diese Leugnung fordert Searle zu einem Gegenangriff heraus. Er listet vier Arten von mentalen Phänomenen auf, die mit dem wissenschaftlichen Materialismus nicht vereinbar sind. Das erste dieser Phänomene ist das Bewußtsein:

> »Es ist eine simple Tatsache, daß die Welt solche bewußten mentalen Zustände und Ereignisse beinhaltet, aber es ist schwer zu begreifen, wie rein physikalische Systeme ein Bewußtsein aufweisen können. Wie konnte es auftreten? Wie kann zum Beispiel dieses schmutziggrau-weiße Ding in meinem Schädel bewußt werden?«

In den Kapiteln 7 und 9 des vorliegenden Buches lege ich dar, wie ausgezeichnete wissenschaftliche Untersuchungen dieses Geheimnis lösen oder zumindest ein erstes Verständnis ermöglichen.

Searle stellt fest:

> »[es ist] ein Skandal, daß zeitgenössische Philosophen und Psychologen so wenig Interesse daran haben, uns etwas über das Bewußtsein mitzuteilen.«

Seit dies geschrieben wurde, gab es eine Überfülle an Büchern und Artikeln; aus einigen von ihnen habe ich in diesem Kapitel zitiert.

Heute stellt das Unwissen über die Mikro-Struktur und die Mikro-Funktionen des Gehirns den größeren Skandal dar. Dieses Wissen ist für jedes wissenschaftliche Verständnis des Geist-Gehirn-Problems von grundlegender Bedeutung (Kapitel 4–9 des vorliegenden Buches). Ohne es bleibt das Gehirn in der Tat ein schmutziggrau-weißes Ding!

> »Drei weitere Erscheinungen außer dem Bewußtsein erschweren das Geist-Gehirn-Problem – Vorsätzlichkeit, Subjektivität und mentale Ursächlichkeit.« (S. 17)

Soweit stimme ich im allgemeinen mit Searle überein. Aber dann verläßt er unerwartet das, was ein dualistisches Glaubenssystem sein könnte, und schließt sich einem materialistischen Glaubensartikel an:

> »Unser gesamtes mentales Leben hat seinen Ursprung in Prozessen in unserem Gehirn.« (S. 18)

Und er wiederholt:

> »Alles, was für unser mentales Leben von Belang ist, all unsere Gedanken und Gefühle, werden durch Prozesse im Gehirn verursacht.« (S. 18)

Man beachte die Ungeschminktheit dieses Verweises auf das Gehirn. Es folgt:

> »Schmerzen oder mentale Phänomene sind nur Grundzüge des Gehirns und vielleicht des übrigen Nervensystems.« (S. 19)

Searle weiß, daß diese kausale Hypothese problematisch ist, also bringt er sie mit anderen Arten der Ursächlichkeit in Verbindung, zum Beispiel Flüssigkeit und Festigkeit, die in meinen Augen nicht als Analogien taugen.

Mein dualistisches Konzept lautet, daß mentale Ereignisse, wie etwa die Absicht einer Bewegung, ihren Ursprung in den mentalen Ereignissen haben, die mit kortikalen Bereichen wie dem supplementären motorischen Feld (Abbildung 9.5) zusammenhängen, wo neuronale Aktivitäten letztlich veranlaßt werden (Abbildungen 5.2 und 5.5.) und zu der gewünschten Bewegung führen.

Searles Sehweise lautet am Ende seines Kapitels (S. 26), daß Geist und Körper interagieren, daß sie aber nicht zwei völlig verschiedene Dinge sind, da mentale Phänomene nur Eigenschaften des Gehirns darstellen. Am Ende relativiert Searle seinen kompromißlosen Standpunkt durch seine Konzepte des naiven Physikalismus und des naiven Mentalismus. Er schreibt:

> »Mentale Phänomene existieren wirklich, und viele von ihnen wirken kausal, indem sie physikalische Ereignisse in der Welt determinieren.« (S. 26)

Diese Versicherung Searles tut gut, aber sie gründet sich auf dubioser Neurowissenschaft.

Die Kapitel 3, 4 und 5 sind nicht von unbedingtem Interesse für meine Geist-Gehirn-Geschichte, aber ich möchte mich zu seinem Kapitel 6 über die Willensfreiheit äußern. Ich stimme mit ihm überein, wenn er schreibt:

> »Unser Konzept von der menschlichen Freiheit besagt, daß sie im wesentlichen mit dem Bewußtsein zusammenhängt.« (S. 94)

Aber der deterministische Einwand gegen den freien Willen ist jetzt dank der eingehenden Untersuchung durch Beck und mich (1992, Kapitel 9 dieses Buches) widerlegt.

3.9 J. R. Searle, The Rediscovery of the Mind (Die Wiederentdeckung des Geistes), 1992

Die Themen dieses Buches sind überraschend eng mit dem Thema in Searles Buch von 1984 verwandt, das ich im letzten Abschnitt besprochen habe. Es geht um dasselbe erregende Thema: Wie kann dieses schmutziggrau-weiße Ding in meinem Schädel bewußt werden? Leider setzt schon der Versuch, diese Frage zu beantworten, ein Verständnis des Aufbaus und der Funktionsweise des Gehirns voraus, insbesondere des Neokortex (Kapitel 4–10 des vorliegenden Buches) ein Verständnis, das weit über die traditionelle Neurowissenschaft hinausgeht, die Searle zitiert (Kuffler und Nicholls, 1976; Shephard, 1983; Bloom und Lazerson, 1988).

Searles biologischer Naturalismus wird bereits früh in seinem Buch erkennbar:

> »Wie genau sind die neurophysiologischen Prozesse beschaffen und wie bringen die Elemente der Neuroanatomie – Neuronen, Synapsen, synaptische Spalten, Rezeptoren, Mitochondrien, Gliazellen, Transmitterflüssigkeiten und so weiter – bewußte sowie unbewußte mentale Phänomene hervor?« (S. 16)

Dies sind die Fragen eines Identitätstheoretikers, der glaubt, *daß materielle Geschehnisse in komplexen Systemen irgendwie mentale Ereignisse erzeugen* (Kapitel 1.3.4). Aber diese Fragen sind auf der wissenschaftlichen Grundlage der klassischen Physik nicht zu beantworten. Man kann sie als Ruf nach Magie verstehen!

Searle faßt zusammen:

> »Unser Weltbild, so überaus komplex es auch sein mag, bietet eine recht einfache Erklärung für das Bewußtsein ... Einige lebende Systeme haben sich in langen Zeiträumen entwickelt. Unter ihnen haben einige ein Gehirn hervorgebracht, das als Ursprung und Unterhalt eines Bewußtsein geeignet ist.« (S. 93)

Aber derartige Aussagen setzen, wie bereits angemerkt, Magie voraus.

Im Kapitel 2: »Die neuere Geschichte des Materialismus«, stellt Searle fest:

> »Ich habe mich weniger damit befaßt, den Materialismus zu bekämpfen oder zu widerlegen, als vielmehr damit, seinen Wandel angesichts gewisser allgemein bekannter Tatsachen über den Geist – zum Beispiel den Umstand, daß die meisten von uns den größten Teil ihres Lebens über bewußt sind – zu beobachten. Was wir in der Geschichte des Materialismus *finden*, ist eine periodisch auftretende Spannung zwischen der Notwendigkeit, eine Erklärung für die Realität zu liefern, die jeden Hinweis auf die besonderen Eigenschaften des Mentalen – etwa das Bewußtsein und die Subjektivität – ausläßt, und auf der anderen Seite unsere ›Intuitionen‹ in Sachen Geist erklärt. Es ist natürlich nicht möglich, beides zugleich zu tun.« (S. 52)

Zwei Zitate mögen Searles Lösung des Geist-Körper-Problems erhellen:

> »Wenn wir eine angemessene Wissenschaft vom Gehirn hätten, die das Bewußtsein in all seinen Erscheinungsformen kausal erklären könnte, und wenn wir unsere konzeptuellen Fehler überwinden könnten, wäre das Geist-Körper-Problem bald gelöst.« (S. 100)

> »Wir wissen nicht, wie das System Neuroanatomie/Bewußtsein funktioniert, und ein entsprechendes Wissen über seine Funktionsweise würde das Geheimnis lösen.« (S. 102)

– dazu wäre nur mehr Magie nötig!

Searle könnte dem Kapitel 7 (über die Entwicklung des Bewußtseins) des vorliegenden Buches eine wissenschaftliche Darstellung der Entwicklung des Bewußtseins entnehmen, die er vielleicht zu akzeptieren bereit wäre. Der Bezug auf die Quantenphysik könnte ihm helfen, ohne Magie auszukommen. Das erwähnte Kapitel handelt auch von Subjektivität und läßt sich leicht auf die Intentionalität ausweiten.

Es ist aufschlußreich, daß Searle schreibt:

> »Wenn man die eigentliche Motivation zum Materialismus offenlegen müßte, könnte man sagen, es handele sich einfach um Furcht vor dem Bewußtsein. Aber weshalb ist das so? Weshalb sollten sich Materialisten vor dem Bewußtsein fürchten? Wieso können sie es nicht nicht freudig als eine weitere materielle Eigenschaft willkommen heißen?« (S. 55)

> »Der tiefste Grund für die Furcht vor dem Bewußtsein ist, daß das Bewußtsein die Eigenschaft der Subjektivität aufweist, die von Natur aus Furcht einflößt. Materialisten weigern sich, diese Eigenschaft anzuerkennen, weil sie glauben, die Existenz eines subjektiven Bewußtseins wäre nicht mit ihrem Konzept von der Welt vereinbar. Angesichts der Entdeckungen der physikalischen Wissenschaften halten viele Wissenschaftler ein Konzept der Wirklichkeit, das die Existenz der Subjektivität leugnet, für die einzige Möglichkeit, die ihnen verbleibt.« (S. 55)

Searle kommentiert:

> »Ich glaube, dies alles wächst sich zu einem sehr großen Irrtum aus.« (S. 55)

– aber das liegt daran, daß er die Identitätstheorie anerkennt, die ich soeben zurückgewiesen habe!

Kapitel 2 über die neuere Geschichte des Materialismus ist

sehr brauchbar. Es macht mit vielen Formen des Materialismus bekannt und kritisiert sie – darunter Behaviorismus, Typen-Identitätstheorien, Black-Box-Funktionalismus, Strong Artificial Intelligence und eliminativer Materialismus.

Searle gelangt zu einer wichtigen Schlußfolgerung:

> »Es wäre schwer, die zerstörerische Wirkung zu übertreiben, die das Versäumnis, mit der Subjektivität des Bewußtseins zu Rande zu kommen, auf die Philosophie und Psychologie der letzten 50 Jahre hatte. Obwohl dies auf den ersten Blick nicht erkennbar ist, rühren der Bankrott in den Hauptströmungen der Philosophie des Geistes und die Sterilität der Schulpsychologie im letzten halben Jahrhundert – während meiner gesamten intellektuellen Laufbahn – weitgehend von dem permanenten Versäumnis her, die Tatsache zu erkennen und anzuerkennen, daß die Ontologie des Mentalen eine nicht reduzierbare Ontologie der ersten Person ist. Es gibt tiefliegende Ursachen – von denen viele in unserer unbewußten Geschichte verborgen sind – dafür, daß wir es schwierig oder sogar unmöglich finden, die Vorstellung zu akzeptieren, daß die wirkliche Welt – die Welt, die von der Physik, der Chemie und der Biologie beschrieben wird – ein nicht auszuschaltendes subjektives Element enthält. Wie ist so etwas möglich? Wie können wir zu einem stimmigen Weltbild gelangen, wenn die Welt diese geheimnisvollen Bewußtseinsentitäten enthält? Und doch wissen wir alle, daß wir den größten Teil unseres Lebens über bewußt sind und daß andere Menschen um uns ebenfalls bewußt sind.« (S. 95)

Ich halte diese Aussage für einen wichtigen Beitrag Searles, und ich unterstütze seine wiederholte Feststellung, daß wir dringend eine angemessene Wissenschaft vom Gehirn benötigen.

Wichtig ist auch das folgende Bild Searles:

> »... und wenn wir nicht durch schlechte Philosophie oder irgendeine Schulpsychologie geblendet sind, haben wir nicht den geringsten Zweifel daran, daß Hunde, Katzen, Affen und kleine Kinder bewußt sind und daß ihr Bewußtsein ebenso subjektiv wie unser eigenes ist.« (S. 95)

Erkennt Searle denn nicht, daß auch er selbst durch schlechte Philosophie geblendet ist und daß er den Dualismus braucht, um sein Dilemma aufzulösen? Searle hat den Dualismus abgelehnt, weil er ihn mit den zwei Substanzen des Kartesianismus in Verbindung bringt. Aber ich trete für den Dualismus Poppers ein, der durch die Welten 1 und 2 in den Abbildungen 1.1 und 1.3 in diesem Buch dargestellt ist.

Mein letzter Kommentar ist, daß mir das Umschlagbild von van Gogh gefällt und ich es gern »Zwei Selbste im Gespräch« nennen würde.

3.10 R. Sperry, Brain Circuits and Functions of the Mind (Gehirnschaltkreise und Funktionen des Geistes), 1967; *Forebrain Commissurotomy and Conscious Awareness (Vorderhirn-Kommissurotomie und bewußte Aufmerksamkeit),* 1983

Die großen Leistungen Sperrys bei seinen Untersuchungen an Patienten mit Durchtrennungen des Corpus callosum sind unbestritten. Ich werde mich jedoch auf seine wichtige Auseinandersetzung mit dem Geist-Gehirn-Problem beschränken. Es gibt eine sehr umfangreiche Literatur darüber. Ich nehme mir als erstes seine Arbeit von 1967 vor, die für den Band *Brain Circuits and Functions of the Mind* ausgewählt wurde, der Essays zu Ehren Sperrys enthielt.

> »Man betrachtete das Bewußtsein im wesentlichen als eine dynamische Äußerung der Gehirntätigkeit, die weder mit den neuronalen Ereignissen, aus denen sie hauptsächlich besteht, identisch noch auf sie reduzierbar war. Weiterhin galt das Bewußtsein nicht als Epiphänomen, als innerer Aspekt oder ein anderes passives Korrelat der Datenverarbeitung des Gehirns, sondern vielmehr als aktiver, integraler Bestandteil des zerebralen Prozesses selbst, der potente kausale Wirkungen in das Zusammenspiel der zerebralen Tätig-

keiten einbringt. Man glaubte, daß die subjektiven Eigenschaften das Oberkommando auf den höchsten Hierarchie-Ebenen der Gehirnorganisation innehätten und die Kontrolle über die biophysikalischen und chemischen Vorgänge auf den untergeordneten Ebenen ausübten. Dieses Gehirnmodell wurde ursprünglich so beschrieben, daß es den ›bewußten Geist in das Gehirn der objektiven Wissenschaft in die Position des Oberkommandos [zurückbringt] ... ein Gehirnmodell, in dem bewußte, mentale, psychische Kräfte als die krönenden Errungenschaften ... der Evolution ... [erkannt wurden]‹. Ich sollÜe gleich zu Beginn betonen, daß kein unmittelbarer empirischer Beweis für diese Annahmen vorliegt; ebensowenig, wie es Beweise für die entgegengesetzte behavioristische Position gibt.« (S. 382)

Sperry behauptet:

»Ein konzeptuelles, erklärendes Modell für psychoneurale Wechselwirkungen liegt vor. Es ist so formuliert, daß es für die Neurowissenschaft akzeptabel ist, weil die monistischen Prinzipien einer wissenschaftlichen Erklärung nicht verletzt werden. Die Hauptbetonung liegt auf der Kausalität. Alle früheren wissenschaftlich anerkannten Bewußtseinstheorien leugneten, daß das Bewußtsein kausal auf die Gehirnfunktionen einwirken könne.« (S. 384)

Aber das ist nicht richtig. Ich habe schon Jahre zuvor (Eccles, 1951, 1953) darüber nachgedacht, auf welche Art eine starke, dynamische Aktivität im gewaltigen neuronalen Netz der Hirnrinde für die mentalen Einflüsse des Willens empfänglich sein könnte. Sperry schreibt:

»Unser Konzept von den auftretenden subjektiven Eigenarten und ihren kausalen Wirkungen ist natürlich sehr allgemein und abstrakt. Bis heute hat diese oder jede andere Theorie versäumt, diese kritischen organisatorischen Merkmale zu erklären, die Gehirnprozesse mit subjektiven Eigenschaften von jenen ohne diese Eigenschaften unterscheiden, und die bedeutende Rolle des subjektiven Bewußtseins mit exakten funktionalen und neuralen Begriffen zu definieren.« (S. 385)

Einige Jahre später schrieb Sperry *Science and Moral Priority* (*Wissenschaft und Moral*), (Cambridge University Press, 1983). In den ersten Kapiteln dieses Buches befaßte er sich besonders mit Werten in der Wissenschaft, wie aus folgenden Zitaten hervorgeht:

> »Vor allem der gesamten materialistisch-reduktionistischen Konzeption vom menschlichen Wesen und Bewußtsein, die aus dem derzeit vorherrschenden objektiv-analytischen Ansatz in der Erforschung von Gehirn und Verhalten hervorzugehen scheint, muß ich energisch widersprechen. Wenn wir uns dazu verleiten lassen, auf diesen und angrenzenden Gebieten die Implikationen des modernen Materialismus höher einzustufen als ältere, idealistische Werte, fürchte ich, daß wir reingelegt worden sind, daß die Wissenschaft der Gesellschaft und sich selbst ein recht fragwürdiges Paket aufgeschwätzt hat.« (Sperry, 1992, S. 44)
>
> »Eine andere ernste Gefahr für sorgsam gehegte Vorstellungen von der menschlichen Natur ist die wissenschaftliche Zurückweisung des freien Willens.« (S. 57)
>
> »Das heißt allerdings nicht, daß es Gehirnprozesse gibt, die ohne vorausgegangene Ursache ablaufen. Der Mensch ist nicht frei von den höheren Kräften in seinem eigenen Entscheidungsapparat.« (S. 58)
>
> »Um aber zu unserer Hauptsorge, der Wirkung des schleichenden Materialismus in den Neuro- und Verhaltenswissenschaften – wie auch anderswo – zurückzukommen, können wir zusammenfassend sagen, daß heute ein objektives Erklärungsmodell der Gehirnfunktion vorliegt, das jahrhundertealte humanistische Werte, Ideale und einen Sinn im menschlichen Streben weder leugnet noch herabwürdigt, sondern eher bestätigt. Die edlen, freien oder erhabenen Qualitäten – beziehungsweise ihr Gegenteil, denn so entstehen ja Bedeutungen –, die der Geisteswissenschaftler früher im Menschen und seinem Handeln entdecken zu können glaubte, sind in unserem naturwissenschaftlichen Modell vorhanden und gewahrt, ganz wie es auch Geschichte

und allgemeine Erfahrung immer gezeigt haben. Für alle, die auf eine Botschaft ›zum Mitnehmen‹ warten, haben wir hier eine ganz einfache, die für Natur- und Geisteswissenschaftler gleichermaßen gilt: Unterschätze nie die Macht eines Ideals!« (S. 63)

Später finde ich Sperrys Aussagen über die Geist-Gehirn-Tätigkeit angreifbarer:

»Es gibt nun ein begriffliches Erklärungsmodell dafür, wie der Geist Materie im Gehirn beherrschen und einen kausalen Einfluß bei der Lenkung und Kontrolle des Verhaltens ausüben kann, dessen Bedingungsgefüge für die Naturwissenschaft annehmbar ist und das nicht gegen die monistischen Prinzipien der wissenschaftlichen Erklärung verstößt.« (S. 91f.)

»Eine dualistische Wechselwirkung im klassischen Sinn ist hier nicht im Spiel. Die kausale Kraft, die den subjektiven Eigenschaften zugeschrieben wird, liegt in der hierarchischen Struktur des Nervensystems und in der Macht, die jede Ganzheit über ihre Teile ausübt. Der Geist bewegt die Materie im Gehirn in ganz ähnlicher Weise, wie ein Organismus die Organe und Zellen bewegt, aus denen er besteht.« (S. 92)

Ich fürchte, diese unausgearbeiteten Analogien sind wissenschaftlich unhaltbar. In Kapitel 9 des vorliegenden Buches finden Sie eine Erklärung von Beck und mir in quantenphysikalischen Begriffen.

Das für unsere Zwecke interessanteste Kapitel in Sperrys Buch trägt die Überschrift: »Mind-Brain Interaction. Mentalism, Yes; Dualism, No«. (»Die Wechselbeziehung zwischen Geist und Gehirn. Mentalismus, Ja; Dualismus, Nein«.) Sperry spricht das wichtige Zugeständnis aus:

»Indem ich mich selbst als Mentalisten bezeichne, halte ich subjektive geistige Phänomene für primäre kausal wirksame Realitäten, da sie subjektiv anders und stärker als ihre physikochemischen Elemente und als nicht auf sie reduzierbar erlebt werden. Gleichzeitig definiere ich diese Position und die Geist-Gehirn-Theorie, auf der sie beruht, als monistisch und betrachte sie als Hauptabschreckungsmittel gegen den Dualismus.« (S. 107)

Natürlich weise ich diese Aussagen zurück. Sperry versteht den Dualismus falsch, wie ich in Kapitel 9 zeigen werde.

»Mitte der sechziger Jahre waren solche interaktionistischen Konzepte in der Neurobiologie noch reine Häresie, und auf der Tagung im Vatikan wagte ich nicht mehr als einen vorsichtigen Hinweis auf ›eine Ansicht, der zufolge das Bewußtsein einen gewissen operationalen und kausalen Zweck erfüllen könnte‹. Darauf reagierte Eccles mit der Frage: ›Warum müssen wir überhaupt bewußt sein? Wir können im Prinzip unsere gesamte Input-Output-Leistung von der Aktivität neuronaler Schaltungen her erklären; folglich scheint das Bewußtsein doch völlig überflüssig zu sein.‹« (S. 108)

Sperry hat offenbar nicht erkannt, daß mein Kommentar unartig ironisch war! Ich widmete mich der Realität des Bewußtseins aufgrund des Titels meiner Vorlesung »Bewußte Erfahrung« und hatte zum ersten Mal 1951 in *Nature* über das Bewußtsein veröffentlicht. Das vergnügliche Mißverständnis wird offenkundig, wenn Sperry schreibt:

»Hocherfreut stellte ich bei seinem nächsten Vortrag vor der Internationalen Organisation für Hirnforschung fest, daß er [Eccles] sich offensichtlich zum leidenschaftlichen Anti-Reduktionisten gewandelt hatte, der die ›materialistischen, mechanistischen, behavioristischen und kybernetischen Konzepte vom Menschen‹ verurteilte. Während Eccles früher der Meinung war, das Bewußtsein habe in einer vollständigen Erklärung der Gehirnfunktion nichts zu suchen, setzt er sich seitdem für die neue Logik einer kausalen Einwirkung des Geistes auf die neuronale Aktivität ein. Ich glaube, daß wir in diesen Punkten einen dauerhaften Konsens erreicht haben.« (S. 111)

Sperry behauptet über seinen Aufsatz von 1952

> »Meine Theorie, die sich in neuronalen Verschaltungen und Konzepten der Neurobiologie präsentierte, schien der klassischen, physikalischen Determiniertheit des Zentralnervensystems zum ersten Mal auf eigenem Feld entgegenzutreten und sie zu widerlegen. Subjektive geistige Phänomene mußten mit einbezogen werden. Die wechselseitige Beeinflussung von Geist und Gehirn war zu einem wissenschaftlich haltbaren und sogar plausiblen Konzept erhoben worden, ohne daß der qualitative Reichtum geistiger Eigenschaften reduziert worden wäre. Insgesamt sollte der Aufsatz, wie ja auch das Buch von Popper und Eccles, zeigen, daß die Anerkennung des kausalen Primats des Bewußtseins die ethisch-moralischen Implikationen der Wissenschaft von Grund auf ändern würde, die von der damals stark dominierenden Philosophie des reduktionistischen, mechanistischen Materialismus herabgewürdigt wurden.« (S.110 f.)

Ich verweise erneut auf meinen Artikel, der 1951 in *Nature* erschienen war!

Sperry spricht in seiner Hypothese des mentalen Monismus der Hirnrinde Eigenschaften zu, die mit den Mitteln der klassischen Physik nicht erkennbar sind, wie Stapp gezeigt hat. Er steckt in denselben Schwierigkeiten wie alle Identitätstheoretiker. Ich möchte darauf hinweisen, daß die Philosophie des Dualismus bei Popper und mir (1977) weit mehr als nur die Vorherrschaft des Selbst über das Gehirn bedeutet. Sie enthält außerdem die Welten 2 und 3.

Sperry beendet sein Buch mit einer bemerkenswerten idealistischen Aussage:

> »Sogar für das unmittelbare Wohl unserer eigenen Generation wird es jetzt wichtig, daß neue langfristige, gottähnlichere Leitvorstellungen – die einen langen Fortbestand und eine Steigerung der Lebensqualität zu garantieren vermögen – in allernächster Zukunft geschaffen werden, falls die Menschheit wieder mit einem Gefühl von Hoffnung, Ziel und höherem Sinn leben will.« (S. 164)

Ich bin Sperrys Meinung.

3.11 H. P. Stapp, Quantum Propensities and the Brain-Mind-Connection (Quantendispositionen und die Verbindung zwischen Gehirn und Geist), 1991

Der Quantenphysiker Henry P. Stapp hat mehrere Jahre lang über das Geist-Gehirn-Problem nachgedacht und geschrieben. Er wurde durch die Gedanken von William James inspiriert, der sein monumentales zweibändiges Werk *Principles of Psychology* vor etwas mehr als 100 Jahren veröffentlichte. In dem, was Stapp das Heisenberg/James-Bewußtseinsmodell nennt, ist ihm eine bemerkenswerte Synthese aus den Philosophien von Henry James und des theoretischen Physikers Werner Heisenberg gelungen. In folgendem Zitat kommt seine Denkweise zum Ausdruck:

> »Ein bewußter Gedanke ist ein wirkliches Objekt, das eine *essentielle Einheit* aufweist. Er ist nicht nur eine Summe einfacherer Bestandteile. Er ist seinem Wesen nach ein ganzes Objekt.
> In der klassischen Physik ist es nicht möglich, etwas zu schaffen, das *essentiell* mehr als die Summe seiner Teile ist. Aber ein Quantenzustandsereignis hat genau dies zur Folge: Es erschafft einen neuen Zustand, indem es verschiedene Aspekte eines früheren Zustands erfaßt und zu einem neuen ontologischen Ganzen kombiniert. Die Verfügbarkeit integrativer Zustandsereignisse dieser Art ist einer der beiden Hauptgründe dafür, weshalb man sich der Quantentheorie zuwenden muß, um die Verbindung zwischen Geist und Gehirn rational schlüssig zu verstehen: die reduktionistische Naturvorstellung der klassischen Physik ist von ihrer inneren Logik her nicht für die Aufgabe geeignet, essentiell vereinigte, bewußte Gedanken zu erklären.
> Der zweite Hauptgrund, weshalb wir uns der Quantenphysik zuwenden müssen, ist der, daß in der klassischen Physik bekanntlich kein rationaler Platz für Bewußtsein ist – sie ist bereits vollständig. Die physikalische Welt enthält nach Maßgabe der klassischen Physik *nichts außer* den verschie-

denen Partikeln und Feldern, deren Eigenschaften innerhalb der Theorie restlos bekannt sind. Es gibt innerhalb dieses Begriffsgebäudes keinen logischen Platz für eine Entität einer anderen Art, wie etwa Bewußtsein – wenn Bewußtsein überhaupt in die Theorie eingebracht wird, dann muß dies einfach ›per Hand‹ geschehen statt aufgrund des logischen Aufbaus der Theorie.
Die logische Situation in der Quantentheorie ist völlig anders: Dort besteht eine absolute logische Notwendigkeit für etwas anderes – wie etwa Bewußtsein.« (S. 1470)

Diese deutliche Feststellung Stapps hatte großen Wert für mich. Sie bestärkte mich darin, dem materialistischen Reduktionismus den Rücken zu kehren und eine dualistische Theorie des Geist-Gehirn-Problems aufzustellen, wie man sie in den Kapiteln 4–9 des vorliegenden Buches nachlesen kann.

3.12 H. P. Stapp, Mind, Matter and Quantum Mechanics (Geist, Materie und Quantenmechanik), 1993

Zu Beginn einige Zitate, um die Beziehung zwischen Stapp und James zu erhellen:

»Hinter diesem entscheidenden Punkt der Wirksamkeit des Bewußtseins steht die zentrale Behauptung von James – die Grundlage seines Denkens: die *Ganzheit oder Einheit eines jeden bewußten Gedankens*.« (S. 8)

»Bewußtsein ist vielmehr ein vergleichsweise einfacher Aspekt der komplexen Gehirntätigkeit. Die Möglichkeit dieser Einblicke in die komplexe Gehirntätigkeit, so bruchstückhaft und trügerisch sie auch sein mögen, verschafft den Wissenschaftlern Einsichten, die sie auswerten können.« (S. 11)

»William James und andere Psychologen des 19. Jahrhunderts betrachteten das Bewußtsein als zentralen Gegenstand der Psychologie und Introspektion als notwendiges

Werkzeug zu seiner Untersuchung. Er erkannte, daß ›Introspektion schwierig und trügerisch‹ ist, und begriff offenbar, daß das Problem der Verbindung des Bewußtseinsprozesses mit dem Gehirnprozeß im Rahmen der klassischen Physik seiner Zeit nicht lösbar war.« (S. 10)

Man merkt, daß die Identitätstheorie eine gewisse Anziehungskraft auf Stapp ausgeübt haben muß, da sie eine einzigartige Einsicht »in die komplexe Gehirntätigkeit« erlauben sollte. Der Irrtum von James war, zu glauben, daß diese Einsicht durch Introspektion möglich sei. Auch die zeitgenössische Psychologie war ähnlich enttäuschend. Aber inzwischen liegen dank kooperationsbereiter Patienten ausgezeichnete wissenschaftliche Untersuchungen des Gehirns vor, wie in den Kapiteln 4–9 des vorliegenden Buches beschrieben. Die Aussichten für die Zukunft sind unbegrenzt. Stapp bezieht sich offenbar darauf:

> »Heisenberg-Ereignisse, die ausgedehnte Muster neuronaler Aktivität im menschlichen Gehirn erzeugen, werden gewiß als die physikalischen Entsprechungen menschlicher Bewußtseins-Ereignisse erkannt werden.« (S. 18)

Stapp greift auf Seite 21 Dennett heftig an:

> »Daniel Dennetts Buch *Consciousness Explained* nähert sich dem Problem des Bewußtseins von einer materialistischen Warte aus. Er verkündet: ›Es gehört zu den größten Schwierigkeiten dieser Arbeit, Bewußtsein zu erklären, ohne dem Sirenengesang des Dualismus zu erliegen.‹ Was ist denn so falsch am Dualismus? Weshalb ist er so unbeliebt?« (S. 21)

Siehe Kapitel 4–9 des vorliegenden Buches.

Literatur zu Kapitel 3

Changeux, J.P. (1985), *Neuronal Man: The Biology of Mind* (Pantheon, New York; first published by Fayard, 1983); dt.: (1984) *Der neuronale Mensch* (Rowohlt, Reinbek).

Crick, F., and Koch, C. (1990), »Towards a neurophysiological theory of consciousness«, *Seminars in the Neurosciences* 2, 263–275.
Crick, F., and Koch, C. (1992), »The problem of consciousness«, *Scientific American,* Sept. 1992, 111–117.
Dennett, D.C. (1991), *Consciousness Explained* (Allen Lane/Penguin, London); dt.: (1994) *Philosophie des menschlichen Bewußtseins* (Hoffmann & Campe, Hamburg).
Eccles, J.C. (1951), »Hypotheses relating to the brain-mind problem«, *Nature* 168, 53–57.
Eccles, J.C. (1953), *The neurophysiological Basis of Mind: The Principles of Neurophysiology* (Claredon, Oxford).
Edelman, *The remembered Present. A Biological Theory of Consciousness* (Basic Books, New York).
Hodgson, D. (1991), *The Mind Matters* (Clarendon, Oxford).
Lieberman, P. (1975), *On the Origins of Language* (Macmillan, New York).
Margenau, H. (1984), *The Miracle of Existence* (Ox Bow, Woodbridge CT).
Penrose, R. (1989), *The Emperor's New Mind: Concerning Computers, Minds, and the Laws of Physics* (Oxford University Press, Oxford); dt.: (1991) *Computerdenken: Des Kaisers neue Kleider oder Die Debatte um Künstliche Intelligenz* (Spektrum der Wissenschaft, Heidelberg).
Searle, J.R. (1984), *Minds, Brains and Science* (British Broadcasting Corporation, London); dt.: (1986) *Geist, Hirn und Wissenschaft* (Suhrkamp, Frankfurt).
Searle, J.R. (1992), *The Rediscovery of the Mind* (MIT Press, Cambridge MA); dt.: (1993) *Die Wiederentdeckung des Geistes* (Artemis & Winkler, München).
Sperry, R. (1967), »Forebrain commissurotomy and conscious awareness«, in *Brain Circuits and Functions of the Mind*, ed. by C. Trevarthen (Cambridge University Press, Cambridge), 371–388.
Sperry, R. (1992), *Science and Moral Priority* (Columbia University Press, New York); dt.: (1985) *Naturwissenschaft und Wertunterscheidung* (Piper, München, Zürich).
Stapp, H.P. (1990), »A quantum theory of the mind-brain-interface«, in Stapp (1993).
Stapp, H.P. (1991), »Quantum propensities and the brain-mind connection«, *Foundations of Physics* 21, no. 12, 1451. Reprinted in Stapp (1993).
Stapp, H.P. (1993), *Mind, Matter, and Quantum Mechanics* (Springer, Berlin, Heidelberg).
Stebbins, G.L. (1982), *Darwin to DNA, Molecules to Humanity* (Freeman, New York).

Tobias, P.V. (1983), »Recent advances in the evolution of the hominids with special reference to brain and speech«, in *Recent Advances in the Evolution of Primates*, ed. by C. Chagas (Pontificiae Academiae Scientiarum Scripta Varia 50, Vatican City).
Wigner, E.P. (1967), *Symmetries and Reflections* (Indiana University Press, Bloomington, IN).

4 Neues Licht auf das Geist-Gehirn-Problem: Wie mentale Ereignisse neuronale Ereignisse beeinflussen könnten

4.1 Einführung

Man weiß schon seit langem, daß nicht-materielle, mentale Ereignisse, wie zum Beispiel die Absicht, eine Tätigkeit auszuführen, auf der subtilsten und formbarsten Stufe der neuronalen Ereignisse des Gehirns ansetzen müssen, wenn sie erfolgreich einwirken sollen. Wir müssen uns mit den biologischen Einheiten des Gehirns befassen, mit den Neuronen oder Nervenzellen, und mit der Art und Weise ihrer wechselseitigen Verständigung an speziellen Stellen ihres engen Kontakts, den Synapsen. Eine Einführung in die herkömmliche Theorie der Synapsen soll mit der Funktionsweise der grundlegenden synaptischen Einheiten bekanntmachen. Diese Einheiten sind die synaptischen Boutons, die – wenn sie durch einen Nervenimpuls nach dem Prinzip ›Alles oder nichts‹ erregt werden – den gesamten Inhalt eines einzelnen synaptischen Vesikels entleeren. Diese Entleerung findet nicht regelmäßig, sondern auf probabilistische Art statt. Die *quantale Ausschüttung synaptischer Transmittermoleküle* (etwa 5000 bis 10 000) ist der grundlegende Mechanismus des Übertragungsvorgangs von einem Neuron zum anderen. Seine verfeinerte physiologische Analyse führt zu einem Verständnis der Ultrastruktur der Synapse, die wiederum Rückschlüsse auf die Art ihrer einheitlichen, probabilistischen Wirkungsweise zuläßt. Entscheidend ist, daß jede Synapse ein *parakristallines, präsynaptisches Vesikelgitter* aufweist, das die probabilistische Freisetzung der quantalen Ausschüttung ermöglicht.

Wenn wir über den möglichen Einfluß mentaler Ereignisse auf diese subtilen neuronalen Ereignisse nachdenken, müssen wir mentale Ereignisse eines derartigen Komplexitätsgrads außer acht lassen, daß er zu einer verwirrenden Unübersichtlichkeit des neuralen Geschehens führen und damit eine Analyse unmöglich machen würde. In den Kapiteln 5, 6 und 10 finden sich Berichte über eine Reihe neuerer Untersuchungen, in denen mentale Ereignisse zu derart einfachen neuronalen Ereignissen führen, daß ein Vergleich mit einer probabilistischen Quanten-Tätigkeit der Synapsen möglich ist. Die herkömmliche Physiologie macht es möglich, synaptische Aktionen durch Benutzung der bekannten Nervenbahnen weiterzuleiten, so daß der mentale Vorsatz einer Bewegung zu der gewünschten Bewegung führt.

Im letzten Teil dieser Untersuchung müssen wir darüber nachdenken, auf welche Weise ein nicht-materielles, mentales Ereignis wie etwa der Vorsatz einer Bewegung die subtilen probabilistischen Funktionen der synaptischen Boutons beeinflussen kann. Auf der biologischen Seite befassen wir uns mit den parakristallinen, präsynaptischen Vesikelgittern als den Ansatzpunkten der nicht-materiellen, mentalen Ereignisse. Auf der physikalischen Seite beschäftigen wir uns mit den Wahrscheinlichkeitsfeldern der Quantenmechanik, die weder Masse noch Energie aufweisen, aber trotzdem erfolgreich auf Mikro-Systemen einwirken können. Im neuen Licht erscheint das Geist-Gehirn-Problem durch die Hypothese, daß die nicht-materiellen, mentalen Ereignisse – die Welt 2 Poppers – über Aktionen in Übereinstimmung mit der Physik der Quantentheorie mit den neuronalen Ereignissen des Gehirns (der Welt 1 der Materie und Energie) in Verbindung stehen (Kapitel 9). *Diese Hypothese eröffnet ein ungeheueres Gebiet für wissenschaftliche Untersuchungen sowohl in der Quantenphysik als auch in der Neurowissenschaft.*

4.2 Quantenphysikalische Einsichten in die Geist-Gehirn-Frage

Man ist sich heute darüber einig, daß ein Fortschritt im Verständnis des Geist-Gehirn-Problems und der Natur des Bewußtseins von einem besseren Verständnis des Gehirns abhängt. Zum Beispiel konnte ich mich im Kapitel 3 dieses Buches auf Searle, Hodgson, Penrose, Dennett, Crick und Koch berufen. Jedoch wird dieser Fortschritt durch den Glauben behindert, daß das Gehirn eine superkomplexe elektronische Anlage darstellt. Sie wird bei allen Forschungen auf dem Gebiet der künstlichen Intelligenz, der neuronalen Netze und der Robotermodelle untersucht, wie sie Minsky, Moravec, Edelman und Changeux anstellen. Ich halte dies für einen großen Fehler, der auf das Versäumnis zurückzuführen ist, die notwendigen Mikro-Ebenen des Aufbaus wie auch der Funktionsweise des Neokortex zu untersuchen.

Wie man den Kapiteln 4–9 dieses Buches entnehmen kann, müssen *Neurophilosophen* nicht die gesamte Neurowissenschaft studieren – was für sie auch eine erschreckende Aufgabe wäre. Aber es fehlt ein Text mit den entsprechenden Basisinformationen, der zum Beispiel für Penrose, Hodgson und Searle sehr wertvoll wäre. Also fasse ich zu Beginn dieses Kapitels wichtiges Wissen über die Synapse – die grundlegende Einheit der Hirntätigkeit – zusammen. Die schwierigeren Abschnitte über die Erkenntnisse der Quantenphysik sind in kleinerer Schrift gesetzt und können zusätzlich zu Rate gezogen werden.

Der neue quantenmechanische Zugang zum Dualismus wird beschrieben. Ich habe zum ersten Mal die grundlegende Bedeutung von Akerts wunderbarer parakristalliner Struktur des präsynaptischen Vesikelgitters (Abbildung 4.5) der Boutons erkannt, mit seiner geringen Wahrscheinlichkeit einer Quantenemission der Transmitter bei der Exozytose.

Am Schluß von Kapitel 2 habe ich dargestellt, wie das Buch von Margenau (1984) auf mich gewirkt hat; wie es mir die Inspiration lieferte, die ich auf meiner langen Suche nach einer dualistischen Lösung der Geist-Gehirn-Frage benötigte.

Dieses Kapitel stellt meinen ersten Versuch dar, eine detaillierte Untersuchung einer Mikro-Neurowissenschaft von der Synapse vorzulegen, mit der Möglichkeit einer Einwirkung der Wahrscheinlichkeitsfelder, die bei Margenaus Anwendung der Quantenphysik eine Schlüsselrolle spielten. Es wird eine Erklärung der Funktionseinheiten der Hirnrinde, der Synapsen mit den präsynaptischen Vesikelgittern und der Kontrolle der vesikulären Übertragung durch die Exozytose gegeben. *Die ausführliche Beschreibung ist hier erforderlich, weil sie einen grundlegenden Aspekt der Neurowissenschaft betrifft, der bisher unberücksichtigt blieb,* sich jedoch als grundlegend herausstellt, um die Quantenphysik im Geist-Gehirn-Problem zu berücksichtigen, wie spätere Kapitel zeigen.

Es fehlte erstens eine Erklärung der Art, wie ein mentales Ereignis die Auswahl für eine Exozytose aus dem präsynaptischen Vesikelgitter einer kortikalen Synapse bewirken kann. Zweitens eine detaillierte Beschreibung, auf welche Weise die Exozytose an einem Verstärkersystem paralleler Aktionen beteiligt sein kann, wobei die Mini-EPSPs (exzitatorisches postsynaptisches Potential), die durch eine Exozytose erzeugt werden, derart summiert werden, daß sie erfolgreich auf das neurale Geschehen einwirken können, indem sie Impulsentladungen aus den Pyramidenzellen auslösen. Zur Klärung dieser Fragen ist weiteres Wissen über die neuralen Anlagen des Neokortex erforderlich. Das bisherige Wissen über die modulare Anordnung der kortikalen Neuronen – wie es in Diagrammform durch Szentágothai (Abbildungen 6.3b und 6.5) dargestellt wurde – ließ eine Erklärung der nötigen, erheblichen Verstärkung durch eine eingefügte Konstruktion vermissen, die im Kapitel 6 beschrieben wurde – die Dendronen-Geschichte.

4.3 Die integrierende Wirkung von Ia-Impulsen auf ein Motoneuron

Eine einfache Einführung in das synaptische Konzept der Gehirntätigkeit ergibt sich aus der Erklärung der Wirkungsweise von Impulsen in Ia-Nervenfasern auf ein Motoneuron, wie in Abbildung 4.1a in Diagrammform dargestellt ist. Diese großen Nervenfasern kommen von den ringförmig gewundenen Endungen in einem Muskel und erregen unmittelbar die Motoneuronen dieses Muskels, wie durch die intrazellulären Aufzeichnungen in Abbildung 4.1b-j ersichtlich ist. Es handelt sich um das neuronale System, das für die einfache Beugung des Knies verantwortlich ist. Wenn die Reizstärke über die an ein Bündel Ia-Fasern angebrachte Elektrode erhöht wurde, um immer mehr der Nervenfasern zu stimulieren (siehe die dreiphasigen Kurven der Nervenaktionspotentiale in der jeweils oberen Abbildung), die bei jenem Motoneuron zusammenkommen, war eine entsprechende Zunahme in den kurzen Depolarisationen zu beobachten, die intrazellulär aufgezeichnet worden waren (siehe die ms-Zeitskala). Die in Abbildung 4.1a skizzierte intrazelluläre Mikroelektrode zeichnete durch die Membran des Motoneurons ein Ruhepotential von etwa –70 mV (interne Negativität) auf, und synaptische Stimulierungen erzeugten eine kurze Verringerung dieses Ruhepotentials – das exzitatorische postsynaptische Potential (EPSP), das in Abbildung 4.1g-j bis auf 7 mV zunahm, wenn alle Ia-Fasern stimuliert wurden. In Abbildung 4.1g-j gab es scheinbar einen Unterschied; die Nervenfasersalve nahm ohne Zunahme des EPSP zu, aber das war auf die Erregung einer anderen Art von Nervenfasern (Ib) zurückzuführen, die nicht zum monosynaptischen EPSP beiträgt. Abbildung 4.1k-n zeigt, daß sich die Ia-ESPSs, wenn sie kleiner sind, linear summieren: n = k + l + m.

Als das Bündel Ia-Fasern in Abbildung 4.1a bis auf eine Faser reduziert wurde, waren die EPSPs sehr klein, wurden aber durch sukzessive Addition in einem Computer verstärkt. Auf diese Weise zeigte sich, daß eine einzelne Ia-Faser sehr weit über Motoneuronen ihres Ursprungsmuskels verteilt war. In Abbildung 4.2a zum Beispiel löste eine Ia-Nervenfaser EPSPs in sechs verschiedenen Motoneuronen aus (Mendell und Henneman, 1971). Dank einer doppelten Meerrettich-Peroxydase-(MRP-)Technik[1] war es möglich, alle Synapsen zu identifizieren, die eine einzelne Ia-Faser auf einem Motoneuron bildete (Burke et al., 1979; Brown, 1981). Abbildung 4.2b zum Beispiel zeigt die Stellen der synaptischen Endungen einer einzigen Ia-Afferenz von einem Wadenmuskel zu einem Wadenmuskel-Motoneuron. Die fünf synaptischen Endungen be-

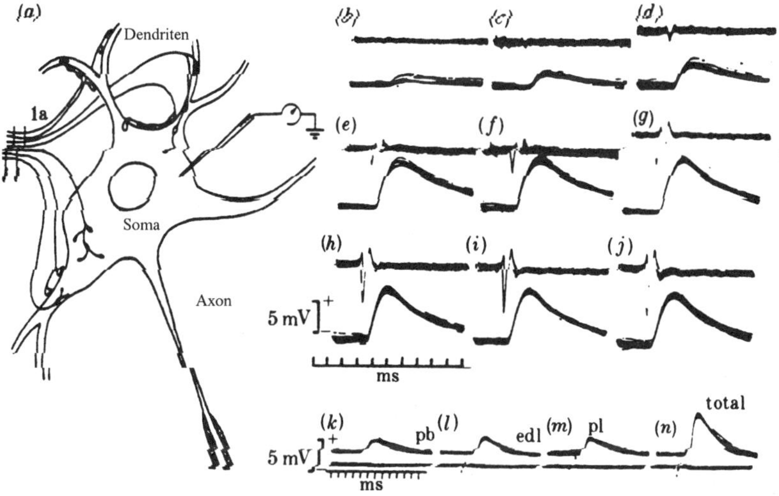

Abb. 4.1: Monosynaptische Erregung des Motoneurons durch afferente Bahnen der Gruppe Ia. **(a)** Eine Zeichnung eines Motoneurons zeigt die zentralen Dendritenregionen, das Soma, das Anfangssegment des Axons und den Anfang der axonalen Markscheidenumhüllung. Auf den Dendriten und dem Soma sind die exzitatorischen Synapsenenden von sieben afferenten Fasern der Gruppe Ia mit einer stimulierenden Elektrode (die sich tatsächlich im peripheren Muskelnerv befindet) dargestellt. Die Aufzeichnung der intrazellulären Mikroelektrode ist in Diagrammform dargestellt. **(b-j)** Die oberen Kurven geben die Größe der afferenten Nervensalve wieder, die in das Rückenmark eintrifft, die unteren die gleichzeitig aufgezeichneten EPSPs. **(k-m)** Die in einem anderen Motoneuron (Peroneus longus) aufgenommenen EPSPs in Reaktion auf eine maximale Ia-Reizung der Nerven zu drei Muskeln: Peroneus brevis, Extensor digitorum longus und Peroneus longus. **(n)** Alle drei Muskeln kombiniert. (Eccles et al., 1957)

finden sich auf drei verschiedenen Dendriten; zwei davon recht nahe dem Soma, die übrigen weiter entfernt. Man findet breite Verteilungen, aber es besteht eine Tendenz zur Häufung. Diese ist für die Bandbreite der Zeitverläufe in den EPSPs verantwortlich, die durch eine einzelne Nervenfaser in Abbildung 4.2a erzeugt werden. Auf einigen Mo-

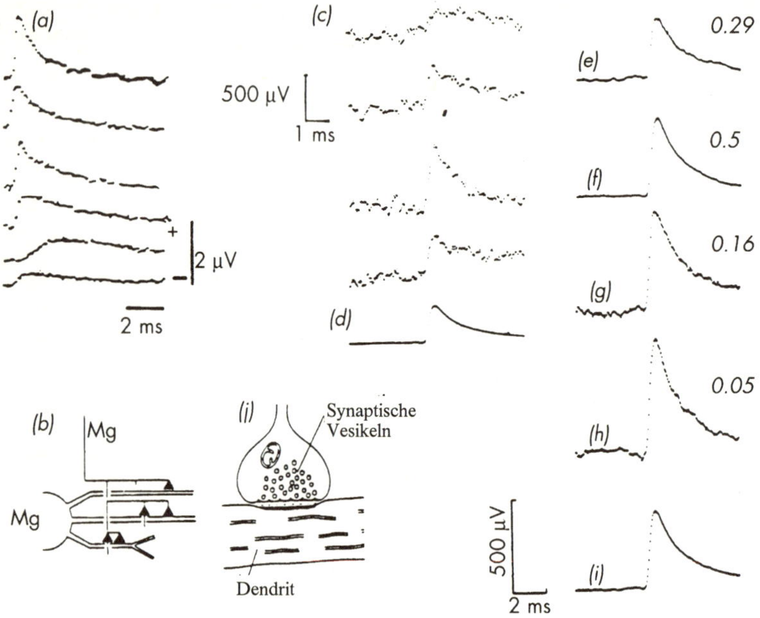

Abb. 4.2: (**a**) Gemittelte Aufzeichnungen der EPSPs, die durch Impulse in derselben Ia-Faser erzeugt wurden, die an sechs verschiedenen Motoneuronen endete (Mendell und Henneman, 1971). (**b**) Summarisches Diagramm der Lage von Ia-Synapsen einer einzelnen mittleren Wadenmuskel-Ia-Faser bis zu einem mittleren Wadenmuskel-Motoneuron an fünf Stellen auf drei verschiedenen Dendriten, wie dargestellt (Brown, 1981). (**c**) Vier einzelne EPSPs, ausgewählt aus einer Menge von 800 Antworten. (**d**) Der mittlere Wert aller 800 Antworten. (**e**) Die Komponente 1 des EPSP, aus der Fluktuationsanalyse abgeleitet. (**f-h**) Die Komponenten 2, 3 und 4 derselben Fluktuationsanalyse. Die Wahrscheinlichkeiten, daß diese Komponenten auftreten, sind rechts von jeder von ihnen angedeutet. (**i**) Das rekonstruierte EPSP, das durch Addition der geschätzten Summe von (**e**), (**f**), (**g**) und (**h**): 0,29(e) + 0,5(f) + 0,16(g) + 0,05(h) entsteht (Jack et al., 1981a). (**j**) Zeichnung der Synapse eines Dendriten, des Boutons mit seinen Vesikeln und des synaptischen Spalts.

toneuronen war eine Häufung ihrer Boutons nahe dem Soma zu beobachten, bei anderen waren sie weiter verstreut, und in der zweituntersten Kurve gab es eine synaptische Anhäufung weit draußen auf den Dendriten.

4.4. Die quantale Freisetzung eines Boutons

Eine noch weiter verfeinerte Untersuchungsmethode befaßt sich mit dem von einem einzigen Bouton ausgehenden EPSP – wie in Abbildung 4.2j angedeutet –, welches zu den beschriebenen Bouton-Enden einer einzelnen Ia-Faser (Abbildung 4.2b) gehört. Dank einer Fluktuationsanalysetechnik (Redman, 1980; Hirst et al., 1981; Jack et al., 1981a, 1981b) war es möglich, zwischen den EPSPs zu unterscheiden, die durch jedes einzelne Bouton auf einem Motoneuron erzeugt wurden, wenn es durch einen einzelnen Ia-Impuls aktiviert wurde. Abbildung 4.2c zum Beispiel zeigt die große Bandbreite fluktuierender EPSPs, die durch einen einzelnen Ia-Impuls ausgelöst werden, und in Abbildung 4.2d sieht man eine gemittelte Kurve aus 800 solcher Antworten, die ein typisches eindeutiges EPSP, wie zum Beispiel in Abbildung 4.2a, ergibt. Die Fluktuationsanalyse zeigt, daß dieses EPSP aus Elementen zusammengesetzt ist, von denen jedes durch ein einzelnes Bouton erzeugt wurde. Ein aktiviertes Bouton setzt sehr selten mehr als ein Vesikel – die Quantenladung des synaptischen Transmitters (vergleiche Abbildung 4.2j) – frei. In Abbildung 4.2e-h sind vier EPSPs dargestellt, die mit Hilfe der Fluktuationsanalyse laut Abbildung 4.2d ermittelt wurden. Jedes von ihnen wird aus einem einzelnen Bouton freigesetzt. Die Wahrscheinlichkeit einer quantalen Freisetzung eines einzelnen Vesikels aus einem Bouton beträgt zwischen 0,5 und 0,05. Abbildung 4.2e-h zeigt die Zeitverläufe der durch die synaptische Freisetzung eines jeden Boutons erzeugten EPSPs. Für die Folge e-h gelten die Werte 302, 406, 505 und 607 μV, und wenn man sie unter Berücksichtigung ihrer Wahrscheinlichkeiten summiert, erhält man eine genaue Rekonstruktion des EPSP, das durch eine einzelne Faser erzeugt wird (Abbildung 4.2i); sie ist mit Abbildung 4.2d identisch, die verschiedene Spannungseichungen berücksichtigt. Man kann vermuten, daß jedes der vier ermittelten EPSPs von Abbildung 4.2e-h durch ein einziges

Bouton erzeugt wird, das sich in verschiedenen Abständen vom Soma befindet. Abbildung 4.2h ist ihm am nächsten, 4.2e am weitesten von ihm entfernt, wie aus Abbildung 4.2b ersichtlich wird.

Aus dieser bemerkenswerten Analyse (Jack et al., 1981a) lassen sich zwei Folgerungen in bezug auf die präsynaptische Wirkung einer einzelnen Ia-Faser auf ein Motoneuron ableiten.

1. Es besteht eine erhebliche Abstufung in der Wahrscheinlichkeit eines Effektes, zum Beispiel von 0,5 bis 0,05, in Abbildung 4.2e–h. Einige Boutons mögen sogar eine Wahrscheinlichkeit von 1 erreichen, aber Werte, die auf eine Mehrfach-Exozytose hindeuten, wurden nicht beobachtet.

2. Gewöhnlich versieht eine Ia-Faser ein Motoneuron mit drei bis fünf Boutons (vergleiche Abbildung 4.2b), aber die beobachtete Bandbreite verläuft von 1 bis 10.

Korn und Mitarbeiter (Korn et al., 1982; Korn und Faber, 1985) haben einen stark abweichenden Synapsentyp untersucht, die inhibitorischen Synapsen der Mauthner-Zelle im Rückenmark des Fisches (Abbildung 4.3a). Es gelang ihnen, eine Fluktuationsanalyse des inhibitorischen postsynaptischen Potentials (IPSP) durchzuführen, das von einer einzelnen präsynaptischen inhibitorischen Faser erzeugt wurde (Abbildung 4.3b). Die Forscher wandten eine andere Technik als Redman und Mitarbeiter (Abbildung 4.2) an – eine binomiale Analyse –, die eine Zusammensetzung aus sechs quantalen Ausschüttungen (Abbildung

Abb. 4.3: Hinweise auf quantale Fluktuationen der Einzel-IPSPs. **(a)** Experimentelle Anordnung zur simultanen, intrazellulären Aufzeichnung (Rec.) aus der M-Zelle und einem präsynaptischen inhibitorischen Interneuron (PHP-Zelle). Beide Neuronen werden durch ihre typischen Reaktionen auf antidromische Stimulierungen (Stim.) des M-Axons in Rückenmark identifiziert. Die präsynaptische Elektrode wurde auch zur intrazellulären Stimulierung (Stim.) und zur nachfolgenden Färbung mit MRP benutzt. **(b)** Eigenschaften von depolarisierenden IPSPs, die nach Injektion von Chlorionen in einer Zelle registriert wurden. Die unterschiedlichen Amplituden des Einzel-IPSPs (Pfeile in den oberen drei Ableitungen) sind die Antworten auf einzelne präsynaptische Impulse, die

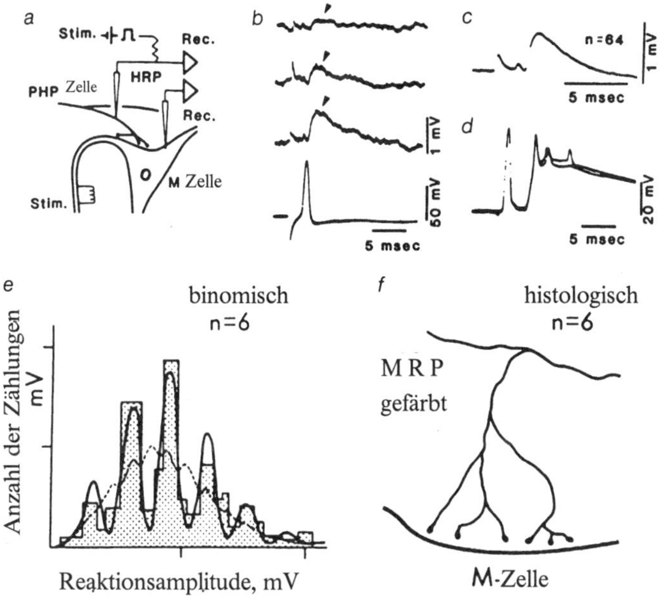

mit einer Frequenz von 1 Hz direkt ausgelöst wurden. Nur ein präsynaptisches Aktionspotential ist in der unteren Kurve dargestellt (siehe die unterschiedliche V-Eichung). **(c)** Ein per Computer gemitteltes Einzel-IPSP (N=64). **(d)** Die Maximalamplitude des durch antidrome Reizung der rekurrierenden Kollaterale ausgelösten IPSPs war groß genug, um die M-Zelle zu einer zweiten Entladung zu bringen (Korn et al., 1982). **(e, f)** Die mathematischen und die histologischen Ergebnisse entsprachen einander im selben Experiment. **(e)** Nach aufeinanderfolgenden Stimulierungen eines physiologisch identifizierten Interneurons (Rate: 1 pro Sekunde) wurde das resultierende Amplituden-Histogramm fluktuierender IPSPs (*gepunktet*) mit Hilfe eines Computerprogramms analysiert, das unter Berücksichtigung des Rauschens die bestmöglichen Anpassungen auf der Grundlage der theoretischen Poisson-Verteilung (*unterbrochene Linie*) und binomialer Verteilungen (*durchgezogene Linie*) berechnete. Offensichtlich ergaben die letzteren die bessere Annäherung. Die sechs Maxima entsprechen dem Binomialparameter, der die Anzahl der Quanten definiert. **(f)** Zeichnung der Camera-lucida-Rekonstruktion der Endverzweigung der untersuchten, mit MRP gefüllten präsynaptischen Zelle. Man erkennt, daß die Anzahl der Boutons, die histologisch für die Zelle festgesetzt worden war (histologisches η), der binomisch ermittelten Anzahl entsprach. Dieses Ergebnis führte zu der Schlußfolgerung, daß jede boutonische Endung nach dem ›Alles oder nichts‹-Prinzip freisetzt.

4.3e) in der Amplitudenverteilung ergab. Dieses Ergebnis stimmt mit der histologisch bestimmten Anzahl der Boutons (Abbildung 4.3f) überein.

4.5 Der Aufbau einer chemisch übertragenden Synapse im Zentralnervensystem der Wirbeltiere

Eine Synapse wird in der Regel durch Ausweitung einer feinen Nervenfaser zu einem *Bouton* gebildet, das einen engen Kontakt zu der Oberfläche eines Dendriten oder eines Neuron-Somas herstellt. Abbildung 4.4 zeigt den gewöhnlichsten Typ einer Synapse, bei dem das Bouton mit dem verlängerten Ende eines Dendritendorns Kontakt über einen engen Zwischenraum herstellt, den synaptischen Spalt (≈ 200 Å) (Gray, 1982). Bemerkenswert sind die synaptischen Vesikeln und die dichten Erhebungen in Dreiecksanordnung mit etwa 1000 Å Abstand, die von der präsynaptischen Membran in das Bouton ragen (10 Å = 1 nm).

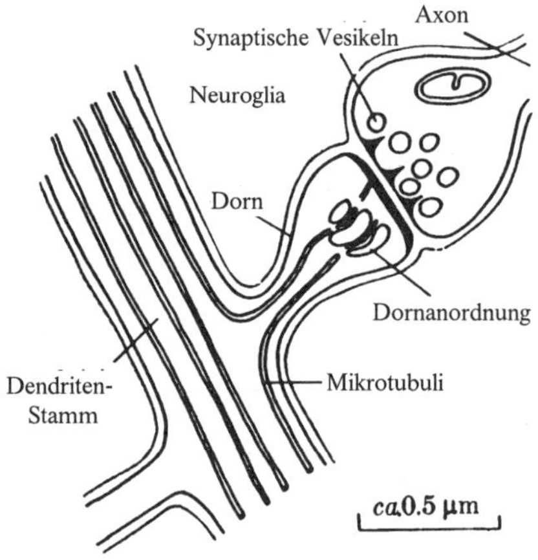

Abb. 4.4: Zeichnung einer Synapse an einem Dendritendorn. Das Bouton enthält synaptische Vesikeln und dichte Erhebungen der präsynaptischen Membran (Gray, 1982).

In Übereinstimmung mit Hubbard (1970) möchte ich gleich zu Beginn darauf hinweisen, daß die in allen Boutons im zentralen Nervensystem der Wirbeltiere beobachteten synaptischen Vesikeln die morphologischen Entsprechungen der quantalen Freisetzung von Transmittersubstanzen darstellen, die bei allen chemisch transmittierenden Synapsen durch Boutons auf Nervenzellen geschieht. Man erkennt in den synaptischen Vesikeln quantale Mengen der vorgebildeten Transmittermoleküle (etwa 5000 bis 10000), die zur Freisetzung als Quantenladungen in den synaptischen Spalt für eine einheitliche Wirkung bereit sind (Abbildung 4.4).

Spätere Untersuchungen mittels der Gefrierbruchtechnik (Akert et al., 1972; 1975; Akert, 1973) bestätigten und präzisierten die ursprünglichen Ergebnisse laut Abbildung 4.4, so daß die perspektivische Darstellung eines idealisierten Boutons möglich war (Abbildung 4.5). Links bewirkt die dreieckige Anordnung der dichten Erhebungen (az) die hexagonale Anordnung der synaptischen Vesikeln (sv), einer parakristallinen Struktur gegenüber dem synaptischen Spalt. Andere Vesikeln liegen weiter hinten; sie dienen als Reserve. Rechts wurde das Gitter entfernt, um die Stellen erkennbar zu machen, wo sich Vesikeln an der präsynaptischen Membran (Vesikel-Anfügungs-Stelle = vas) befinden. Im mittleren Bildausschnitt sieht man jenseits des synaptischen Spalts die Partikel-Ansammlung (pa), die wahrscheinlich in Beziehung zu den Transmitter-Rezeptoren an der postsynaptischen Membran steht. Zu beiden Seiten des Nervenendes sind das präsynaptische Vesikelgitter und die präsynaptische Membran in rechtwinkliger perspektivischer Projektion dargestellt.

Die Abbildungen 4.4 und 4.5 stellen Synapsen aus Säugerhirnen dar. Im Prinzip ähnliche Synapsen finden sich in einem sehr andersartigen Nervensystem, nämlich die inhibitorischen Synapsen an der Mauthner-Zelle im Rückenmark von Fischen (Triller und Korn, 1982).

Abbildung 4.5 verdeutlicht den wichtigen Umstand, daß nämlich ein synaptisches Bouton in der Regel nur ein präsynapti-

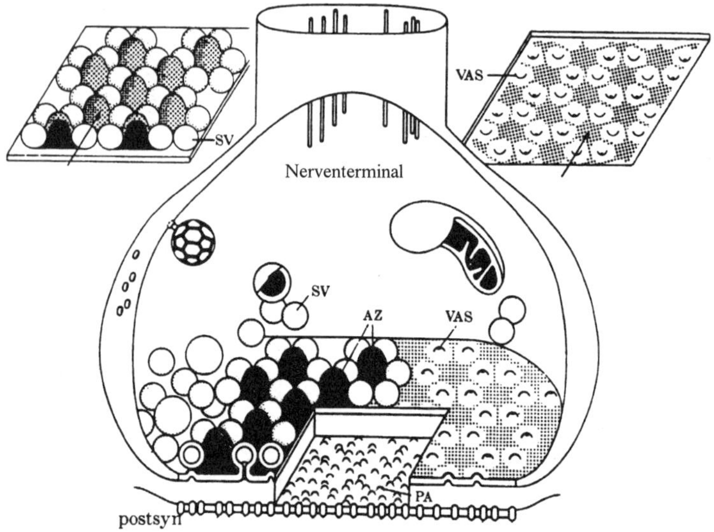

Abb. 4.5: Schematischer Aufbau der zentralen Säuger-Synapse. Die aktive Zone (az) besteht aus den präsynaptischen dichten Erhebungen. Sie ist komplexer und bietet weitaus mehr Stellen für Vesikeln (VAS = Vesikel-Anfügungs-Stellen) pro Quadrateinheit der Oberfläche als die motorische Endplatte. Die postsynaptische Ansammlung von intramembranen Partikeln ist auf den Bereich beschränkt, der der aktiven Zone gegenüberliegt. sv = synaptische Vesikeln, pa = Partikelansammlungen an der postsynaptischen Membran (postsyn.). Zu beachten sind die synaptischen Vesikeln (sv) in hexagonaler Anordnung, wie sie in dem *oberen linken Kasten* gut zu erkennen sind, und die Vesikel-Andockungsstellen im rechten Kasten. Weitere Beschreibungen im Text (Akert et al., 1975).

sches Vesikelgitter aufweist, das nur einen Bruchteil des gesamten synaptischen Kontaktbereichs bedecken muß.

Es bleiben immer noch große Probleme (Abbildung 4.6) zu lösen: die Herkunft der synaptischen Vesikeln, ihre Ladung mit den speziellen Transmittermolekülen, die Bewegung durch das Bouton zwecks Einfügung in das präsynaptische Vesikelgitter, das wir als die Zone des Feuerns (Abbildung 4.5) betrachten können. Ferner die parakristallinen Eigenschaften dieses Gitters, wobei von der großen Anzahl der synaptischen Vesikeln,

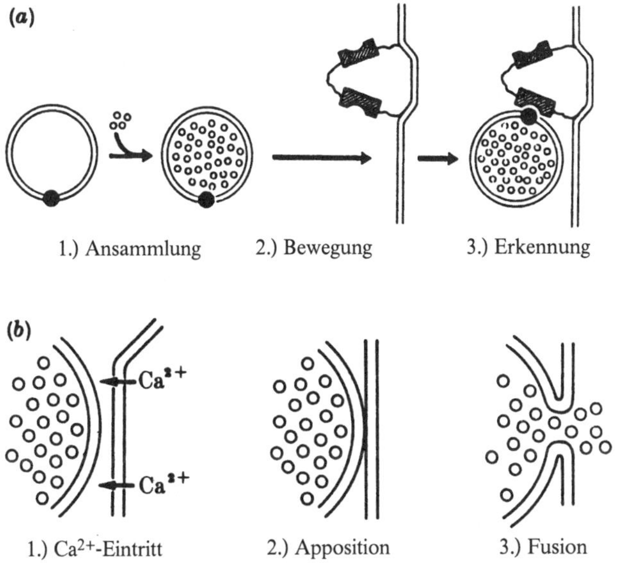

Abb. 4.6: Bildungs-, Bewegungs- und Exozytosestufen der synaptischen Vesikeln. **(a)** Die drei Stufen, in denen die Vesikeln mit Transmitter aufgefüllt und mit einer präsynaptischen dichten Erhebung von dreieckiger Form in Berührung gebracht wird. **(b)** Stufen der Exozytose mit Freisetzung von Transmitter in den synaptischen Spalt. Man erkennt die zentrale Rolle des Ca^{2+}-Inputs aus dem synaptischen Spalt (Kelly et al., 1979).

aus denen es besteht, nicht mehr als eines durch einen Nervenimpuls freigesetzt wird (Abbildungen 4.5 und 4.6b) – und das mit nur einer Wahrscheinlichkeit von weit unter 1.

Nach dieser Einführung in den Feinaufbau eines Boutons müssen wir uns überlegen, wie es kommt, daß aus dieser recht großen Anzahl an synaptischen Vesikeln in der Feuerzone des präsynaptischen Vesikelgitters (Abbildung 4.5) selten, wenn überhaupt jemals, mehr als eines durch einen präsynaptischen Impuls entladen wird und die Wahrscheinlichkeit gewöhnlich 0,5 oder weniger beträgt (Jack et al., 1981a; Korn et al., 1982; Korn und Faber, 1987; Redman und Walmsley, 1983b). Ich glaube, man muß es sich so vorstellen, daß das präsynaptische Vesikelgitter (vergleiche Abbildungen 4.5 und 4.6) ein subtiles dynamisches

Gebilde darstellt, das die Aufgabe hat, die Abgabe synaptischer Vesikeln zu begrenzen, die durch einen präsynaptischen Impuls ausgelöst wird. Es bestimmt dank seiner Funktion die Wahrscheinlichkeit der Freisetzung von Vesikeln aus seiner Gesamtstruktur und damit aus dem Bouton.

Man muß bedenken, daß ein Bouton vermutlich nicht mehr als 2000 synaptische Vesikeln enthält, was nur für ein paar Minuten normaler Funktion reicht.

Nach der Entfaltungsanalyse Redmans und seiner Mitarbeiter (Jack et al., 1981a; Redman und Walmsley, 1983b) kann die Wahrscheinlichkeit einer quantalen Freisetzung für einige Boutons nahezu 1 und bei anderen fast 0 betragen; mit allen möglichen Zwischenwerten. Nach der Analyse Korns und seiner Mitarbeiter (Korn et al., 1982; Korn und Faber, 1987) belief sich die mittlere Wahrscheinlichkeit für unterschiedliche Synapsen auf Werte zwischen 0,17 bis 0,62. Die Wahrscheinlichkeit wird durch verschiedene Faktoren beeinflußt; der wichtigste dieser Faktoren ist die Zunahme aufgrund von Ca^{2+}-Ionen (Abbildung 4.6b), die nach dem Zusammenschluß mit dem Protein Calmodulin zu vier Ca^{2+}-Ionen in einem Molekül führt (de Lorenzo, 1981). Andere Faktoren sind der verstärkende Effekt durch einen vorhergegangenen Stimulus (Hirst et al., 1981; Jack et al., 1981b), der vermutlich auf das verbliebene Ca^{2+} im Bouton zurückzuführen ist, und durch 4-Aminopyridin (Jack et al., 1981b).

Obwohl sie allgemein darin übereinstimmen, daß die Wahrscheinlichkeit der Freisetzung eines Vesikels (Quant des Transmitters) von einem Bouton weniger als 1 beträgt, bestehen geringfügigere Abweichungen zwischen den Ergebnissen von Redman und Mitarbeitern sowie Korn und Mitarbeitern.

Diese Abweichungen erklären sich durch die Annahmen, die der Interpretation der aufgezeichneten EPSPs zugrunde liegen. Redmans Gruppe (Jack et al., 1981a; Redman und Walmsley, 1983b) nimmt an, daß die EPSPs, die durch eine Transmitterfreisetzung aus den Boutons einer Ia-Faser an einem Motoneuron ausgelöst werden, von annähernd gleicher Größe sind und daß die Deutung auf dieser Basis die Emissionswahrscheinlichkeit für jedes einzelne Bouton ergibt. Diese Analyse führt in der Regel zu einer weit geringeren Anzahl an Boutons als jene, die tatsächlich anhand einer Analyse mit Hilfe der Meerrettich-Peroxydase bestimmt wird. Folglich muß man annehmen, daß die Emissionswahrscheinlichkeit bei einigen Boutons gleich Null ist. Korns Gruppe (Korn et al., 1982; Korn und Faber, 1987) verwandte im Gegensatz dazu die Theorie der Binomialentwicklung bei ihrer Analyse der synaptischen Reaktionen einer Mauthner-Zelle auf einen einzelnen inhibitorischen Impuls, und sie fand eine gute Beziehung zwischen der analytischen und der histologischen Anzahl der Boutons (vergleiche Abbildung 4.3c, d). Deshalb nehmen diese Forscher an, daß ihre Entfaltungstechnik – nach der alle Boutonenden eines einzelnen Axons an einer Mauthner-Zelle dieselbe Emissionswahrscheinlichkeit eines einzelnen Vesikels aufweisen – korrekt ist und die mittlere Wahrscheinlichkeit bei den 18 untersuchten Axonen 0,38 beträgt.

Nach meiner Ansicht ist keine dieser Entfaltungstechniken restlos befriedigend.

Die Analyse Redmans und seiner Mitarbeiter führt zu einer Anzahl an Boutons – von denen viele eine Quantenwahrscheinlichkeit von Null aufweisen –, die in hohem Maße unwahrscheinlich ist. Diese Lösung setzt außerdem voraus, daß eine Quantenemission alle Transmitter-Plätze an der postsynaptischen Membran aktiviert. Die Lösung von Korn und Mitarbeitern ist vordergründig betrachtet die ansprechendste, weil die Anzahl der Boutons, die durch die Binomial-Analyse ermittelt wurde, recht genau mit der Zählung bei Meerrettich-Peroxydase-Präparaten (Abbildung 4.3c, d) übereinstimmt. Aber die Annahme identischer Emissionswahrscheinlichkeiten für sämtliche Boutons eines Axons erscheint unrealistisch.

Zum Glück sagen beide Interpretationen im Prinzip dasselbe aus, nämlich daß ein *einzelnes synaptisches Bouton als Reaktion auf einen einzelnen präsynaptischen Impuls einen quantalen Emitter von quantalen Vesikeln darstellt, dessen Wahrscheinlichkeit gewöhnlich weit unter 1 liegt und bei dem niemals Mehrfach-Emission auftritt.*

Diese verfeinerte Untersuchung der quantalen Funktionsweise von synaptischen Boutons deutet darauf hin, daß man die Reaktionen von Neuronen auf der höchsten Stufe des Zentralnervensystems neu überprüfen sollte, bei der es Anzeichen für Reaktionen gibt, die durch einen mentalen Vorsatz oder durch mentale Aufmerksamkeit ausgelöst werden (Abbildungen 5.2b, 5.4a und 5.4b).

4.6 Einführung in das Geist-Gehirn-Problem

Es gibt viele materialistische Theorien über den Geist, wie sie in den vier Einträgen von Abbildung 1.2 zusammengefaßt sind. Der radikale Materialismus widerlegt sich selbst. Die drei übrigen materialistischen Theorien erkennen das Vorhandensein des Geistes oder mentaler Ereignisse an, gestehen ihnen aber keinen unabhängigen Status zu. Gemäß den drei oben erwähnten materialistischen Geist-Theorien stellen mentale Zustände Eigenschaften der Materie oder der physikalischen Welt dar, entweder aller Materie wie im Panpsychismus oder der Materie in dem besonderen Zustand, in dem sie im hochorganisierten Nervensystem von Tieren und Menschen vorkommt. Eine Spielart – den Epiphänomenalismus – können wir übergehen, da sie in den letzten Jahrzehnten durch die Identitätstheorie ersetzt wurde, die Feigl (1967) als erster vollständig ausarbeitete. Popper (in: Popper und Eccles, 1977) stellt fest:

> »Alle vier [materialistischen Geist-Theorien] behaupten, daß die physikalische Welt – das, was ich Welt 1 nenne – autonom und kausal, *abgeschlossen ist ... Ich nenne das das physikalistische Prinzip von der Abgeschlossenheit in der physikalischen Welt 1. Es ist von entscheidender Bedeutung. Ich halte es für das kennzeichnende Prinzip des Physikalismus oder Materialismus.*«

Popper fährt mit einem Bericht über alle materialistischen Geist-Theorien fort. Abbildung 1.1 ist ein Diagramm von Poppers 3-Welten-System.

Es war schwierig, Aussagen von Philosophen zu finden, die sich auf präzise neuronale Ereignisse beziehen, von denen man annimmt, daß sie identisch mit mentalen Ereignissen sind. Die klarste Aussage stammt von Feigl (1967). Er schreibt auf Seite 79:

> »Die Identitätsthese, die ich erläutern und verteidigen möchte, behauptet, daß die Zustände der unmittelbaren Erfahrung, die bewußte Menschen ›durchleben‹, und jene, die wir mit Überzeugung einigen der höheren Tiere zuschreiben, identisch sind mit bestimmten (vermutlich strukturellen) Aspekten der neuronalen Vorgänge in jenen Organismen ... Vorgänge im Zentralnervensystem, vielleicht besonders in der Hirnrinde ... Die neurophysiologischen Konzepte haben mit komplizierten, hochgradig verzweigten Mustern neuronaler Entladungen zu tun.«

Wir können uns fragen, ob experimentelle Überprüfungen von Vorhersagen aufgrund der dualistisch-interaktionistischen These auf der einen und der Identitätshypothese auf der anderen Seite möglich sind.

4.7 Das Geist-Gehirn-Problem

Der Identitätstheoretiker huldigt der Doktrin, daß mentale Ereignisse an sich nicht zur Erzeugung neuronaler Ereignisse beitragen können (Abbildungen 5.2b und 5.4a, b). Das ist die Doktrin von der *Abgeschlossenheit von Welt 1.* Die Erfahrung eines Vorsatzes einer Bewegung muß deshalb auf die Aktivität einer Ansammlung von Neuronen im supplementären motorischen Feld (SMF) (siehe Abbildungen 1.3, 4.7 und 5.1) zurückzuführen sein. Nun könnte man fragen, was diese Neuronen veranlaßt, Impulse abzufeuern und auf diese Weise eine willkürliche Bewegung zustande zu bringen? Auf diese Frage hat der Identitätstheoretiker keine Antwort außer der, daß es noch weitere, bis jetzt nicht identifizierte neuronale Zentren geben muß, die vor

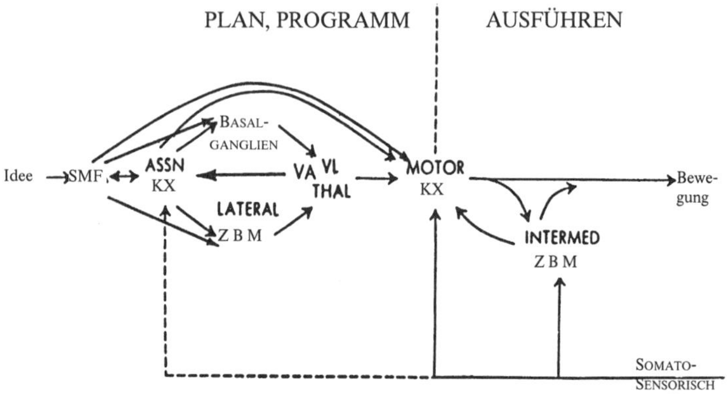

Abb. 4.7: Diagramm der Wege zur Ausführung und Kontrolle willkürlicher Bewegungen; ASSN KX = Assoziationskortex; laterale ZBM = Zerebellum-Hemisphäre; intermed. ZBM = Pars intermedia des Zerebellum. Die *Pfeile* bedeuten neuronale Bahnen, die aus Hunderttausenden von Nervenfasern bestehen. SMF = Supplementäres motorisches Feld. Vom Motorkortex (Motor KX) führt die hier entspringende Pyramidenbahn zur Bewegung.

dem SMF feuern, und damit geht er dem Problem nur aus dem Weg. Dieses Problem wird in den Kapiteln 9 und 10 und den dazugehörigen Abbildungen 9.5 und 10.2 dargestellt.

Im Gegensatz dazu stimmen die experimentellen Ergebnisse mit Vorhersagen des dualistischen Interaktionismus überein. Wie in Abbildung 4.7 durch die Pfeile angedeutet, veranlaßt jedes mentale Ereignis eines Vorsatzes (Abbildung 5.5.) das Feuern einer Gruppe von Neuronen des SMF in der Art, daß anschließend die »richtigen« motorischen kortikalen Neuronen Impulse über die verschiedenen bekannten Wege (in Diagrammform in Abbildung 4.7 dargestellt) den Pyramidentrakt hinab entladen und die erwünschte willkürliche Bewegung veranlassen (Eccles, 1982a, 1982b).

Die besonderen Vorgänge im Kortex, die (Abbildung 5.4) bei Fehlen aller neuronalen Inputs oder offenkundigen Tätigkeit der Hirnrinde durch Aufmerksamkeit veranlaßt werden, sind mit den Auswirkungen einer internen Programmierung durch Vorsatz (Abbildung 5.2b) vergleichbar und stellen zugleich ein Phänomen dar, das ein Identitätstheoretiker anscheinend nicht erklären kann. Der dualistische Interaktionist hingegen kann die Auswirkung des mentalen Ereignisses der Aufmerksamkeit auf die Neuronen des Präfrontallappens – wie in Abbildung 5.4 angedeutet – erklären. Man nimmt an, ohne es jedoch bisher nachgewiesen zu haben, daß dies der Ort der Wechselwirkung ist und daß die Neuronen des Berührungsbereichs in der Hirnrinde sekundär erregt werden (Roland, 1981). Ein entsprechendes Diagramm ließe sich für die Wirkung des internen Zählens auf den mittleren präfrontalen Kortex erstellen (Abbildung 5.4b).

Aber die materialistischen Kritiken machen geltend, daß die Hypothese, immaterielle mentale Ereignisse könnten irgendwie auf materielle Gebilde wie ein Neuron einwirken, auf unüberwindliche Schwierigkeiten stoße, da eine solche Einwirkung nicht mit den Erhaltungsgesetzen der Physik – insbesondere mit dem ersten Hauptsatz der Thermodynamik – vereinbar sei. Dieser Einwand fände sicherlich Gehör bei Physikern des 19. Jahrhunderts und bei Neurowissenschaftlern und Philosophen, die ideologisch immer noch der Physik des 19. Jahrhunderts verhaftet und blind für die Revolution sind, die Quantenphysiker des 20. Jahrhunderts eingeleitet haben. Leider wagen es nur wenige Quantenphysiker, sich mit dem Geist-Gehirn-Problem zu befassen. Aber der prominente Quantenphysiker Margenau hat in dem schon von mir erwähnten Buch (Margenau, 1984) einen grundlegenden Beitrag zu diesem Thema geleistet. Es ist eine bemerkenswerte Abkehr von der Physik des 19. Jahrhunderts, wenn man liest (S. 22):

> »... einige Felder, wie etwa das Wahrscheinlichkeitsfeld der Quantenphysik, enthalten weder Energie noch Materie.«

Man könnte den Geist bündig als ein nicht-materielles Feld betrachten, dessen engste Analogie möglicherweise das Wahrscheinlichkeitsfeld darstellt.

4.8 Zusammenfassung

Wir haben uns mit der Wirkungsweise und dem Aufbau der übermittelnden Teile des Gehirns, der synaptischen Boutons, befaßt. Intrazelluläre Aufzeichnungen der Reaktionen eines Neurons auf einen Impuls in einer einzelnen präsynaptischen Faser wurden analysiert, um die Reaktion zu definieren, die durch ein einzelnes Bouton ausgelöst worden war. Es stellte sich heraus, daß das Bouton in einer quantenhaften Art und Weise reagiert, entsprechend der Emission eines einzigen Vesikels. Aber die Reaktion ist probabilistisch; die Emission findet mit einer Wahrscheinlichkeit von im Mittel 0,5 oder weniger, aber niemals mit Mehrfach-Emission statt. Eine Untersuchung der Mikrostruktur des Boutons zeigt, daß jene synaptischen Vesikeln, die eine Exozytose erwarten, in eine parakristalline Struktur eingebettet sind. Diese ist das präsynaptische Vesikelgitter, das auf eine nicht näher bekannte Art sicherstellt, daß die Emissionswahrscheinlichkeit für die 40 oder mehr Vesikeln, die in es eingebettet sind, unter 1 liegt. Jedes Bouton im Zentralnervensystem weist nur ein solches Gitter auf.

Die Hypothese der Wechselwirkung von Geist und Gehirn lautet, daß mentale Ereignisse über ein quantenmechanisches Wahrscheinlichkeitsfeld die Wahrscheinlichkeit der Emission von Vesikeln aus präsynaptischen Vesikelgittern ändern. Es muß eine enorme parallele Einwirkung auf die Tausende von präsynaptischen Vesikelgitter geben, die einem Neuron gegenüberliegen, wobei darüber hinaus viele Neuronen auf ähnliche Weise aktiviert werden. Dann rufen mentale Ereignisse des Vorsatzes über die üblichen neuronalen Schaltkreise die gewünschten Gehirnreaktionen hervor, die ihrerseits zu den gewünschten motorischen Bewegungen führen. Eine ähnliche Erklärung gilt für die Frage, wie konzentrierte mentale Aufmerksamkeit bestimmte Bereiche der Hirnrinde aktiviert. Somit wurde aufgezeigt, daß die Wechselwirkung von Geist und Gehirn, die der Dualismus postuliert, in Übereinstimmung mit der Quantenphysik stattfindet. Sie verletzt keine Naturgesetze, wie ihre Kritiker behauptet haben. Diese Konzepte werden in Kapitel 9 näher erläutert.

Anmerkung

1 »Horseradish peroxidase«: aus Meerrettich gewonnenes Enzym, das mikroinjiziert wird und sich später anhand der Färbung als Folge einer katalytischen Reaktion aufspüren läßt. Man benutzt es zum Beispiel dazu, die Bahn eines Motoneurons vom Zellkörper im Rückenmark bis zu dem Muskel zu verfolgen, den es innerviert. (Anm. d. Übers.)

5 Rufen mentale Ereignisse neuronale Ereignisse hervor – analog zu den Wahrscheinlichkeitsfeldern der Quantenmechanik?

5.1 Einführung

Wenn nicht-materielle, mentale Ereignisse wie der Vorsatz, eine Tätigkeit auszuführen, erfolgreich auf neuronale Ereignisse im Gehirn einwirken sollen, muß dies auf der empfindlichsten und formbarsten Ebene dieser Ereignisse geschehen – wie in Kapitel 4 ausgeführt.

Dort (Abschnitt 4.1) wurde auch schon auf die grundlegenden synaptischen Einheiten – die Boutons – sowie die parakristallinen, präsynaptischen Vesikelgitter verwiesen. Wir gelangten schließlich zu der Hypothese, daß mentale Ereignisse analog zu den Wahrscheinlichkeitsfeldern der Quantenmechanik auf probabilistische synaptische Ereignisse einwirken, eine Hypothese, die sowohl der Quantenphysik als auch der Neurowissenschaft ein riesiges wissenschaftliches Forschungsgebiet eröffnet.

Alle Versuche, die dualistische Vorstellung von der Wechselbeziehung zwischen Gehirn und Geist zu formulieren, müssen sich der schwerwiegenden Kritik stellen, daß eine derartige Hypothese den Erhaltungsgesetzen der Physik widerspricht. Diese Kritik geht davon aus, daß die Welt der Materie-Energie (die Welt 1 Poppers) dem Einfluß einer beliebigen nicht-materiellen Wirkung wie dem Selbst (die Welt 2 Poppers) völlig unzugänglich ist. Diese Kritiker leugnen in der Regel keineswegs ihre eigenen mentalen Erfahrungen. Auch sie sind Dualisten, aber sie streiten eine verursachende oder verändernde Wirkung eines mentalen Ereignisses, wie es der Vorsatz einer Bewegung ist, in den motorischen Zentren des Gehirns (Kapitel 1-3) ab. Es gibt viele Varianten dieser parallelistischen, physikalistischen oder Identitäts-Theorien, die sich alle darüber einig sind, daß die mentalen Ereignisse »irgendwie« mit einer besonderen Art neuronaler Ereignisse identisch sind, wie es zuerst Feigl (1967) vermutet hat. *Diesen Theorien mangelt es an einer präzisen Formulierung*, aber sie wurden allgemein übernommen, weil sie die Abgeschlossenheit von Welt 1 nicht antasten.

Ähnlich war auch die dualistisch-interaktionistische Hypothese über den Ort und die Art der Wechselwirkung zwischen dem Mentalen und dem Neuronalen, die Popper und ich vorgelegt haben, nicht präzise formuliert. Sie verdankt ihre Anziehungskraft ihrer Fähigkeit, unsere Erfahrungen zu erklären – besonders im Hinblick auf unsere willkürlichen Bewegungen –, wo wir unzweifelhaft willentliche Handlungen auszuführen scheinen (Kapitel 1.4).

5.2 Die mögliche Rolle eines nicht-materiellen, mentalen Ereignisses, das analog zu den Wahrscheinlichkeitsfeldern der Quantenmechanik auf Mikroareale im Gehirn einwirkt

In seinem schon mehrfach zitierten Buch hat der Quantenphysiker Margenau (1984) die Theorie vorgetragen, daß ein nicht-materielles, mentales Ereignis wie der Vorsatz, sich zu bewegen, neuronale Ereignisse in Mikroarealen beeinflussen könnte, ohne gegen die Erhaltungsgesetze der Physik zu verstoßen. Er schreibt:

> »Sehr komplexe physikalische Systeme wie das Gehirn, die Neuronen und die Sinnesorgane, deren Grundbausteine klein genug sind, um probabilistischen, quantenmechanischen Gesetzen zu unterliegen, sind stets einer Vielzahl möglicher physikalischer Veränderungen ausgesetzt, von denen jede eine eindeutige Wahrscheinlichkeit aufweist. Findet eine Veränderung statt, die Energie oder mehr oder weniger Energie als eine andere erfordert, gleicht der kom-

plexe Organismus die Differenz automatisch aus. Deshalb braucht der Geist selbst dann, wenn er etwas mit der Veränderung zu tun hat – d.h. selbst im Fall einer Wechselbeziehung zwischen Geist und Körper –, keine Energie beizutragen« (S. 96).

Zusammenfassend stellt Margenau fest:

»Man kann den Geist als Feld im anerkannten physikalischen Sinn dieses Wortes betrachten. Aber er ist ein nichtmaterielles Feld; seine engste Analogie ist vielleicht ein Wahrscheinlichkeitsfeld. Man kann es nicht mit den einfacheren nicht-materiellen Feldern vergleichen, bei denen die Anwesenheit von Materie erforderlich ist (hydrodynamische Strömung oder Akustik) ... Und es muß auch keinen präzisen Ort im Raum einnehmen. Und soweit es sich bisher anhand der Indizien sagen läßt, handelt es sich um kein Energiefeld im physikalischen Sinne und muß auch keine Materie enthalten, um all die bekannten Phänomene der Wechselwirkung zwischen Geist und Gehirn zu erklären.« (S. 97)

Bisher wurden die in dieser Theorie postulierten Mikroareale nicht gesondert identifiziert, aber jetzt lassen die Indizien, die ich in den Abschnitten 4.2 und 4.3 angeführt habe, vermuten, daß die präsynaptischen Vesikelgitter wegen der Wahrscheinlichkeit einer Vesikel-Emission als Ziele für nicht-materielle, mentale Ereignisse wie den Vorsatz einer Bewegung geeignet sind. Die Hypothese besagt *nicht*, daß mentale Ereignisse eine erregende Aktivität an einer Synapse veranlassen – weder an prä- noch an postsynaptischen Teilen der Synapse –, wie in den Abbildungen 4.4 und 4.5 dargestellt. Im Gegenteil, die Hypothese lautet, daß die mentalen Ereignisse lediglich die *Wahrscheinlichkeit* einer vesikulären Emission – die durch einen präsynaptischen Impuls ausgelöst wird – verändern. Diese Wirkung eines mentalen Ereignisses würde auf das parakristalline, präsynaptische Vesikelgitter ausgeübt, das die Emissionswahrscheinlichkeit einer der in großer Anzahl in es eingebetteten Vesikeln umfassend und wirksam steuert.

Die erste Frage, die man stellen könnte, betrifft die Größe des Effekts, der durch ein Wahrscheinlichkeitsfeld der Quantenmechanik hervorgerufen werden könnte. Ist die Masse der Vesikeln zu groß, um vom Heisenbergschen Unschärfeprinzip betroffen zu sein? Margenau (1977, S. 384) variiert die übliche Unschärfegleichung für diese Berechnung nicht-atomistischer Situationen:

$\Delta x \, \Delta v \geqslant k/m$, wobei $k = 1{,}06 \times 10^{-27}$ erg s (Plancksche Konstante geteilt durch 2π).

Die Masse (m) eines synaptischen Vesikels von 40 nm Durchmesser ($1 \text{ nm} = 10^{-9}$m) läßt sich ausrechnen; sie beträgt 3×10^{-17}g. Wenn man die Unschärfe der Position Δx des Vesikels im präsynaptischen Vesikelgitter als 1 nm annimmt, ergibt sich Δv, die Unschärfe der Geschwindigkeit, als 3,5 nm in 1 ms – dieses Ergebnis ist nicht weit von der richtigen Größe entfernt. Die präsynaptische Membran (Abbildungen 4.4 und 4.5) ist etwa 5 nm dick, und die Emissionszeit eines Vesikels beträgt viele Zehntel einer Millisekunde (Katz und Miledi, 1965).

Aber diese Berechnung geht davon aus, daß sich das synaptische Vesikel frei bewegt, was sicherlich nicht der Fall ist, wenn es in das präsynaptische Vesikelgitter (Abbildung 4.4) eingebettet ist. Da das Gitter eine parakristalline Struktur aufweist, könnte es ein besonderes Resonanzverhältnis zu einem mentalen Einfluß haben, das analog zu einem Wahrscheinlichkeitsfeld funktioniert. Eine wichtige Einsicht in die Funktionsweise des präsynaptischen Vesikelgitters könnte sich aus der Quantenmechanik mikrokristalliner Strukturen ergeben. Der postulierte mentale Einfluß würde – wie in den Abbildungen 4.4 und 4.5 gezeigt – nicht mehr bewirken, als die Wahrscheinlichkeit der Emission eines Vesikels zu verändern, das bereits die richtige Lage innehat.

Folglich zeigen Berechnungen auf der Grundlage des Heisenbergschen Unschärfeprinzips die Möglichkeit auf, daß die probabilistische Emission eines Vesikels aus dem präsynaptischen Vesikelgitter durch einen mentalen Vorsatz – der analog zu einem Wahrscheinlichkeitsfeld funktioniert – modifiziert werden kann.

Die zweite Frage betrifft die Größenordnung des Effekts, der nichts als eine Veränderung der Wahrscheinlichkeit der Emission eines einzelnen Vesikels darstellt (Abbildung 4.5). Dies ist um viele Größenordnungen zu klein, um die Muster der neuronalen Aktivität selbst in kleinen Bereichen des Gehirns zu verändern. Aber eine Pyramidenzelle der Hirnrinde weist viele Tausende ähnlicher Boutons auf. *Die Hypothese lautet, daß das Wahrscheinlichkeitsfeld eines mentalen Vorsatzes weit verteilt ist – nicht nur auf die Synapsen eines Neurons, sondern auch auf die Synapsen einer Vielzahl anderer Neuronen mit ähnlichen Funktionen, d.h. eines Dendrons* (siehe Kapitel 6). Im folgenden Abschnitt wird dieses Problem in besonderem Hinblick auf die zerebrale Reaktion auf den mentalen Vorsatz behandelt, eine willkürliche Bewegung auszuführen.

5.3 Verstärkung der postulierten Wirkung eines mentalen Vorsatzes durch Veränderung der Emissionswahrscheinlichkeit eines synaptischen Vesikels

Abbildung 5.1 zeigt die Lage des supplementären motorischen Feldes (SMF) in der linken Hirnhälfte im medialen Bereich des Stirnhirns, das unmittelbar vor dem motorischen Feld der hinteren Extremitäten liegt und sich bis tief in die mediale Seite der Hemisphäre hinein erstreckt. Roland et al. (1980) haben mit Hilfe der Xenon-Technik die regionale Hirndurchblutung (RHD) in einer Hirnhälfte aufgezeichnet und nach einer kurzen Injektion von radioaktivem Xenon in die Arteria carotis interna dank der Anordnung von 254 Geigerzählern ein detailliertes räumliches Muster der Strahlungsemission erhalten. Es steht jetzt fest, daß jede regionale Zunahme der RHD ein verläßliches Indiz für eine gesteigerte neuronale Aktivität in diesem Gebiet ist. Der Patient, der sich für diesen Versuch zur Verfügung gestellt hatte, war darin trainiert worden, für die gesamte Dauer (45 s) der

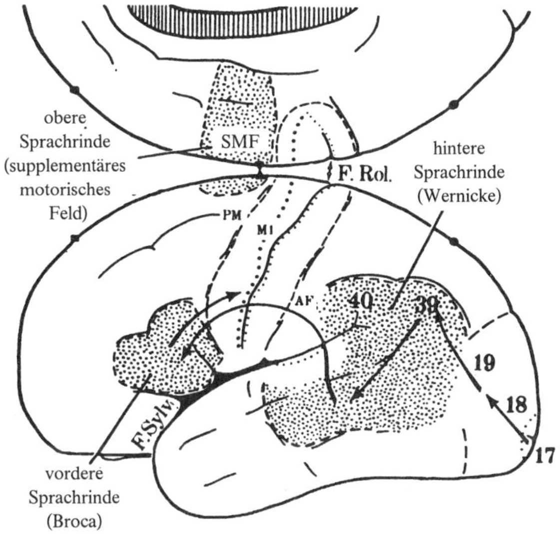

Abb. 5.1: Seitenansicht der linken Hemisphäre, links der Frontallappen. Die mediale Seite der Hemisphäre ist so dargestellt, als würde sie nach oben gespiegelt. F. Rol. ist die Rolandsche Furche oder der Sulcus centralis; F. Sylv. ist die Fissura Sylvii. Den primären motorischen Kortex M1 sieht man im präzentralen Kortex unmittelbar vor der Rolandschen Furche, in die er tief hineinreicht. Vor M1 sieht man den prämotorischen Kortex (PM) mit dem supplementären motorischen Feld (SMF), das vorwiegend auf der medialen Seite der Hemisphäre liegt. (nach Penfield und Roberts, 1959)

Zählung mit dem Geiger-Zähler ein kompliziertes Muster aus Finger-Daumen-Bewegungen auszuführen.

In Abbildung 5.2a ist eine starke Aktivierung des kontralateralen motorischen und des sensorischen Feldes für die Daumen und Finger erkennbar, wie sie vorauszusehen gewesen war, aber darüber hinaus ist eine ebenso starke Aktivierung des SMF zu erkennen, und zwar bilateral. Die Vorrangstellung des SMF zeigt sich in Abbildung 5.2b, als der Patient während des Xenon-Tests keine Bewegung machte, sondern die erlernte motorische Aufgabe nur im Geist ausführte. Ein höchst signifikanter Anstieg (20%) der neuronalen Aktivität war auf beiden Seiten des SMF

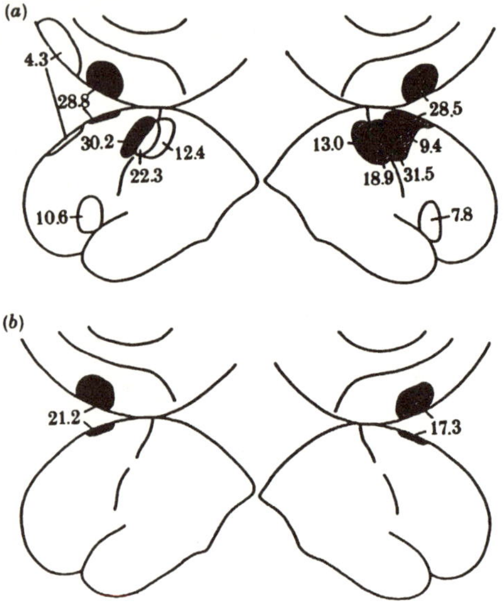

Abb. 5.2: (**a**) Mittlere prozentuale Steigerung der regionalen Hirndurchblutung (RHD) während der mit der kontralateralen Hand ausgeführten Bewegungsfolge unter Berücksichtigung diffuser Durchblutungssteigerungen. *Kreuzweise schraffierte Bereiche* weisen eine signifikante Durchblutungssteigerung auf dem $p = 0{,}0005$-Niveau auf. Für *einfach schraffierte Bereiche* ist die Steigerung signifikant auf dem $p = 0{,}005$-Niveau. Die übrigen Bereiche bewegen sich auf dem $p = 0{,}5$-Niveau. *Links:* Linke Hemisphäre, fünf Versuchspersonen. *Rechts:* Rechte Hemisphäre, zehn Versuchspersonen. (**b**) Mittlere prozentuale RHD-Steigerung (in Prozent) während der inneren Programmierung der Bewegungsfolge. *Links:* Linke Hemisphäre, drei Versuchspersonen. *Rechts:* Rechte Hemisphäre, fünf Versuchspersonen. (Roland et al., 1980)

und nirgendwo sonst zu verzeichnen. Die Versuchsperson befand sich in vollständiger Ruhe, ihre Augen und Ohren waren geschlossen. Diese Steigerung der RHD ist ein Hinweis auf eine Zunahme der neuronalen Aktivität im SMF unter dem Einfluß eines mentalen Vorsatzes bei der Versuchsperson. Dieser Vorsatz aktivierte offensichtlich eine riesige Menge von Neuronen. Das könnte natürlich in bezug auf die gewünschte Bewegung eine Bedeutung haben.

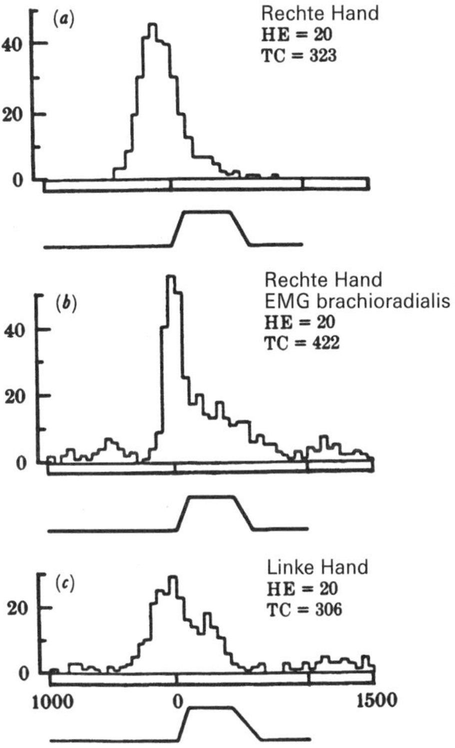

Abb. 5.3: Darstellung der Entladungsmuster eines Neurons in Verbindung mit einer Beugung des Ellbogens während des Zugs am Hebel für die rechte **(a)** und die linke **(c)** Hand. **(b)** ist das Reaktionszeithistogramm, das die EMG-Aktivität eines repräsentativen Ellbogen-Flexors (m. brachioradialis) im rechten Arm während derselben 20 Züge wie jene in **(a)** zeigt. Es zeigt, daß das Neuron seine Entladung steigerte, lange bevor die EMG-Aktivität sich steigerte. Dies war bei der Mehrzahl der Neuronen der Fall, bei denen das Entladungsmuster mit EMG-Veränderungen verglichen werden konnte (Brinkman und Porter, 1979).

Mittels einer implantierten Mikroelektrode war es möglich, die Reaktionen eines einzelnen SMF-Neurons bei einem Affen zu untersuchen, der eine willkürliche Bewegung ausführte (Abbildung 5.3a, c) (Brinkman und Porter, 1979). Es war eine Steigerung in der Entladungsrate vieler Neuronen von etwa 50 ms vor der Entladung von Neuronen des motorischen Kortex zu beobachten, die schließlich zu der willkürlichen Bewegung führte, wie das Elektromyogramm (EMG) in Abbildung 5.3b (siehe auch Eccles 1982a, b) zu zeigen scheint. Ethische Bedenken schließen derartige Experimente beim Menschen aus. Aber die Aufzeichnung von elektrischen und magnetischen Feldern an der menschlichen Kopfhaut während wiederholter willentlicher Bewegungen (Deecke und Kornhuber, 1978) deutet ebenfalls auf das SMF als den Sitz starker Aktivierung durch mentale Absichten hin.

Nach der *dualistisch-interaktionistischen Hypothese* (Kapitel 1.4, 2.2) *bietet das präsynaptische Vesikelgitter die Voraussetzung dafür, daß der mentale Vorsatz absichtlich die Wahrscheinlichkeit seiner synaptischen Freisetzung verändert*. Dies geschähe bei allen Dornsynapsen, die zu dieser Zeit aktiviert sind, und vermutlich sind es Tausende, da sich auf einer einzelnen kortikalen Pyramidenzelle 10 000 befinden (Szentágothai, 1978a). Es wäre zu erwarten, daß ein mentaler Einfluß analog zu einem Wahrscheinlichkeitsfeld eine globale Einwirkung auf die Synapsen eines entsprechenden Neurons ausübt und die Wahrscheinlichkeit der Vesikel-Freisetzung durch eingehende Impulse modifiziert.

Somit hängt die *Zuverlässigkeit,* daß ein mentaler Vorsatz wirksam wird, von der Integration der *zufälligen Ereignisse* an einer Vielzahl von präsynaptischen Vesikelgittern an dem betreffenden Neuron ab. Um eine ausgewählte Bewegung, wie zum Beispiel die Beugung eines Fingers, zustande zu bringen, muß der mentale Vorsatz die richtigen Pyramidenzellen für seine Einwirkung auswählen, um die Wahrscheinlichkeit vesikulärer Emissionen zu modifizieren. Diese Auswahl wird entsprechend einem *erlernten Programm der SMF-Zellen für bestimmte Bewegungen* vorgenommen. Sie kann nur zum Erfolg führen, wenn ein Hintergrund-Sperrfeuer auf diese Zellen stattfindet, denn alles, was sie bewirken kann, ist eine Modifizierung der vesikulären Emission der aktivierten Synapsen. Tanji und Kurata (1982) haben die weitgehende Konvergenz sensorischer Inputs auf die SMF-Zellen nachgewiesen. Man kann alle derart aktivierten Boutons als mutmaßliche Orte der Modifizierung der Wahrscheinlichkeit einer vesikulären Freisetzung durch eine mentale Aktion betrachten.

Dies mag wie eine umständliche Methode zur Einleitung einer Bewegung aussehen, aber man muß sich vor Augen halten, daß wir über ein ungeheueres Arsenal von willkürlich ausführbaren Bewegungen verfügen, und dies setzt eine höchst komplexe Strategie der Auswahl von SMF-Neuronen aus dem riesigen Repertoire von etwa 100 Millionen Pyramidenzellen in vielleicht 30 000 Moduln voraus (vergleiche Kapitel 6). Alles, was wir bewußt wahrnehmen, ist die Art und Weise, wie wir die erlernte Bewegung mental einleiten können. Es ist wichtig, daß der mentale Vorsatz zur Aktivierung in der richtigen zeitlichen Abfolge die Gruppen von SMF-Neuronen für die verschiedenen Muskeln führt, die für die motorische Leistung zuständig sind, wie es Brinkman und Porter (1979, 1983) für SMF-Neuronen nachgewiesen haben. Die einfachste Erklärung lautet, daß diese SMF-Zellen bis in die übrigen kortikalen und subkortikalen Bereiche vorstoßen, damit die erlernten motorischen Programme in die Aktivierung der motorischen Pyramidenzellen mit Entladungen den pyramidalen Trakt hinab miteinbezogen werden (Abbildung 4.7).

Zusammenfassend können wir sagen, daß es genügt, wenn die dualistisch-interaktionistische Hypothese der Fähigkeit eines nicht-materiellen, mentalen Ereignisses Rechnung trägt, die Wahrscheinlichkeit der vesikulären Emission aus einem einzigen Bouton an einer kortikalen Pyramidenzelle zu verändern. Wenn dies bei einem einzigen Bouton geschehen kann, ist es auch bei einer Vielzahl der Boutons an diesem Neuron möglich, und alles übrige folgt gemäß der Neurowissenschaft der motorischen Kontrolle. Die Abgeschlossenheit von Welt 1 wurde durchbrochen; wir sind in der Tat fähig, aufgrund eines mentalen Vorsatzes willentlich Bewegungen auszuführen.

5.4 Die Wirkung von »stummem« Denken auf die Hirnrinde

Abbildung 5.4a stellt eine bemerkenswerte Entdeckung von Roland (1981) dar. Er fand heraus, daß eine Zunahme in der RHD oberhalb des Fingerberührungsbereichs im postzentralen Gyrus der Hirnrinde sowie im mittleren präfrontalen Bereich zu beobachten war, wenn die Versuchsperson sich auf einen Finger konzentrierte, der einem eben noch wahrnehmbaren Berührungsreiz ausgesetzt werden sollte. Diese Zunahme muß eine Folge der mentalen Aufmerksamkeit gewesen sein, denn *für die Dauer der Aufzeichnung fand keine Berührung statt*. Somit stellt Abbildung 5.4a den klaren Nachweis dafür dar, daß der mentale Akt der Aufmerksamkeit entsprechende Bereiche der Hirnrinde aktivieren kann. Ein ähnliches Ergebnis zeigt sich bei gezielter Aufmerksamkeit in bezug auf die Lippen bei Erwartung einer Berührung; hier wird natürlich der somatosensorische Bereich der Lippen aktiviert.

Entsprechend stellte sich heraus, daß die RHD in vielen Rindenbereichen – aber nicht im primär sensorischen und im motorischen Bereich – zunahm, wenn sich die Versuchsperson einer einfachen Zählung oder anderen gedanklichen arithmetischen Beschäftigungen widmete, während ihre Augen und Ohren geschlossen waren (Roland und Friberg, 1985). Wie in Abbildung 5.4b dargestellt, kam es bei einer schweigend ausgeführten arithmetischen Aufgabe, bei der – ausgehend von 50 – sukzessive 3 abgezogen wurde, zu einer Zunahme der RHD in einem medialen Streifen im frontalen Kortex vor dem SMF, in anderen Bereichen des beidseitigen präfrontalen Kortex sowie im supramarginalen und im angularen Gyrus beider Scheitellappen. Die Muster sind komplexer als bei stillschweigender Vorstellung einer motorischen Bewegung, wie in Abbildung 5.2b dargestellt. Noch komplexere Muster zeigten sich bei einer Erinnerungsfolge, die durch eine sinnlose Wortfolge und die visuelle Vorstellung der Suche nach einer Route ausgelöst wurde (Abbildung 10.1). In Kapitel 10, Abschnitt 5, findet man eine ausführliche

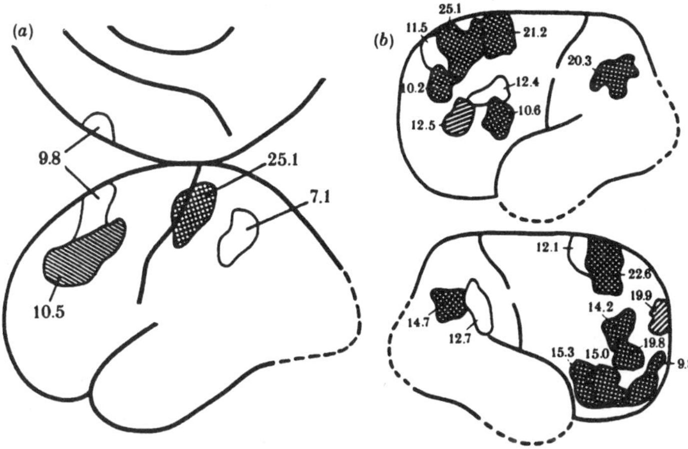

Abb. 5.4: (a) Mittlere prozentuale Steigerung (in Prozent) der RHD für die Dauer einer selektiven somatosensorischen Aufmerksamkeit, d. h. einer somatosensorischen latenten Vorstellung ohne periphere Stimulierung. Größe und Lage jedes der dargestellten Zentren stellen das geometrische Mittel des einzelnen Zentrums dar. Jedes einzelne Zentrum wurde mittels eines proportionalen stereotaktischen Systems auf eine Standard-Gehirnkarte vom üblichen Maßstab übertragen. Acht Versuchspersonen. Die jeweils gekreuzt gestrichelten Gebiete haben eine hohe Signifikanz der RHD (Roland, 1981). **(b)** Mittlere prozentuale Steigerung (in Prozent) der RHD und ihre durchschnittliche Verteilung in der Hirnrinde für die Dauer einer schweigend gelösten arithmetischen Aufgabe, bei der – ausgehend von 50 – sukzessive 3 abgezogen wurde. Linke Hemisphäre, sechs Versuchspersonen, rechte Hemisphäre, fünf Versuchspersonen (Roland und Friberg, 1985). Die Signifikanz der markierten Areale entspricht den Angaben für **(a)**.

Beschreibung der Auswirkung von Aufmerksamkeit auf den Neokortex.

Es läßt sich vorhersagen, daß der immense Umfang schweigenden Denkens, zu dem wir fähig sind, Aktivitäten in einer so großen Vielzahl von Bereichen der Hirnrinde hervorruft, daß der größte Teil des Neokortex dem Einfluß des Denkens unterworfen ist (Ingvar, 1985). Natürlich verfügen wir zur Zeit noch nicht über die Kriterien, um einen unmittelbaren Einfluß darlegen zu können. Die Bereiche der direkten Aktivierung können unmittelbar andere Bereiche aktivieren – wie postuliert für das SMF (Abbildung 5.2b), das den motorischen Kortex aktivieren kann (Abbildung 5.2a).

Die Hypothese, daß nicht-materielle, mentale Ereignisse die Wahrscheinlichkeit der vesikulären Emission des präsynaptischen Vesikelgitters verändern können, kann alle diese Einflüsse des schweigenden Denkens erklären, wie im Prinzip in Kapitel 9 beschrieben.

5.5 Das Geist-Gehirn-Problem

In einer präziseren Formulierung der dualistischen Hypothese der Wechselwirkung zwischen Geist und Gehirn lautet die erste Erklärung, daß die ganze Welt der mentalen Ereignisse (Welt 2) eine ebenso selbständige Wirklichkeit hat wie die Welt der Materie-Energie (Welt 1) (Abbildung 5.5). Wir sollten bedenken, daß wir unser Wissen von der Welt 1 nur unseren Sinnesorganen verdanken. Sie versorgen uns mit den Daten, aufgrund derer wir wahrnehmen und handeln, denken und uns erinnern – sie sind die Grundlage aller menschlichen Aktivität einschließlich der Wissenschaft und Technik. Die gegenwärtige interaktionistische Hypothese befaßt sich nicht mit diesen ontologischen Problemen, sondern nur mit der Art und Weise, wie mentale Ereignisse auf neuronale Ereignisse einwirken (das heißt, sie befaßt sich mit der Natur der nach unten gerichteten Pfeile über die Grenze in Abbildung 5.5). *Die Hypothese lautet, daß der mentale Einfluß die Wahrscheinlichkeit der vesikulären Emission aus einem aktivierten Bouton auf eine Weise modifiziert, die den Wahrscheinlichkeitsfeldern der Quantenmechanik analog ist.*

Da die Theorie lautet, daß mentale Ereignisse nur jene neuronalen Ereignisse beeinflussen können, die mit der Wahrscheinlichkeit quantaler vesikulärer Freisetzung durch präsynaptische Impulse zusammenhängen, könnte man vorhersagen, daß die Wirksamkeit mentaler Ereignisse auf Null reduziert würde, wenn auch der präsynaptische Hintergrund auf Null reduziert

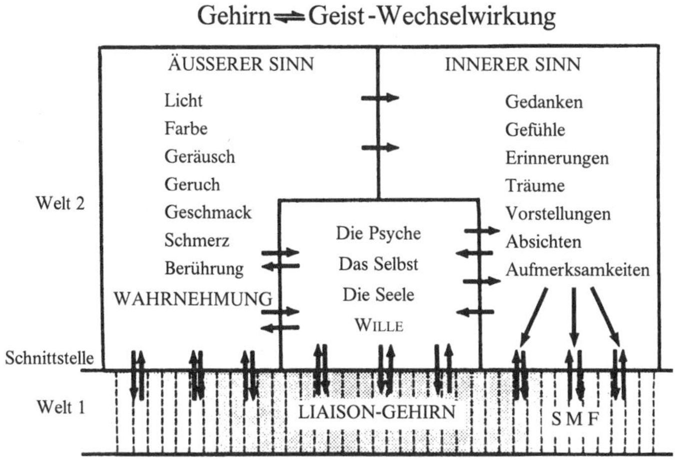

Abb. 5.5: Informationsflußdiagramm der Wechselwirkung zwischen Geist und Gehirn im menschlichen Gehirn. Die drei Komponenten von Welt 2 – äußerer Sinn, innerer Sinn und die Psyche, das Selbst oder die Seele – sind mitsamt ihren durch Pfeile angedeuteten Wechselwirkungen dargestellt. Außerdem sind die Kommunikationswege über das Bindeglied zwischen Welt 1 und Welt 2 – d.h. zu und vom Liaisongehirn und zu und von diesen Welt-2-Komponenten – eingezeichnet. Das Liaisongehirn weist eine säulenförmige Struktur auf, die durch *vertikale unterbrochene Linien* angedeutet ist. Man muß sich vorstellen, daß der Bereich des Liaisongehirns sehr groß ist und anstelle der hier abgebildeten 14 mehr als eine Million offene oder aktive Moduln umfaßt. Das supplementäre motorische Feld (SMF) ist in seiner Beziehung zu den Vorsätzen in Welt 2 dargestellt; die *drei Pfeile* geben eine Vorstellung von der potentiellen besonderen Wirkung des Vorsatzes in den Moduln des SMF, wie im Text besprochen. Welt 2 ist oberhalb von Welt 1 dargestellt, aber das dient nur der Übersichtlichkeit und hat keinen Bezug zur tatsächlichen räumlichen Anordnung. Wenn man Welt 2 einen besonderen Ort zuweisen will, wird er sich dort befinden, wo sie wirkt. Diese Wirkung ist durch Pfeile in die Moduln des Liaisongehirns angedeutet.

wird. Es fände ein Verlust des Bewußtseins statt, der erst dann wieder aufgehoben würde, wenn die Impulsentladungen in der Hirnrinde in bedeutendem Umfang wieder aktiviert worden wären. Ein Beispiel dafür ist das »Wachkoma« (»vigil coma«), das auftritt, wenn eine Verletzung im Mittelhirn das retikuläre Aktivierungssystem ausschaltet (Hassler, 1978; Eccles, 1980, dt.

Ausg. S. 195f.). Tatsächlich könnte die Hauptrolle des retikulären Aktivierungssystems darin bestehen, daß es einen Hintergrund exzitatorischer Impulse in der Hirnrinde mit einer riesigen Anzahl an probabilistischen Quantenemissionen bereitstellt, die Ziele für die quantalen Wahrscheinlichkeitsfelder mentaler Einflüsse sind.

Somit können wir annehmen, daß mentale Ereignisse eine umfassende Wechselbeziehung mit den neuronalen Ereignissen der räumlich-zeitlichen Aktivitätsmuster (Eccles, 1982b) in der Hirnrinde während des Wachseins eingehen. Sogar in einem einzigen Hirnrindenmodul mit seinen rund 4000 Neuronen muß eine ständige, intensive dynamische Aktivität von unvorstellbarer Komplexität stattfinden. Wir kennen zwar den neuronalen Aufbau eines Moduls in groben Umrissen (Szentágothai, 1978a, 1983), aber seine Physiologie wurde bisher nur in sehr begrenztem Umfang untersucht. Wir können nur vermuten, daß mentale Ereignisse – die in der Art, wie Margenau (1984) es postuliert hat, als Feld wirken – Modifizierungen der räumlich-zeitlichen Aktivität eines Moduls bewirken, indem sie die Wahrscheinlichkeit der Emission in vielen Tausenden aktiver Synapsen verändern. Die Erhaltungsgesetze der Physik werden dabei nicht verletzt.

Man kann fragen, auf welche Weise der Affe das gewaltige synaptische Sperrfeuer eröffnet, das zu dem neuronalen Feuern in Abbildung 5.3a, c und dann über die wohlbekannten komplexen Bahnen (Abbildung 4.7) zur erwünschten motorischen Bewegung führt. Die einzige Antwort ist, daß diese Leistung am Ende einer langen Reihe von Trainingsstunden steht. Motorisches Lernen ist für alle geschickten Handlungen, die von der Hirnrinde ausgehen, von grundlegender Bedeutung, und das gilt in besonderem Maße für menschliche Tätigkeiten (Eccles, 1986). Alle bewußten Erfahrungen und Handlungen sind *von einem Erinnerungsvermögen abhängig.*

Eine abschließende Überlegung betrifft die umgekehrten Pfeile in Abbildung 5.5 von der Hirnrinde zum Geist, zum Beispiel bei der Wahrnehmung, links im Diagramm. Kann die Entladung eines

Vesikels aus einem präsynaptischen Veikelgitter durch eine quantenmechanische Wahrscheinlichkeitsamplitude in umgekehrter Richtung ein mentales Ereignis hervorrufen? Solche vesikulären Emissionen würden sich in den Wahrnehmungsbereichen der Hirnrinde in enormer Anzahl ereignen. Deshalb könnte es eine beträchtliche Summation einheitlicher mentaler Ereignisse geben, die nötig ist, um die Schwelle zu einer Wahrnehmung zu überschreiten.

Allgemein ist zu beobachten, daß bisher alle Hypothesen, die sich um eine Erklärung bemühen, wie bewußte Erfahrungen von neuronalen Ereignissen herrühren oder mit ihnen zusammenhängen, sich auf die außerordentliche Komplexität der neuronalen Ereignisse in der aktiven Hirnrinde konzentrieren, so zum Beispiel Feigl (1967) in der Einführung. Sperry (1976) hat vermutet, daß mentale Ereignisse *holistische, konfigurative Eigenschaften des Gehirnprozesses darstellen*. Mountcastle (1978) entwickelte das Konzept der *aufgeteilten Systeme*, die »aus einer großen Anzahl modularer Elemente zusammengesetzt (sind), die wiederum in parallelen und seriellen Reihen gestaffelt sind« und die die objektiven Mechanismen des Wachbewußtseins liefern sollen. Edelman (1978) sprach sich für folgende Theorie aus:

> »Das Gehirn verarbeitet Sinnessignale und seine eigenen gespeicherten Daten auf dieser selektiven Grundlage, phasisch (zyklisch) und wiederholt. So werden die nötigen Bedingungen für bewußte Zustände geschaffen.«

Szentágothai sagte:

> »Dynamische Muster bilden ›Superstrukturen‹«,

und könnten zu einer wissenschaftlichen Erklärung der höheren Gehirnfunktionen einschließlich sogar des Bewußtseins beitragen. Ich (1982b) schlug die Theorie vor,

> »daß der mentale Einfluß nur auf ein außerordentlich komplexes, dynamisches System interagierender Neuronen ausgeübt wird«.

Hier liegt eine deutliche Alternative zu diesen *»nebulösen« Hypothesen* vor, nämlich darin, daß der eigentliche Sitz der Wirkung des Ichs auf das Gehirn in einzelnen Mikro-Bereichen besteht, den präsynaptischen Vesikelgittern der Boutons, von denen jedes auf probabilistische Weise durch die Freisetzung eines einzelnen Vesikels in Erwiderung eines präsynaptischen Impulses reagiert. Nach meiner Vermutung ist es diese Wahrscheinlichkeit, die durch das Ich verändert wird, analog zum Wahrscheinlichkeitsfeld der Quantenmechanik, wie es in Kapitel 9 beschrieben und in den Abbildungen 9.5 und 10.2 dargestellt ist. Die Art und Weise, wie wirkungsvolle Aktionen in den Mikroarealen durch konventionelle neuronale Schaltungen verstärkt werden, hängt vermutlich von den komplexen Schaltkreisen ab, wie sie sich zum Beispiel Feigl (1967), Sperry (1976), Mountcastle (1978), Edelman (1978), Szentágothai (1978b) und ich (1982b) vorgestellt haben. Die Hypothese der Mikroareale eignet sich auch als Ansatz zu einer wissenschaftlichen Untersuchung der reflektiven Schleife, die Creutzfeldt (1979) als Erschließung der unabhängigen, symbolischen Welt des Geistes der Welt 2 von Popper und mir (1977) vorgeschlagen hat. Im Gegensatz zu den herkömmlichen »nebulösen« Hypothesen stellt diese Theorie eine einmalige Herausforderung der molekularen Neurobiologie dar.

Literatur zu den Kapiteln 4 und 5

Akert, K. (1973), »Dynamik aspects of synaptic structure«, *Brain Res.*, 49, 511–518.

Akert, K., Moor, H., Pfenniger, K., and Sandri, C. (1969), »Contributions of new impregnation method and freeze etching to the problems of synaptic fine structure«, in: K. Akert and P.G. Waser (eds.), *Progress in Brain Research*, 31, 223–240 (Elsevier Publ. Co., Amsterdam).

Akert, K., Peper, K., and Sandri, C. (1975), »Structural organization of motor end plate and central synapses«, in: E.G. Waser (ed.), *Cholinergic Mechanisms*, 43–57 (Raven Press, New York).

Akert, K., Pfenniger, K., Sandri, C., and Moor, H. (1972), »Freeze etching and cytochemistry of vesicles and membrane complexes in synapses of the central nervous system«, in: G.P. Pappas and D.F. Purpure (eds.), *Structure and Function of Synapses,* 67–86 (Raven Press, New York).

Brinkman, C., and Porter, R. (1979), »Supplementary motor area in the monkey: activity of neurons during performance of a learned motor task«, *J. Neurophysiol.,* 42, 681–709.
Brinkman, C., and Porter, R. (1983), »Supplementary motor area and premotor area of the monkey cerebral cortex: functional organization and activities of single neurons during performance of a learned movement«, *Adv. Neurol.* 39, 393–420.
Brown, A.G. (1981), *Organization in the Spinal Cord: The Anatomy and Physiology of Identified Neurones*, 238 (Springer, Berlin, Heidelberg).
Bunge, M. (1980), *The Mind-Body-Problem* (Pergamon Press, Oxford).
Burke, R.E., Walmsley, B., and Hodgson, J.A. (1979), »HRP anatomy of Group Ia afferent contacts on alpha motoneurones«, *Brain Research,* 160, 347–352.
Carlin, R.K., and Siekevitz, P. (1983), »Plasticity in the central nervous system: do synapses divide?«, *Proc. Natl. Acad. Sci. USA*, 80, 3517–3521.
Creutzfeldt, O. D. (1979), »Neurophysiological mechanisms and consciousness«, in *Brain and Mind* (Ciba Foundation Series 69) (Elsevier-North Holland, Amsterdam), 217–233.
Deecke, L., and Kornhuber, H.H. (1978), »An electrical sign of participation of the medial ›supplementary‹ motor cortex in human voluntary finger movements«, *Brain Res.,* 159, 473–476.
De-Lorenzo, R.J. (1981), »The calmodulin hypothesis of neurotransmission«, *Cell. Calcium,* 2, 365–385.
Eccles, J.C. (1970), *Facing Reality* (Springer, Berlin, Heidelberg); dt. (1987), *Gehirn und Seele* (Piper, München, Zürich).
Eccles, J.C. (1980), *The Human Psyche* (Springer, Berlin, Heidelberg); dt. (1990), *Die Psyche des Menschen* (Piper, München, Zürich).
Eccles, J.C. (1982a), »The initiation of voluntary movements by the supplementary motor area«, *Arch. Psychiatr. Nervenkr.,* 231, 423–441.
Eccles, J.C. (1982b), »How the self acts on the brain«, *Psychoneuro-endocrinology,* 7, 271–283.
Eccles, J.C. (1986), »Learning in the motor system«, in: J. Noth (ed.), *Oculomotor and Skeletalmotor System.*
Eccles, J.C., Eccles, R.M., and Lundberg, A. (1957), »Synaptic actions on motoneurones in relation to the two components of the Group I muscle afferent volley«, *J. Physiol.,* 136, 527–546.
Eddington, A.S. (1935), *New Pathways in Science* (Cambridge University Press, London).
Eddington, A.S. (1939), *The Philosophy of Physical Science* (Cambridge University Press, London).
Edelman, G. M. (1978), »Group selection and phase reentrant signalling: a theory of higher brain function«, in: *The Mindful Brain* (MIT Press, Cambridge, MA), 51–100.

Feigl, H. (1967), *The »Mental« and the »Physical«* (University of Minnesota Press, Minneapolis, Minn.).

Gray, E.G. (1982), »Rehabilitating the dendritic spine«, *Trends in Neurosciences,* 5, 5–6.

Gray, E.G. (1983), »Neurotransmitter release mechanisms and microtubulus«, *Proc. R. Soc. Lond.* B, 218, 253–258.

Hassler, R. (1978), »Interaction of reticular activating system for vigilance and the truncothalamic and pallidal systems for directing awareness and attention under striatial control«, in: P.A. Buser and A. Rouguel-Buser (eds.), *Cerebral Correlates of Conscious Experience*, 110–129 (Elsevier North Holland, Amsterdam).

Hirst, G.D.S., Redman, S.J., and Wong, K. (1981), »Posttetanic potentiation and facilitation of synaptic potentials evoked in cat spinal motoneurons«, *J. Physiol.,* 321, 97–109.

Hubbard, J.I. (1970), »Mechanics of transmitter release«, *Progress in Biophysics and Molecular Biology,* 21, 33–124.

Ingvar, D. H. (1985), »›Memory of the future.‹ An essay on the zemporal organization of conscious awareness«, *Hum. Neurobiol.* 4, 127–136.

Jack, J.J.B., Redman, S.J., and Wong, K. (1981a), »The components of synaptic potentials evoked in cat spinal motoneurons by impulses in single Group Ia afferents«, *J. Physiol.,* 321, 65–96.

Jack, J.J.B., Redman, S.J., and Wong, K. (1981b), »Modifications to synaptic transmission at Group Ia synapses on cat spinal motoneurons by 4-aminopyridine«, *J. Physiol.,* 321, 111–126.

Katz, B., and Miledi, R. (1965), »The measurement of synaptic delay and time course of acetylcholine release at neuromuscular junction«, *Proc. Roy. Soc. London* B 161, 483–495.

Kelly, R.B., Deutsch, J.W., Carlson, S.S., and Wagner, J.A. (1979), »Biochemistry of neurotransmitter releases«, *Ann. Rev. Neurosci.,* 2, 399–446.

Korn, H., Mallet, A., Triller, A., and Faber, D.S. (1982), »Transmission at a central inhibitory synapse. II. Quantal description of release, with a physical correlate for binomal N«, *J. Neurophysiol.*, 48, 679–707.

Korn, H., and Faber, D.S. (1987), »Regulation and significance of probabilistic release mechanisms at central synapses«, in: G.M. Edelman, W.E. Gall and W.M. Cowan (eds.), *New Insights into Synaptic Function*, 57–108 (Wiley, New York).

Lynch, G., and Baudry, M. (1984), »The biochemical intermediates in memory formation: a new and specific hypothesis«, *Science,* 224, 1057–1063.

Mc-Naughton, B.L., Barnes, C.A., and Andersen, P. (1981), »Synaptic efficiency and EPSP summation in granule cells of rat fascia dentata studied in vitro«, *J. Neurophysiol.,* 46, 952–966.

Margenau, H. (1984), The Miracle of Existence (Ox Bow Press, Woodbridge, Conn.).
Mendell, L.M., and Hennemann, E. (1971), »Terminals of single Ia fibers: location, density and distribution within a pool of 300 homogeneous motoneurons«, *J. Neurophysiol.,* 34, 171–187.
Mountcastle, V.B. (1978), »An organizing principle for cerebral function: the unit module and the distributed system«, in: *The Mindful Brain* (MIT Press, Cambridge, MA), 7–50.
Niet-Sampredo, M., Hoff, S.F., and Cotman, C.W. (1982), »Perforated postsynaptic densities: probable intermediates in synapse turnover«, *Proc. Natl. Acad. Sci.* USA, 79, 5718–5722.
Penfield, W., and Robert, L. (1959), *Speech and Brain Mechanisms* (Princeton University Press, Princeton).
Pfenniger, K., Sandri, C., Akert, K., and Engster, C.H. (1969), »Contribution to the problem of structural organization of the presynaptic area«, *Brain Res.,* 12, 10–18.
Popper, K.R. (1977) in: K.R. Popper and J.C. Eccles (1977), *The Self and its Brain* (Springer, Berlin, Heidelberg); dt. (1982) *Das Ich und sein Gehirn* (Piper, München, Zürich). – Das Zitat befindet sich auf Seite 79 der deutschen Ausgabe.
Redman, S.J. (1980), »Mechanisms of transmitter release at Ia afferent terminations«, *Adv. Physiol. Sci.,* 1, 93–100; in: J. Szentágothai, M. Palkovitz and J. Hamori (eds.), *Regulatory Functions of the CNS: Principles of Motion and Organization* (Pergamon Press, Oxford).
Redman, S., and Walmsley, B. (1983a), »The time course of synaptic potentials evoked in cat spinal motoneurones at identified Group Ia synapses«, *J. Physiol.,* 343, 117–133.
Redman, S., and Walmsley, B. (1983b), »Amplitude fluctuations in synaptic potentials evoked in cat spinal motobeurons at identified group Ia synapses«, *J. Neurophysiol.* 343, 135–145.
Roland, P.E. (1981), »Somatotopical tuning of postcentral gyrus during focal attention in man: a regional cerebral blood flow study«, *J. Neurophysiol.,* 46, 744–754.
Roland, P.E., and Friberg, L. (1985), »Localisation in cortical areas activated by thinking«, *J. Neurophysiol.* 53, 1219–1243.
Roland, P.E., Larsen, B., Lassen, N.A., and Skinhøj, E. (1980), »Supplementary motor area and other cortical areas in organization of voluntary movements in man«, *J. Neurophysiol.,* 43, 118–136.
Sperry, R.W. (1976), »Mental phenomena as causal determinants in brain function«, in: *Consciousness of the Brain*, eds. G.G. Globus, G. Maxwell and I. Savodnik (Plenum, New York), 163–177.
Szentágothai, J. (1978a), »The neuron network of the cerebral cortex: a functional interpretation«, *Proc. R. Soc. Lond. B*, 201, 219–248.

Szentágothai, J. (1978b), »The local neuronal apparatus of the cerebral cortex«, in: *Cerebral Correlates of Conscious Experience*, eds. P. Buser and A. Rongeul-Buser (Elsevier, Amsterdam), 131–138.

Szentágothai, J. (1983), »The modular architectonic principle of neural centers«, *Rev. Physiol. Biochem. Pharmacol.*, 98, 11–61.

Tanji, J., and Kurata, K.(1982), »Comparison of movement-related activity in two cortical motor areas of primates«, *J. Neurophysiol.*, 48, 633-653.

Triller, A., and Korn, H. (1982), »Transmission at a central inhibitory synapse. III. Ultrastructure of physiologically identified and stained terminals«, *J. Neurophysiol.*, 48, 708–736.

6 Eine Einheitshypothese der Wechselwirkung von Geist und Gehirn in der Hirnrinde

6.1 Einführung

Ein großer Teil dieses Kapitels gilt dem Versuch, die anatomische Einheit des Neokortex zu finden, die mit dem Selbst-Gehirn-Problem in Verbindung steht. Da gibt es zunächst einmal das sehr schöne Neokortex-Diagramm von Szentágothai (1975), das sich auf die Struktur der Pyramidenzellen konzentriert (Abbildungen 6.5 und 7.1a). Wichtige Fortschritte verdanken wir den eleganten Untersuchungen von Fleischhauer aus Bonn und Peters aus Boston sowie den Schülern der beiden Forscher. Die Bündelung der apikalen Pyramidenzellen-Dendriten dort, wo sie zur Schicht I emporsteigen, wurde durch genaue histologische Untersuchungen enthüllt und auf Mikrophotographien (Abbildungen 6.6 und 6.7) sowie anhand der Zeichnungen in den Abbildungen 6.8, 6.10 und 8.2b dargestellt. Die Dendritenbündel heißen Dendronen. Jedes von ihnen enthält etwa 100 aufsteigende Dendriten.

Die genaue Struktur einer Dornsynapse ist in Abbildung 7.1b dargestellt. Die gebündelten apikalen Dendriten eines Dendrons enthalten über 100 000 Dornsynapsen – eine riesige Rezeptoranlage für exzitative Synapsen. Abbildung 7.2a zeigt andeutungsweise die Zusammenballung synaptischer Boutons oder Knöpfchen (Abbildung 7.1b) entlang der apikalen Dendriten einer Pyramidenzelle in der Schicht V und ihrer Verzweigungen. Tatsächlich weist eine einzige Pyramidenzelle der Schicht V über 5000 dieser Boutons auf, von denen hier nur etwa 200 abgebildet sind.

Die Hypothese der Mikroareale (Eccles, 1986, Kapitel 5) wies in ihrer ursprünglichen Fassung den Mangel auf, daß sie die mentalen Ereignisse, die auf neuronale Ereignisse einwirken sollten, nicht exakt definierte. Sie waren recht unbestimmt. Eine radikale Ausweitung der Hypothese der Mikroareale auf die Wahrnehmung und die ganze Bandbreite der subjektiven Erfahrung in Welt 2 (Abbildung 6.1) ist nun erforderlich. Die neue Hypothese lautet, daß alle mentalen Ereignisse und Erfahrungen – tatsächlich die Gesamtheit der äußeren und inneren Sinnesempfindungen von Welt 2 (Abbildung 6.1) – eine Komposition elementarer oder einheitlicher mentaler Ereignisse darstellen, die wir *Psychonen* nennen könnten. Wir glauben weiterhin, daß jedes dieser Psychone auf eine einzigartige Weise reziprok mit seinem Dendron (Abbildung 6.10) verbunden ist. Die Dendronen sind anatomisch »vorgefertigt«, mit Ausnahme ihrer synaptischen Plastizität der Lernbereitschaft, weisen jedoch funktionell große Unterschiede in der Intensität ihrer Reaktionen auf neuronale Inputs auf. Sie ähneln funktionell den Psychonen, mit denen sie verbunden sind und die alle Grade der mentalen Intensität aufweisen können, von einer gar nicht vorhandenen bis zu einer maximalen funktionellen Verbindung mit ihren Dendronen. Die Psychonen stellen keine Wahrnehmungswege zu den Erfahrungen von Welt 2 (Abbildung 6.1) dar. Sie *sind* die Erfahrungen in ihrer ganzen Verschiedenheit und Einzigartigkeit.

Wir können die Wechselbeziehung zwischen dem Selbst und dem Gehirn nun auf der Basis der einzigartigen Interaktion eines Psychons mit seinem Dendron betrachten. Diese Interaktion wurde in Abbildung 6.10 in Form eines Diagramms dargestellt. Die Schicht-V-Dendronen sind in Übereinstimmung mit den experimentellen Nachweisen der Abbildungen 6.6 und 6.7 abgebildet. Jedem dieser drei Dendronen sind drei Psychonen beigeordnet, von denen jedes einen besonderen psychischen Charakter besitzt (angedeutet durch Quadrate, offene Quadrate und Punkte). Die Übereinstimmung ist in dem Diagramm zweifellos idealisiert, und natürlich gibt es eine Vielzahl eng verwandter Psychonen, die entsprechend durch Quadrate, offene Quadrate und Punkte dargestellt werden könnten und in einer besonderen Beziehung zu ähnlichen Dendronen stehen (Abbildung 6.11). Die drei unterschiedlichen Psychonen gewähren eine gewisse Einsicht in die Komplexität eines Beziehungsmusters zwischen

Dendronen und Psychonen. Möglicherweise gibt es Tausende von Psychon-Typen, von denen jeder einem Dendron-Typ entspricht, da das menschliche Gehirn die stattliche Anzahl von jeweils rund vierzig Millionen Psychonen und Dendronen aufweist.

Die einheitliche Hypothese verändert unser Bild von der Wirkungsweise eines Vorsatzes. Wenn man zum Beispiel das *Psychon* für einen mentalen Vorsatz wie in Abbildung 6.10 durch das Muster aus offenen Quadraten auf dem zentralen Dendron darstellt, erkennt man, daß der Vorsatz auf das ganze Dendron mitsamt seinen Pyramidendendriten und ihren Synapsen einwirkt, deren Anzahl sich auf bis zu 100 000 belaufen könnte. Somit besäße der mentale Vorsatz eine globale Einwirkungsmöglichkeit auf dieses Dendron. Gemäß der einheitlichen Hypothese würde das Psychon natürlich auf jedes präsynaptische Vesikelgitter (PVG) seines Dendrons einwirken, indem es mittels des quantenphysikalischen Wahrscheinlichkeitsfeldes ein Vesikel für die Exozytose auswählt. Aber insgesamt könnte es Zehntausende solcher PVG-Orte an einem Dendron geben, so daß durch die kohärente Operation der miteinander verbundenen Psychonen und Dendriten ein großer Verstärkungseffekt gewährleistet ist. Man muß bedenken, daß der Vorsatz, eine bestimmte Bewegung auszuführen, in einem lebenslangen Lernprozeß größtenteils zu diesen speziellen Psychonen geleitet wird, die mit jenen Dendronen des Neokortex (den SMF) (Abbildungen 5.1, 5.2 und 5.5) verbunden sind, die die verlangte Wirkung hervorbringen können.

Vor diesen neuesten Dendron/Psychon-Entwicklungen gab es das Problem der Größenordnung eines mentalen Vorsatzes, der durch Auswahl eines einzelnen Vesikels zur Exozytose wirksam werden sollte. Eine erhebliche Verstärkung war unbedingt erforderlich. In der Dendron-Psychon-Hypothese hingegen verfügt ein Psychon ebenso wie sein Feld zur Exozytose-Auswahl über 100 000 Dornsynapsen an seinem Dendron (Abbildung 6.10); das macht es ihm möglich, seine Operation um mehrere Größenordnungen zu verstärken.

Die Theorien über die Ursprünge des Bewußtseins wurden heftig diskutiert. Wir haben uns in Kapitel 3 mit den Theorien vieler Autoren auseinandergesetzt, aber sie alle waren unzulänglich, weil sie den Feinaufbau des Neokortex nur in geringem Maße oder überhaupt nicht berücksichtigten. Beck hat bereits einen Weg aufgezeigt, wie wir die Wahrscheinlichkeiten der Exozytose – durch die mentale Ereignisse effizient auf das Gehirn einwirken konnten – zur Erklärung heranziehen können.

Das vorliegende Kapitel stellt die erhebliche Weiterentwicklung einer theoretischen Arbeit (Eccles, 1986) dar. Erstens konnten wir die eigentlichen Rezeptoreinheiten der Hirnrinde identifizieren – die Dendronen – und sie in die Gehirn-Geist-Theorie einfügen, die sich auf die Quantenmechanik gründet. Zweitens behaupten wir, daß die gesamte mentale Welt aus Einheiten zusammengesetzt ist – den Psychonen – und daß die Geist-Gehirn-Wechselwirkung zwischen eng verbundenen Einheiten stattfindet, von denen jede aus einem Dendron mit seinem Psychon besteht. Drittens werden wir aus diesen grundlegenden Konzepten eine Theorie der Wahrnehmung von Dendron-Aktivität zu Psychon-Erfahrung entwickeln, ebenfalls auf der Grundlage der Quantenmechanik.

6.2 Wechselwirkung zwischen Geist und Gehirn

Man muß zugeben, daß seit den Tagen von Ryle (1949) und den Behavioristen eine philosophische Revolution stattgefunden hat. Diese Forscher haben jede wissenschaftliche Bedeutung von philosophischen Konzepten des Bewußtseins und von Erfahrungen des Selbst-Bewußtseins (Searle, 1984) geleugnet, sogar dann, wenn diese Konzepte von Materialisten stammten (Armstrong, 1981; Dennett, 1969, 1978; Hebb, 1980). Sie haben jedoch nicht das Gefühl, daß ihre materialistische Überzeugung durch diese philosophische Revolution gefährdet ist, weil sie glauben, daß mentale Ereignisse in einer rätselhaften Identität

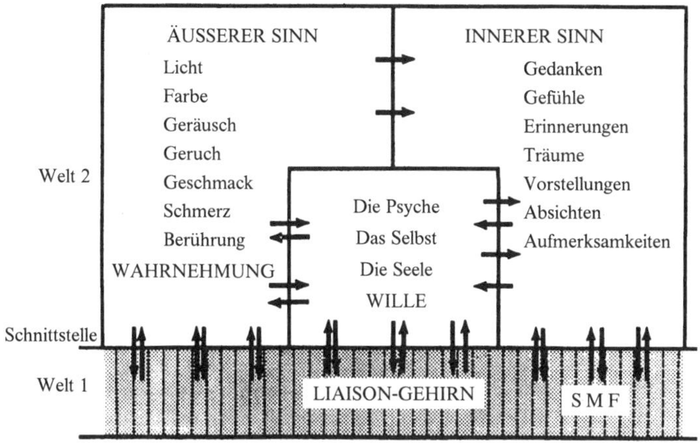

Abb. 6.1: Informationsflußdiagramm der Wechselbeziehung zwischen Geist und Gehirn. Die drei Komponenten von Welt 2 – die äußeren Sinne, die inneren Sinne und die Psyche oder das Selbst – sind mit ihren Verbindungen dargestellt. Außerdem sind die Kommunikationslinien über die Schnittstelle zwischen Welt 1 und Welt 2, d. h. zwischen dem Liaison-Gehirn und diesen Komponenten von Welt 2, durch *gegenläufige Pfeile* angedeutet. Das Liaison-Gehirn weist die Säulenarchitektur seiner Dendronen auf, deren Anzahl sich auf etwa 40 Millionen beläuft.

mit neuronalen Ereignissen auf höherer Ebene im Gehirn existieren – wahrscheinlich in der Hirnrinde (Feigl, 1967) (vgl. die Kapitel 1 und 3.4). Dieses merkwürdige Identitätspostulat wurde niemals erklärt, aber man glaubt es lösen zu können, sobald wir über ein vollständigeres wissenschaftliches Verständnis des Gehirns verfügen – vielleicht in Hunderten von Jahren –, weshalb wir diesen Glauben ironisch den »Schuldscheinmaterialismus« getauft haben (Popper und Eccles, 1977).

Ich werde mich wieder der Identitätstheorie zuwenden, nachdem ich eine alternative Betrachtungsweise des Geist-Gehirn-Problems vorgestellt habe, nämlich den dualistischen Interaktionismus (Popper und Eccles, 1977), wie er in den Abbildungen 5.5 und 6.1 dargestellt ist. Dieser Sicht liegt der Dualismus zugrunde. Die gesamte Welt der bewußten Erfahrungen oder des Geistes wird als Welt 2 bezeichnet. Sie ist vom Gehirn in der materialistischen Welt 1 streng getrennt und steht über eine Schnittstelle (Interface) mit ihr in Verbindung. Damit man sich ein besseres Bild machen kann, ist Welt 2 in Abbildung 6.1 oberhalb des Liaison-Gehirns in Welt 1 dargestellt; in Wirklichkeit könnte sie sich innerhalb des Kortex befinden, wie es durch Start und Ziel der gegenläufigen Pfeile, die für die Wechselbeziehung über die

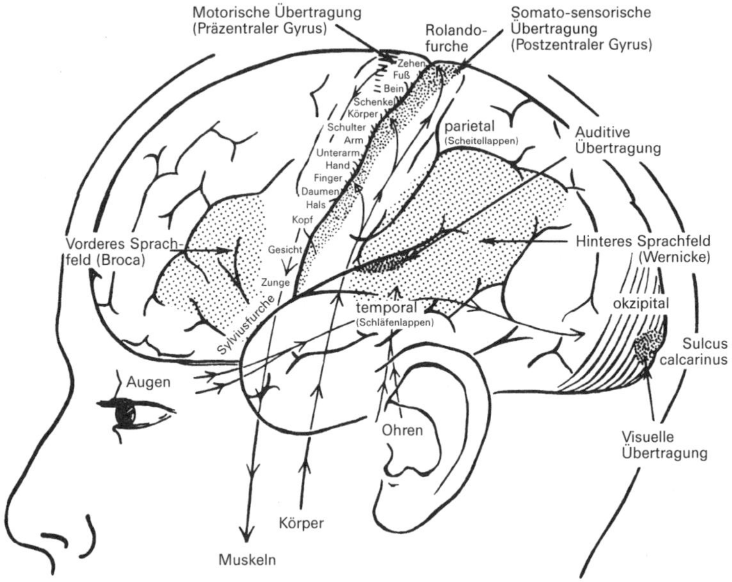

Abb. 6.2: Die motorischen und sensorischen Übermittlungsbereiche der Hirnrinde. Die ungefähre Lokalisation der motorischen Übermittlungsbereiche ist im Gyrus präcentralis dargestellt; der Empfangsbereich der somatischen Nerven befindet sich in einer ähnlichen Anordnung im Gyrus postcentralis. Eigentlich sollten Zehen, Fuß und Beine oberhalb des Bildrandes an der mittleren Oberfläche dargestellt werden. Auch die primären sensorischen Bereiche des Sehens und Hörens sind eingezeichnet, aber sie befinden sich größtenteils in Gehirnregionen, die aus diesem seitlichen Blickwinkel nicht sichtbar sind. Außerdem sind das Brocasche und das Wernickesche Sprachzentrum dargestellt.

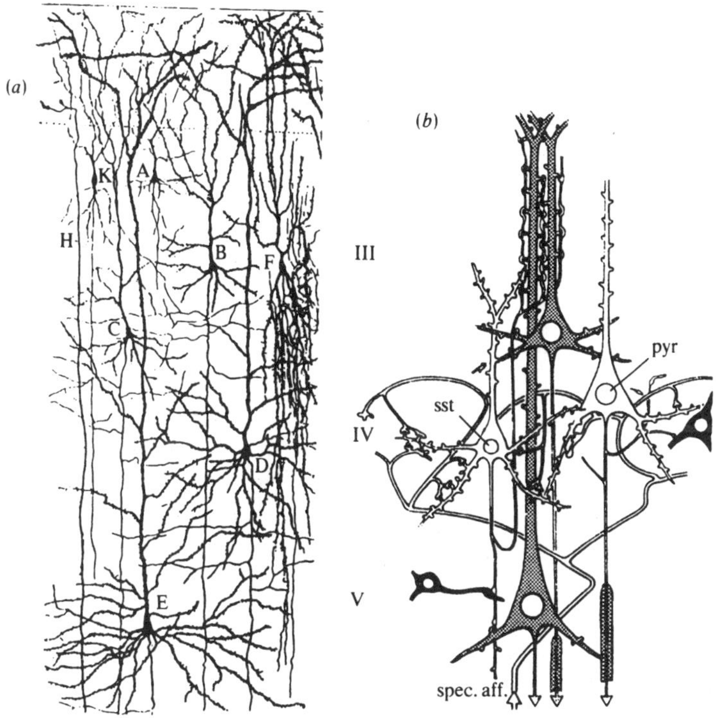

Abb. 6.3: Neuronen und ihre synaptischen Verbindungen. **(a)** Acht Neuronen aus einem Golgi-Präparat der drei oberen Schichten des frontalen Kortex bei einem ein Monat alten Kind. Kleine (B, C) und mittlere (D, E) Pyramidenzellen sind mit ihren dornenbedeckten Dendriten dargestellt. Außerdem sind drei andere Zellen (A, F, K) eingezeichnet, die mit ihren lokalisierten axonalen Verzweigungen zur allgemeinen Kategorie des Golgi-Typs II gehören (Ramón y Cajal, 1911). **(b)** Die direkte Verschaltung der Erregung durch spezifische Afferenzen (spec. aff.). Die Sternzelle (Sst) mit dem aufsteigenden Axon und eine Pyramidenzelle (Pyr) sind monosynaptisch verbunden. Wahrscheinlich sind die apikalen Dendriten der Pyramidenzellen (gepunktet) der Schichten III und V das Hauptziel der aufsteigenden Axone der Sternzellen (Szentágothai, 1979).

Schnittstelle zwischen den beiden Welten stehen, angedeutet ist. Dieses Diagramm wird später im Buch noch mehr Bedeutung erlangen.

6.3 Der neuronale Aufbau der Hirnrinde

Abbildung 6.2 stellt die linke Gehirnhälfte in ihrer Lage im Kopf und einige ihrer Funktionsbereiche dar. Die Hauptkomponente ist die Hirnrinde – eine etwa drei Millimeter dicke Zellschicht, die den gesamten Kortex bis in die tiefen Faltungen hinein überzieht, so daß sie in beiden Hemisphären eine Ausdehnung von rund 2500 cm^2 besitzt. Die Hirnrinde besteht aus dicht gepackten Nervenzellen und ihren zugehörigen Nervenfasern, insgesamt rund 10 Milliarden im gesamten Kortex. Abbildung 6.3a, die von dem großen spanischen Neuroanatom Ramón y Cajal gezeichnet wurde, zeigt einige Nervenzellen, die mit der Golgi-Färbungsmethode gefärbt wurden. Von besonderer Bedeutung sind die Pyramidenzellen E, D, C und B. Jede dieser Zellen weist einen apikalen Dendriten auf, der zur Oberfläche zieht, und ein Axon, das abwärts den Kortex verläßt. Mindestens 60% der kortikalen Zellen sind Pyramidenzellen. Abbildung 6.3b zeigt drei Pyramidenzellen, eine in Schicht V und zwei in Schicht III.

Die wichtigsten Teile der Pyramidenzellen sind die kleinen Fortsätze oder Dornen, die man bereits in den Dendriten in Abbildung 6.3a erkennen kann. In Abbildung 6.3b erkennt man deutlicher ihren engen Zusammenschluß mit Nervenfasern, der durch die Dornsynapsen hergestellt wird, die wichtigsten Kommunikationsmittel zwischen Nervenzellen im Kortex. In Abbildung 6.4a ist eine große Vielfalt von Dornsynapsen an einer Pyramidenzelle eines bestimmten Teils der Hirnrinde dargestellt, des Hippokampus. Abbildung 6.4b schließlich zeigt einen apikalen Dendriten aus dem visuellen Kortex einer Maus. Er ist dicht von Dornen überzogen, die man zählen kann. Man kommt auf etwa einen Dorn pro Mikrometer und somit auf wenigstens 5000 auf jedem apikalen Schicht-V-Dendriten mit seinen seitlichen Verzweigungen und seinem büschelförmigen Ende (siehe Abb. 8.2).

In Abbildung 6.5 sind die allgemein angenommenen sechs Schichten der Hirnrinde mit zwei großen Pyramidenzellen in der Schicht V, drei in der Schicht III und einer in der Schicht II (mit

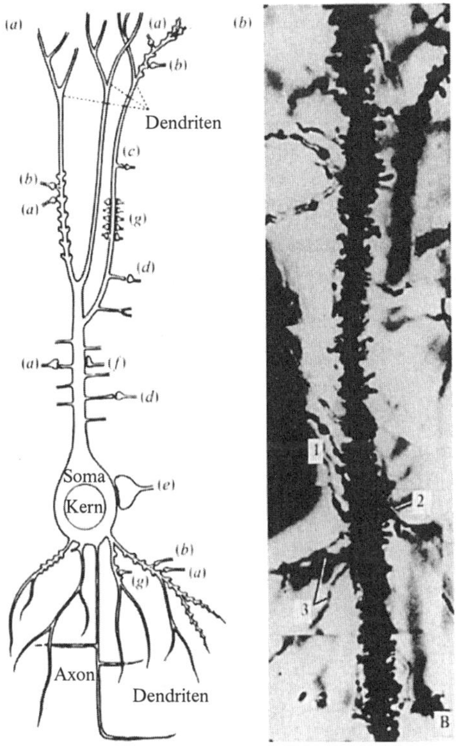

Abb. 6.4: (a) Zeichnung einer Pyramidenzelle im Hippokampus, in der die Vielfalt der synaptischen Ausläufer in den diversen Zonen der apikalen und basalen Dendriten und ein inhibitorischer synaptischer Kontakt am Soma (Hamlyn, 1963) erkennbar sind. **(b)** Mosaikartige Aufnahme eines apikalen Dendriten einer Pyramidenzelle im visuellen Kortex einer Maus (Valverde, 1968).

der Bezeichnung Sp) dargestellt. In der nur angedeuteten Umgebung befinden sich viele andere Pyramidenzellen sowie mehrere nicht pyramidenförmige Zellen, besonders in der Schicht IV. Man wird bemerken, daß die apikalen Pyramidendendriten in einer büschelartigen Verzweigung in der Schicht I enden.

6.4 Die Grundeinheit für die Rezeption in der Hirnrinde: das Dendron

Trotz intensiver mikroskopischer Untersuchungen der Hirnrinde konnte man die grundlegende neuronale Anordnung erst richtig einschätzen, als Fleischhauer (Fleischhauer et al., 1972) und Feldman und Peters (1974) die Tendenz der aufsteigenden pyramidenförmigen Dendriten erkannten, sich auf ihrem Weg zur Schicht I zu kleinen Bündeln oder Haufen zusammenzufinden. Später haben diese Forscher und ihre Mitarbeiter diese vertikale Ansammlung der aufsteigenden Dendriten von Pyramidenzellen – denen sich in höhergelegenen Schichten die apikalen Dendriten der pyramidenförmigen Schicht-III- und Schicht-II-Zellen zugesellen – überzeugend in der Schicht V nachgewiesen (Schmolke und Fleischhauer, 1984; Feldman, 1984; Schmolke, 1987, Peters und Kara, 1987).

In der Fotomikrographie der Abbildung 6.6a zeigt eine Golgi-Färbung des visuellen Kortex einer Ratte große und mittlere Pyramidenzellen der Schicht V, von denen sechs bezeichnet sind: 1 und 2 sind große, 3, 4, 5 und 6 mittlere. Alle apikalen Dendriten führen direkt durch die Schichten empor. Die Bündel sind in Abbildung 6.6a nicht deutlich erkennbar, weil nur ein Teil der Pyramidenzellen durch die Golgi-Methode eingefärbt wird. Hingegen ist zu sehen, daß die apikalen Dendriten der Pyramidenzellen 2 und 3 dicht nebeneinander liegen. In der Querschnittsdarstellung von Abbildung 6.6b erkennt man auf der Höhe der unterbrochenen Linie in der Schicht IV von Abbildung 6.6a viele Gruppen von Dendriten im Querschnitt.

In einem ähnlichen Präparat (Abbildung 6.7a) erkennt man viele einzelne Bündel, von denen eines durch die drei offenen Pfeile angezeigt wird. Abbildung 6.7b zeigt eine elektronenmikroskopische Aufnahme eines apikalen Dendriten im Querschnitt mit den Ansätzen dreier Dornen. Der auffallendste von ihnen ist durch einen Pfeil und ein S gekennzeichnet.

Die Abbildungen 6.6 bis 6.8 geben eine Vorstellung von den Bündeln oder Haufen der apikalen Dendriten. Sie sind sehr

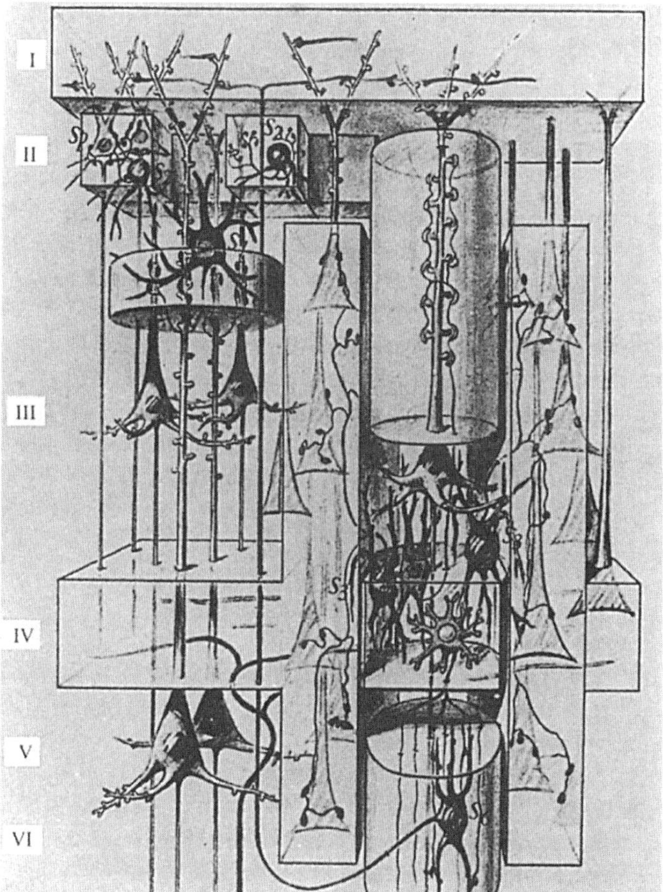

Abb. 6.5: Dreidimensionale Konstruktion, die kortikale Neuronen verschiedener Arten zeigt. Es gibt zwei Pyramidenzellen in der Schicht V und drei in der Schicht III, eine von ihnen ist im Detail in einer Säule rechts sichtbar (Szentágothai, 1975).

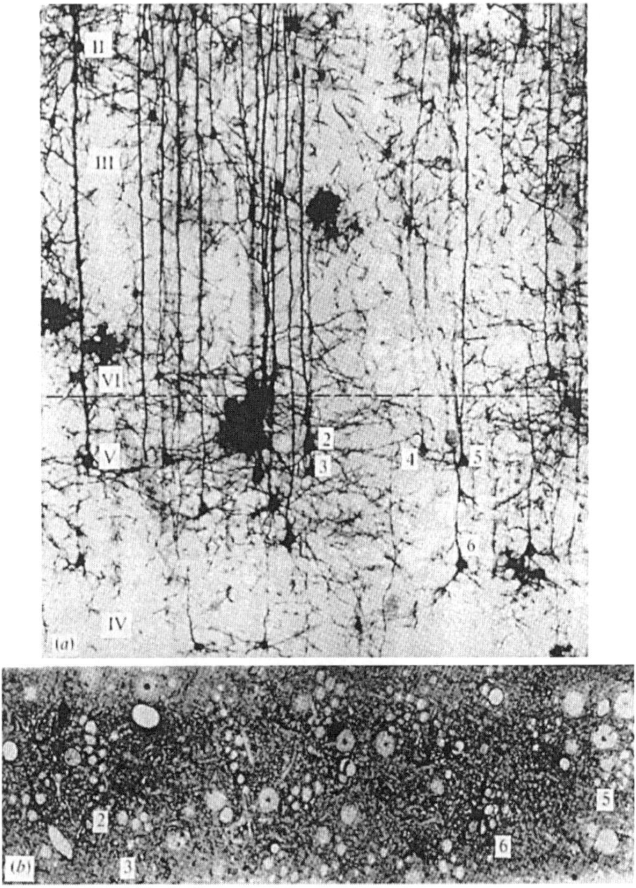

Abb. 6.6: (a) Golgi-Präparat des visuellen Kortex einer Ratte (Area 17) im Querschnitt durch die Schichten II–VI. Dargestellt ist, wie die apikalen Dendriten der Schicht-V-Pyramidenzellen durch die Schichten IV, III und II penetrieren. **(b)** Tangentialer Abschnitt aus Schicht IV auf der Höhe, die durch die *unterbrochene Linie* in **(a)** angedeutet wird. Die Anordnung der apikalen Dendriten (*kleine offene Kreise*) zu Bündeln ist gut erkennbar (Peters und Kara, 1987).

deutlich in Querschnitten durch die Schicht IV (Abbildungen 6.6b und 6.7a) gezeigt, bevor Pyramidenzellen aus den Schichten III und II in großer Anzahl hinzukommen (Peters und Kara, 1987). Als eine Folge dieses großen Zuwachses, den die Bündel erhalten, mag es einen teilweisen Zusammenschluß von Bündeln in der Schicht II geben. Die perspektivische Zeichnung (Abbildung 6.8) von Schmolke (1987) vermittelt eine ausgezeichnete Vorstellung von dem Wachstum eines Bündels von der Schicht V zu den Schichten III und II. Drei Bündel sind oben im Querschnitt dargestellt. Abbildung 6.8 wurde vereinfacht, indem 20 bis 30% der apikalen Dendriten, die nicht zu den Bündeln beitragen, fortgelassen wurden (Peters und Kara, 1987). Die durchschnittliche Anzahl der apikalen Dendriten, die an den Bündeln beteiligt sind, beträgt etwa 8 große und 30 mittlere aus Schicht V-Pyramidenzellen mit einem Zuwachs bis zu einer Gesamtsumme von 70 bis 100 in der Schicht II, bevor sie in den apikalen Büscheln der Schicht I enden (Abbildungen 6.5, 6.8, 8.2).

Die Schichten IV und VI weisen viele kleine Pyramidenzellen auf, aber ihre aufsteigenden Dendriten nehmen einen ganz anderen Weg; sie steigen nur zur Schicht III empor, bevor sie in Büschel auslaufen; sie tragen also nicht zu den Bündeln bei. Rund die Hälfte der Neuronen der Hirnrinde ist nicht an Bündeln oder Haufen beteiligt.

Trotz dieser teilweisen Abweichung stimmen Peters und Fleischhauer sowie ihre Mitarbeiter darin überein, daß die in Diagrammform in den Abbildungen 6.8 und 8.2 dargestellten apikalen Bündel oder Haufen die anatomischen Grundeinheiten der Hirnrinde darstellen (Schmolke und Fleischhauer, 1984; Peters und Kara, 1987). Sie wurden in allen untersuchten Bereichen des Kortex und bei allen Säugern einschließlich des Menschen beobachtet.

Bis jetzt liegt keine befriedigende Hypothese über die Funktion dieser anatomischen Einheiten vor. Man glaubt heute, daß sie die kortikalen Wahrnehmungseinheiten sind. Wenn dies zutrifft, spielen sie eine hervorragende Rolle, und es wäre wün-

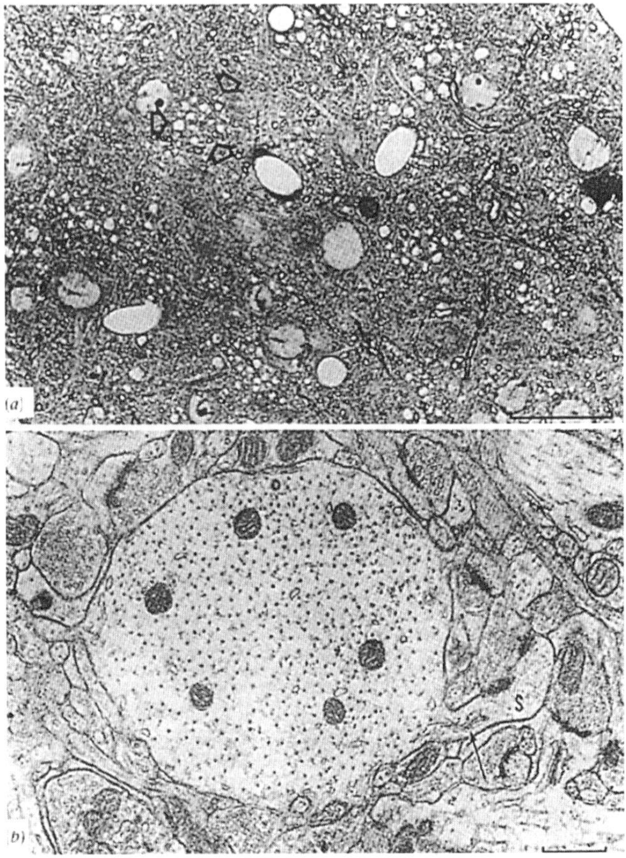

Abb. 6.7: (a) Bündel von aufsteigenden Dendriten, wie sie in einem tangentialen Schnitt in Höhe der Schicht V des visuellen Kortex einer Ratte sichtbar wären. Ein Bündel ist durch drei offene Pfeile angedeutet. *Kalibrierungslinie*: 25 µm.
(b) Das große Profil ist ein apikaler Dendrit in einem Dendritenbündel im Querschnitt, wie er in einem Tangentialschnitt durch Schicht IV des visuellen Kortex einer Ratte aussehen würde. Bei S bildet ein Dendritendorn, der aus einem Dendritenstamm ausgeht, eine asymmetrische Synapse mit einem Axon-Ende. *Querbalken*: 0,5 µm. (Feldman, 1984)

schenswert, daß sie einen Namen erhielten. Da sie sich hauptsächlich aus Dendriten zusammensetzen, bietet sich der Name *Dendron* an. Im 19. Jahrhundert war »Dendron« eine alternative Bezeichnung für Dendrit, die aber in diesem Jahrhundert nicht mehr gebräuchlich ist. Ramón y Cajal und Sherrington zum Beispiel haben ihn nach 1900 nicht mehr benutzt. Da die Theorie lautet, daß das Dendron eine neurale Grundeinheit der Hirnrinde ist, stellt die Endung »on« eine sinnvolle Anlehnung an die Teilchen der Physik dar.

Für die synaptische Verbindung eines Dendrons lassen sich Annäherungswerte nennen. Der Eingang ginge weitgehend über die Dornsynapsen (Abbildungen 6.3b und 6.4a, b), von denen es bei einem großen Dendriten – bei einem apikalen Schicht-V-Dendriten mit seinen lateralen Verzweigungen (Abbildung 7.2a) und seinem Endbüschel – mehr als 5000 geben könnte, aber in der Regel wären es weniger als 2000. Wenn ein Dendron 70 bis 100 apikale Dendriten enthält, gäbe es insgesamt über 100 000 Dornsynapsen. Zusätzlich zu den apikalen Dendriten gibt es zahlreiche synaptische Eingänge in die basalen Dendriten und die Somata – wie zum Teil in Abbildung 6.3b angedeutet –, aber sie sind meist inhibitorisch.

Der synaptische Ausgang eines Dendrons ist außerordentlich hoch. Die Axone der Pyramidenzellen wären größtenteils mit modularer Übermittlung zu den ipsilateralen und kontralateralen zerebralen Hemisphären verteilt, wie schematisch in Abbildung 6.9 dargestellt wurde (Goldman und Nauta, 1977; Szentágothai, 1978). Man muß sich vor Augen halten, daß das Dendron als grundlegende anatomische Einheit der Hirnrinde etwa 200 Neuronen umfaßt. Die Module sind Übermittlungseinheiten, die durch die kortikokortikale Verknüpfung der Axone der Pyramidenzellen definiert sind (Abbildung 6.9), und jedes von ihnen würde etwa 4000 Neuronen enthalten – das sind rund 20mal so viele wie bei den Dendronen. Es gibt rund 200 Dendronen und 10 Module pro Quadratmillimeter in der Hirnrinde, und rund 40 Millionen Dendronen im gesamten Kortex.

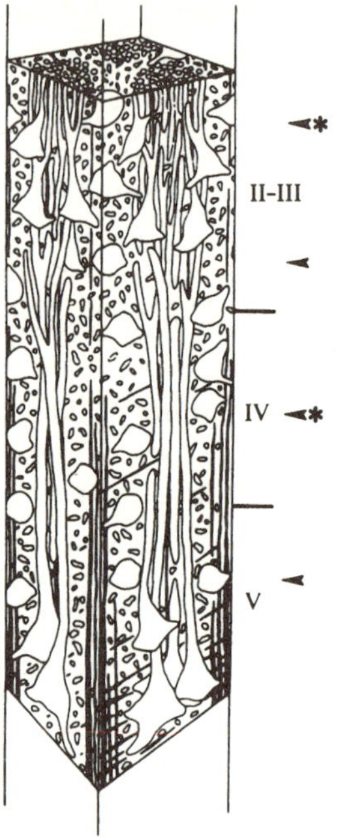

Abb. 6.8: Stereoskopisches Diagramm eines Ausschnitts aus dem visuellen Kortex eines Kaninchens, das die Schichten II, III, IV und die obere Hälfte der Schicht V einschließt. Die Verteilung der Dendriten (*weiß*), der myelinierten Axone (*schwarz*) und der Zellkörper (*weiß*) ist dargestellt (Schmolke, 1987).

6.5 Mentale Einflüsse auf das Gehirn

Wenn man sich in völliger Ruhe in einem abgedunkelten, ruhigen Raum befindet, kann man sich auf eine bestimmte Art zu denken konzentrieren. Zum Beispiel kann man seine Aufmerksamkeit auf eine Fingerspitze richten, um eine leichte Berührung wahrzunehmen, die man erwartet. Diese Aufmerksamkeit ruft eine neuronale Aktivität in recht großen Gehirnbereichen hervor, wie mit Hilfe die rCBF-Technik (*regional cerebral blood flow* = regionaler zerebraler Blutfluß) erkennbar wird (Roland, 1981). Bei dieser Technik wird durch eine Kanüle, die zum

Zweck einer klinischen Untersuchung eingeführt wurde, radioaktives Xenon (^{133}Xe) in die innere Karotis injiziert. In einem Helm, der über einer Seite des Kopfes angebracht wurde, wird eine Anordnung von 254 Geigerzählern installiert. Eine kurze Injektion verursacht ein Muster erhöhter Radioaktivität, die durch das Ansprechen der Geigerzähler angezeigt wird. Eine erhöhte Zählrate zeigt einen erhöhten Blutfluß an, der seinerseits eine quantitative Messung der darunterliegenden kortikalen Aktivität darstellt. Die Zählung wird zur Kontrolle zunächst im Ruhezustand und dann während der gewählten mentalen Aufgabe vorgenommen, die bei Abbildung 5.4a in einer konzentrierten Aufmerksamkeit auf die Fingerspitze in Erwartung einer kaum wahrnehmbaren Berührung bestand.

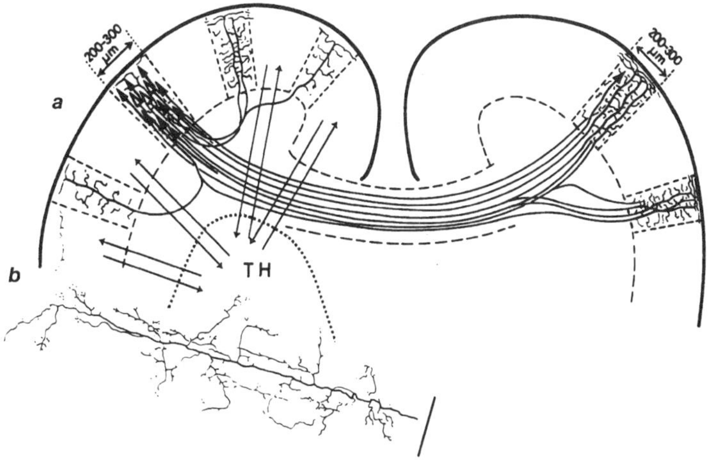

Abb. 6.9: (a) Das allgemeine Prinzip der kortikokortikalen Verknüpfung, in Diagrammform an einem Gehirn mit glatter Oberfläche dargestellt. Die Verbindungen bestehen in hochspezifischen Mustern zwischen vertikalen Säulen mit einem Durchmesser von 200–300 µm in beiden Hemisphären; TH = Thalamus. **(b)** Golgigefärbte Zweige einer einzelnen kortikokortikalen Afferenz, in Beziehung zu dem Modul mit einer einzelnen Afferenz in **(a)** orientiert, aber mit einer vielfach höheren Vergrößerung (Szentágothai, 1978). Skaleneinteilung: 100 µm.

Im Fingerberührungsbereich des postzentralen Gyrus in der Hirnrinde (Abbildung 5.4a) sowie im mittleren präfrontalen und im parietalen Bereich war eine Zunahme im rCBF zu beobachten. Diese Zunahmen müssen eine Folge der mentalen Aufmerksamkeit gewesen sein, weil während der Aufzeichnung keine Berührung stattfand. Abbildung 5.4 stellt somit einen klaren Beweis dafür dar, daß der mentale Akt der Aufmerksamkeit entsprechende Regionen der Hirnrinde aktivieren kann. Ähnlich sind die Ergebnisse, wenn die Aufmerksamkeit auf eine Berührung der Lippen gerichtet ist; die somatosensorische Region der Lippen wird hierbei aktiviert. Bei der Erwartung wurde auch ein großer präfrontaler Bereich aktiviert. Jeder dieser Bereiche erstreckt sich über mehrere Quadratzentimeter und enthält Zehntausende von Dendronen. Wir können über die mentale Aufmerksamkeit spekulieren und uns fragen, ob sie eine fein gekörnte Struktur besitzt, um den Zehntausenden von Dendronen, auf die sie einwirkt, zu gleichen.

Eine ergänzende Untersuchung fand in bezug auf den gedanklichen Vorsatz statt, eine komplexe Serie erlernter Bewegungen auszuführen, die motorischen Sequenz-Tests (Abbildung 5.2a) (Roland et al., 1980). Als die Versuchsperson die Bewegungsfolge mental rekapitulierte, ohne sie tatsächlich auszuführen, war eine ausgedehnte mentale Aktivierung der entsprechenden motorischen Bereiche auf beiden Seiten zu beobachten (Abb. 5.2b). Auch hier können wir fragen, ob der mentale Vorsatz eine feinkörnige Struktur aufwies und aus mentalen Einheiten zusammengesetzt war, die den Dendronen, auf die er einwirkte, entsprachen.

Noch ausgedehntere Bereiche der Hirnrinde wurden bei komplexen Denkvorgängen aktiviert (Roland und Friberg, 1985), zum Beispiel, wenn die Versuchsperson die Zahl 3 wiederholt von 50 subtrahierte (Abbildung 5.4b) oder sich *vorstellte*, eine bekannte Straße entlang zu gehen, während sie in Wirklichkeit still in einem abgedunkelten, ruhigen Raum saß (Abbildung 10.1c).

Man muß sich darüber im klaren sein, daß die Hirnrinde zu dem Versuch verführt, die mentalen Ereignisse ausfindig zu machen, die sowohl bei der Aufmerksamkeit als auch beim Vorsatz

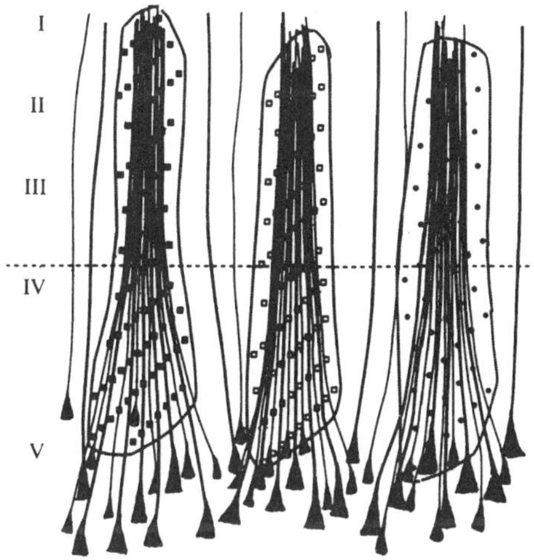

Abb. 6.10: Zeichnungen dreier Dendronen, aus denen ersichtlich ist, wie sich die apikalen Dendriten großer und mittlerer Pyramidenzellen in Schicht IV und weiter außerhalb bündeln und so eine neurale Einheit bilden. Einige wenige der Dendriten tragen nicht zu der Bündelung bei. Man sieht, wie die apikalen Dendriten in Schicht I enden. Diese Endung läuft in Büscheln aus, die nicht dargestellt sind. Das Diagramm zeigt darüber hinaus die paarweise Anordnung von je einer neuralen Einheit oder einem Dendron mit einer mentalen Einheit oder einem Psychon, angedeutet durch ein charakteristisches Zeichen (*geschlossene Quadrate, offene Quadrate, geschlossene Kreise*). Jedes Dendron ist mit einem Psychon verbunden, das seine eigene, typische Erfahrung beiträgt.

mit den Dendronen in eine Wechselwirkung eintreten, wie sie in Abbildung 6.1 durch die entsprechenden Pfeile durch die Schnittstelle angedeutet ist. Im Augenblick zeigen die Versuchsergebnisse (siehe Abbildungen 5.4 und 10.1) nur, daß mentaler Vorsatz und Aufmerksamkeit das Dendron tatsächlich erregen können, aber die beobachteten Vorgänge sind umfangreich – es sind Zehntausende von Dendronen an ihnen beteiligt, vermutlich wegen der Einwirkung einer Vielzahl von mentalen Ereignissen.

6.6 Das Bindeglied zwischen mentalen Einheiten und Dendronen des Neokortex: die Psychon[1]-Hypothese

Die Mikroarealhypothese (Eccles, 1986) litt in ihrer ursprünglichen Fassung unter dem Mangel, daß sie die mentalen Ereignisse – die ihr zufolge auf neuronale Ereignisse einwirken sollten – nicht genau definierte. Sie waren sehr unbestimmt. Jetzt ist eine grundlegende Entwicklung nötig, um die Mikrolokalisationshypothese auf die Wahrnehmung und auf den gesamten Bereich der subjektiven Erfahrungen in Welt 2 (Abbildung 6.1) auszuweiten. Die neue Fassung der Hypothese lautet, daß alle mentalen Ereignisse und Erfahrungen – tatsächlich die ganze Bandbreite der äußeren und inneren Sinne von Welt 2 – aus elementaren oder einheitlichen mentalen Ereignissen zusammengesetzt sind, die wir Psychonen nennen können. Weiterhin lautet die Hypothese, daß jedes dieser Psychonen reziprok und auf eindeutige Weise mit seinem jeweiligen Dendron verbunden ist. Das Dendron ist – abgesehen von seiner synaptischen Lern-Plastizität – ein gegebenes anatomisches Gebilde, aber funktional bestehen große Unterschiede in der Intensität der Aktionen, die auf neurale Einflüsse folgen. Funktional gleicht es dem Psychon, mit dem es verbunden ist und dem ebenfalls alle Abstufungen der mentalen Intensität von Null bis zu einer maximalen funktionalen Bindung zu seinem Dendron zugänglich sind. Psychonen stellen keine Wahrnehmungswege zu Erfahrungen von Welt 2 (Abbildung 6.1) dar. Sie *sind* die Erfahrungen in all ihrer Vielfalt und Einzigartigkeit.

Die Verbindung wurde in Abbildung 6.1 grob durch entsprechende Pfeile durch die Schnittstelle angedeutet und ist jetzt genauer in Abbildung 6.10 nach dem Vorbild von Abbildung 6.8 dargestellt. Die apikalen Schicht-V-Dendriten sind bei drei Dendronen entsprechend den Versuchsergebnissen (Abbildungen 6.6, 6.7 und 8.2) dargestellt. Dort wurden sogar die wenigen apikalen Dendriten von Schicht V gezeigt, die ihren eigenen Weg verfolgen und sich nicht den Dendronen zugesellen (Peters und

Kara, 1987). Oberhalb von jedem dieser drei Dendronen sind drei Psychonen dargestellt, von denen jedes seinen eigenen psychischen Charakter aufweist (angedeutet durch Quadrate, offene Quadrate und Punkte) und das ganze Dendron umfaßt. Die Kongruenz ist in dem Diagramm zweifellos idealisiert, und natürlich gibt es eine Vielzahl von eng verwandten Psychonen, die man entsprechend durch Quadrate, offene Quadrate und Punkte darstellen könnte und die in einem entsprechenden Verhältnis zu ähnlichen Dendronen stehen. Die drei verschiedenen Psychonen erlauben uns eine gewisse Einsicht in die Komplexität der Beziehungsmuster zwischen Dendronen und Psychonen. Möglicherweise gibt es Tausende von Psychon-Arten, von denen jedes zu einer Dendron-Art paßt. Insgesamt gibt es etwa 40 Millionen Psychonen und entsprechend viele Dendronen.

Von der Kortex-Oberfläche aus gesehen kann man jedes Dendron als einen Kreis in enger Beziehung zu anderen Dendronen darstellen, von denen es etwa 200 pro mm^2 gibt (Abbildung 6.11). In dieser Anordnung aus 64 Dendronen sind die Psychonen zu Identifizierungszwecken mit denselben drei Symbolarten wie in Abbildung 6.10 dargestellt, um die Muster der verschiedenen Dendron-Psychon-Einheiten anzudeuten. Jedes dieser Paare weist seine eigene psychische Eigenschaft auf, zum Beispiel geschlossene Quadrate für rotes Licht, Punkte für Berührung und offene Quadrate für den Vorsatz einer bestimmten Bewegung.

Es mag so aussehen, als würde diese intime Verbindung zwischen Dendronen und Psychonen in der neuen einheitlichen Hypothese des dualistischen Interaktionismus nur eine weitere Verfeinerung der materialistischen Identitätshypothese (Feigl, 1967) (siehe Abschnitt 6.2) darstellen. Das trifft jedoch nicht zu. Den Psychonen wird eine unabhängige Existenz zuerkannt, wie in Abbildung 6.1 angedeutet ist. Diese Abbildung wurde oft falsch interpretiert, weil Welt 2 oberhalb von Welt 1 des Gehirns gezeichnet ist. Doch dies geschah nur, um das Diagramm übersichtlich zu machen. Die gegenläufigen Pfeile über die Schnittstelle deuten an, daß alle Aktionen von Welt 2 im Neokortex stattfinden.

Diese Hypothese einer einheitlichen Verbindung zwischen Psychonen und Dendronen (Abbildung 6.10) führt zu vielen theoretischen Entwicklungen, die ihrerseits die Entwicklung experimenteller Testverfahren zur Folge haben werden. Es liegt bereits eine umfangreiche Literatur über experimentelle Psychologie, Erkenntnispsychologie und Neurophysiologie vor, die dieser einheitlichen Theorie der Beziehung zwischen Geist und Gehirn zugeordnet werden kann. Für dieses Kapitel ist es von unmittelbarem Interesse, die Wechselwirkung zwischen Geist und Gehirn in der Wahrnehmung durch Anwendung der Quantenphysik zu erklären, wie es in bezug auf mentale Vorsätze, die Dendronen im supplementären motorischen Feld aktivieren, bereits geschehen ist (Eccles, 1986) (Abbildung 5.2).

Die einheitliche Hypothese übersetzt die Wirkungsweise eines Vorsatzes. Ist das Psychon des mentalen Vorsatzes zum Beispiel durch das Muster aus offenen Quadraten auf dem zentralen Dendron in Abbildung 6.10 dargestellt, erkennt man, daß der Vorsatz auf das gesamte Dendron mit seinen pyramidalen Dendriten und ihren Synapsen – die eine Gesamtzahl von bis zu

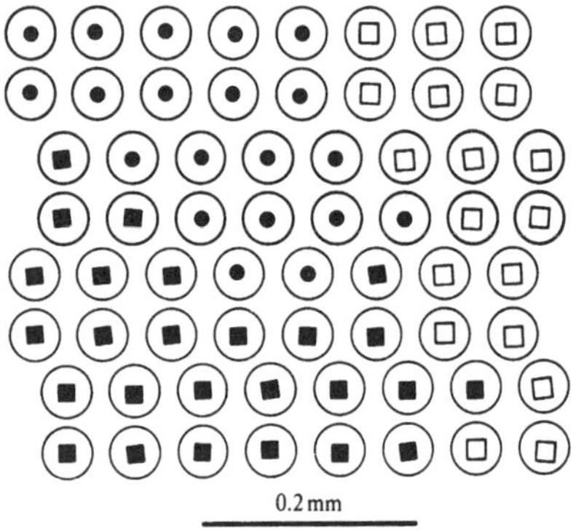

Abb. 6.11: Zeichnung der postulierten Musteranordnung von Dendronen, von der kortikalen Oberfläche aus gesehen. Sie weisen durchschnittliche Durchmesser und Abstände auf (vergleiche Abbildung 6.10). In der Mitte jedes Dendrons befindet sich das jeweilige Symbol seines Psychons – *geschlossene Quadrate, offene Quadrate* und *Kreise*. Beachten Sie den Maßstab von 0,2 mm.

100 000 erreichen können – einwirkt. Somit hätte der mentale Vorsatz eine umfassende, globale Wirkung auf dieses Dendron. Nach der einheitlichen Hypothese würde das Psychon natürlich auf jedes präsynaptische Vesikelgitter (PVG) (siehe Abschnitt 6.7) seines Dendrons einwirken, indem es mit Hilfe des quantenphysikalischen Wahrscheinlichkeitsfeldes ein Vesikel für die Exozytose auswählt. Immerhin könnte es insgesamt Zehntausende solcher PVGs geben, so daß die einheitliche Operation der miteinander verbundenen Psychonen und Dendronen sehr verstärkt wirksam sein könnte. Man muß sich vor Augen führen, daß der lebenslange Lernprozeß in bezug auf den Vorsatz, bestimmte Bewegungen auszuführen, zum großen Teil zu solchen Psychonen geleitet wird, die mit diesen Dendronen des Neokortex (dem supplementären motorischen Feld) verbunden und geeignet sind, die gewünschte Aktion auszuführen.

6.7 Die Wirkung mentaler Ereignisse auf Dendronen

Aus Abbildung 5.4 geht hervor, daß Denkvorgänge (Psychonen) den Neokortex selbst dann sehr wirksam aktivieren können, wenn keine körperliche Bewegung herbeigeführt wird. Um diese Wirkung zu analysieren, muß man die Vorgehensweise eines Dendrons (Abbildungen 6.8 und 8.2) definieren. Es besteht aus einer großen Anzahl aufsteigender Dendriten von Pyramidenzellen, von denen wiederum jede etwa eine Dornsynapse pro Mikrometer (Abbildung 6.4b) aufweist, so daß auf ein Dendron 100 000 Dornsynapsen kommen können. Die apikalen Dendriten eines Dendrons liegen in der Regel eng beieinander, ohne sich jedoch zu berühren (Abbildung 6.4b), obwohl ihre Dornen (Abbildung 6.4a) miteinander verbunden sein können (Feldman, 1984).

Abbildung 6.12 ist das Diagramm einer Dornsynapse. Es zeigt die Nervenfaser, die sich zu einem End-Bouton oder -Knöpfchen hin erstreckt, das in engem Kontakt mit einer speziellen Membranverdickung des Dorns steht. Das Bouton enthält zahlreiche Vesikeln, von denen jedes 500 bis 10 000 Moleküle eines spezifi-

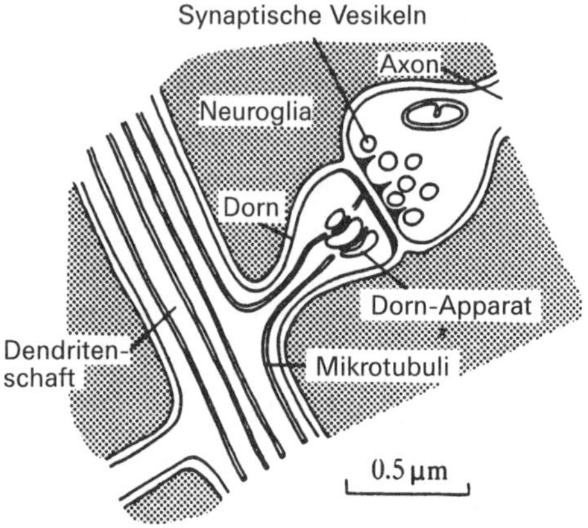

Abb. 6.12: Zeichnung einer Synapse an einem Dendritendorn. Das Bouton enthält synaptische Vesikeln und Verdichtungen an der präsynaptischen Membran (Gray, 1982).

schen synaptischen Botenstoffes (Transmitter) enthält – in den meisten exzitatorischen Boutons der Hirnrinde Glutamat oder Aspartat. Einige synaptische Vesikeln stehen in engem Kontakt mit der präsynaptischen Membran gegenüber dem außerordentlich engen synaptischen Spalt. Diese Vesikeln erscheinen zwischen dichten Membranhöckern.

Weitere Strukturuntersuchungen – besonders jene, die Akert et al. (1975) mit Hilfe der Gefrierbruchtechnik durchgeführt haben – machten das Diagramm einer idealisierten Dornsynapse möglich (Abbildung 6.13a), das perspektivisch und mit Einschnitten gezeichnet ist, um die tieferliegenden Strukturen zu zeigen. Die verhältnismäßig lockere Anordnung von synaptischen Vesikeln und dichten präsynaptischen Membranhöckern (Abbildung 6.12) ist in Abbildung 6.13a durch die präzise Pakkungsanordnung ersetzt, die in dem linken Nebenbild verdeutlicht wird, wo die synaptischen Vesikeln in hexagonalen Ringen zwischen dem präsynaptischen Vesikelgitter (PVG) angeordnet sind. Man kann davon ausgehen, daß sie parakristalline Eigenschaften aufweisen. Die Boutons von Synapsen weisen gewöhnlich ein einzelnes PVG auf.

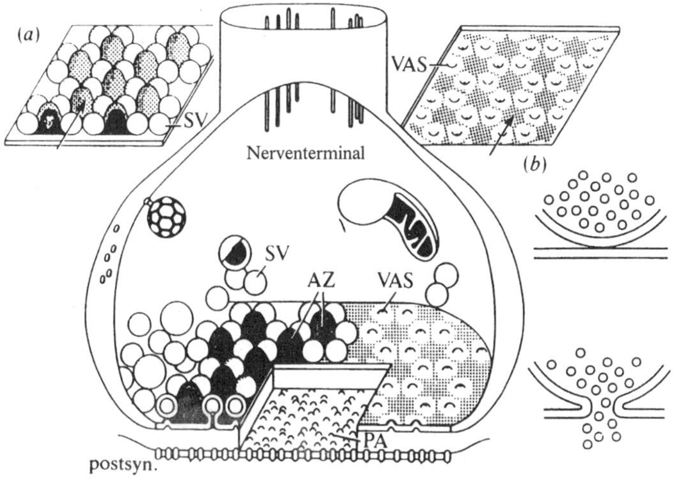

Abb. 6.13: (a) Schema der Säugersynapse im Zentralnervensystem. Die aktive Zone (AZ) besteht aus präsynaptischen Membranverdichtungen, die sich mit synaptischen Vesikeln (SV) abwechseln. PA = Partikel-Anordnung der postsynaptischen Membran. Beachten Sie die synaptischen Vesikeln in hexagonalen Reihen, wie man sie gut in dem *Nebenbild links oben* sehen kann, und die Vesikel-Anfügungs-Stellen (VAS) im *rechten Nebenbild*. Weitere Erklärungen im Text (siehe auch Akert et al., 1975). **(b)** Exozytose-Stadien mit Freisetzung von Transmittern in den synaptischen Spalt (Kelly et al., 1979).

Für die Anzahl der synaptischen Vesikeln in einem PVG liegen nur Schätzwerte vor. Gewöhnlich scheinen es 30 bis 50 zu sein. Somit liegt nur ein kleiner Bruchteil der synaptischen Vesikeln eines Boutons (etwa 2000) in der Feuerzone des PVG. Die übrigen sind locker im Inneren des Boutons angeordnet, wie zum Teil aus den Abbildungen 6.12 und 6.13a hervorgeht.

Abbildung 6.13b zeigt in starker Vergrößerung einen Teil eines synaptischen Vesikels mit ihren Transmittermolekülen in Kontakt mit der präsynaptischen Membran, die man auch bei den beiden Vesikeln links in Abbildung 6.13a erkennt. Darunter ist der Vorgang der Exozytose dargestellt, bei dem Transmittermoleküle in den synaptischen Spalt freigesetzt werden, wie man es auch bei einem Vesikel in Abbildung 6.13a sieht. Rechts in Abbildung 6.13a – wo die Vesikeln und die dichten Höcker weggelassen wurden – sieht man die Vesikel-Andockungs-Stellen (VAS) in hexagonaler Reihe, wie es auch in dem linken Nebenbild erkennbar ist.

Wenn Nervenimpulse in ein Bouton gelangen (Abbildungen 6.12 und 6.13), führt die Depolarisierung zu einem Eintritt von Ca^{2+}-Ionen, die sich mit Calmodulin verbinden und auf ein gegenüberliegendes Vesikel als Auslöser einer Exozytose wirken können. Wie in Abbildung 6.13a angedeutet, könnten 30 bis 50 Vesikeln in dem PVG enthalten sein, aber nur eines von ihnen reagiert gelegentlich mit einer Exozytose als Antwort auf einen Auslöserimpuls (Jack et al., 1981; Korn und Faber, 1987). Die Exozytose wird offenbar durch eine bisher unbekannte kollektive Eigenschaft des parakristallinen PVG gelenkt.

6.8 Eine neue Hypothese der Wechselwirkung zwischen Geist und Gehirn auf der Grundlage der Quantenphysik: die Mikroarealhypothese

Die materialistische Kritik stützt sich auf das Argument, die Hypothese, immaterielle mentale Ereignisse wie Denken könnten irgendwie auf materielle Strukturen wie Neuronen der Hirnrinde einwirken – wie in Abbildung 6.1 gezeigt –, stieße auf unüberwindliche Schwierigkeiten. Eine derartige Einwirkung soll mit den Erhaltungsgesetzen der Physik unvereinbar sein; insbesondere mit dem ersten Hauptsatz der Thermodynamik. Physiker des 19. Jahrhunderts und Neurowissenschaftler und Philosophen, die ideologisch immer noch der Physik des 19. Jahrhunderts verhaftet sind und nicht die Revolution erkennen, die durch Quantenphysiker des 20. Jahrhunderts ausgelöst wurde, würden diesem Einwand sicherlich zustimmen.

In der präziseren Formulierung der dualistischen Hypothese der Wechselbeziehung zwischen Geist und Gehirn lautet die einleitende Aussage, daß der gesamten Welt der mentalen Ereignisse (Welt 2) eine ebenso autonome Existenz zukommt wie der Welt der Materie-Energie (Welt 1) (Abbildung 6.1). Die vorliegende Hypothese geht nicht auf diese ontologischen Probleme ein, sondern bezieht sich nur auf die Art und Weise, wie Psychonen auf Dendrone einwirken – d.h. auf die Natur der abwärts gerichteten Pfeile über das Bindeglied in Abbildung 6.1.

Wie bereits in einem früheren Buch festgestellt (Eccles, 1986), ist es möglich, dieses Problem zu lösen, denn die Gebilde, die mit der synaptischen Transmission befaßt sind, sind so außerordentlich klein, daß man sich ihnen auf der Basis der Wahrscheinlichkeitsfelder der Quantenphysik nähern kann, wie es von Margenau (1984) beschrieben wurde. Bei der Exozytose muß ein Kanal geöffnet werden, wie in Abbildung 6.13b dargestellt ist. Man kann sich ausrechnen, daß dazu die Bewegung eines Partikels in der Größenordnung von etwa 10^{-18}g erforderlich ist, und nicht des viel größeren synaptischen Vesikels von etwa 3 x 10^{-17}g, wie ursprünglich angenommen (Eccles, 1986). Außerdem befinden sich die Vesikeln bereits in Position im präsynaptischen Vesikelgitter (Abbildung 6.13a, b), so daß die Exozytose nicht auf eine Bewegung durch ein viskoses Medium angewiesen ist. Es ist nichts weiter erforderlich, als daß ein Psychon zum Zweck der Exozytose ein beliebiges Vesikel auswählt, das bereits im PVG in Bereitschaft und – wie weiter oben beschrieben – zu einer kollektiven Steuerung fähig ist.

Es kann geschlossen werden, daß aus einer Rechnung auf der Grundlage der Heisenbergschen Unschärferelation folgt, daß ein Psychon, das in Analogie zu einem quantenphysikalischen Wahrscheinlichkeitsfeld wirkt, ein Vesikel des präsynaptischen Vesikelgitters für die Exozytose auswählt (Abbildung 6.13a). Wie in Abbildung 6.13b angedeutet, könnte die Energie, die zur Auslösung der Exozytose nötig ist, zur gleichen Zeit und am gleichen Ort dadurch zurückerstattet werden, daß die freiwerdenden Transmittermoleküle von einer hohen auf eine niedrige Konzentration absinken. In den mikroskopischen Bereichen, mit denen sich die Quantenphysik befaßt, ist es möglich, Energie auszuborgen, wenn sie umgehend zurückerstattet wird. Somit würden die Transaktionen der Exozytose nicht gegen die Erhaltungsgesetze der Physik verstoßen.

Vor diesen neuesten Entwicklungen in der Dendron-Psychon-Frage war die Frage der Größenordnung eines mentalen Vorsatzes, der durch die Auswahl eines einzelnen Vesikels zur Exozytose führt, ein Problem. Eine erhebliche Verstärkung war dringend erforderlich. In der Dendron-Psychon-Hypothese verfügt jedoch ein Psychon über sein Feld zur Exozytose-Auswahl der 100 000 Dornsynapsen seines Dendrons (Abbildung 6.10). Damit ist eine Verstärkung seiner Wirkung um mehrere Größenordnungen möglich. Außerdem kann man aus der enormen Anzahl der aktivierten Dendronen in Abbildung 6.11 schließen, daß viele benachbarte Dendrone eng verwandte Psychonen haben, wie in Abbildung 6.11 – wo Ansammlungen aus drei verschiedenen Dendron-Psychon-Arten drei Module für die Transmission bilden – dargestellt ist.

6.9 Wie neuronale Aktivität in sensorischen Systemen bewußte Wahrnehmungen hervorrufen könnte

Bis heute hat es keine Mikroarealhypothese gegeben, die auf die Gesamtheit der Sinneswahrnehmungen anwendbar gewesen wäre. Die zusätzliche Hypothese für all die aufwärts weisenden Pfeilc in Abbildung 6.1 läßt sich stufenweise entwickeln. Wahrnehmung hängt von einer *gerichteten Aufmerksamkeit* ab. Wie aus Abbildung 5.4a ersichtlich, aktiviert eine mentale Aufmerksamkeit auf einen bestimmten Teil der Körperoberfläche die Bereiche im Neokortex, die für diese Stellen zuständig sind. Außer der Mikroarealhypothese, die bereits für die Auswirkung von Vorsätzen auf die Dendronen des supplementären motorischen Feldes (Abbildung 5.2b) entwickelt wurde, ist keine weitere spezielle Hypothese erforderlich.

Die Reaktion des Neokortex auf Aufmerksamkeit (Abbildung

5.4) ist die Vorbereitung für die Transaktion, bei der Dendronen im Wahrnehmungsprozeß aktiviert und dazu veranlaßt werden, die mentalen Wahrnehmungsereignisse hervorzurufen. Man kann zum Beispiel fragen: Wie können aktivierte Dendronen des Tastsinns zu einer spezifischen Tastempfindung führen? Das ist das Problem der umgekehrten Pfeile von Welt 1 zu Welt 2 in Abbildung 6.1.

Wir wollen uns mit dem Akt der Aufmerksamkeit befassen, bei dem Psychonen gemäß der Mikroarealhypothese Dendronen erregen (Abbildung 5.4a). Vor diesem Hintergrund spielt sich eine Aktivierung der Dendronen durch einen perzeptiven Reiz ab – etwa einen Berührungsreiz –, der speziell die aufsteigenden Dendriten jenes Dendrons erregen könnte, das mit dem entsprechenden Psychon in Abbildung 6.10 (geschlossene Kreise) verbunden ist und zu einer Berührungsempfindung führt. Somit vermehren sich im Dendron dieses Psychons solche Vesikeln, die für die Exozytose verfügbar sind – entsprechend einer Auswahl gemäß dem quantenphysikalischen Wahrscheinlichkeitsfeld. Die Hypothese lautet, daß jede solche Exozytose ein »Erfolg« für das Psychon ist und ein Signal ergibt, das in die mentale Welt übertragen wird – in Welt 2 von Abbildung 6.1.

Die hypothetische Schrittfolge der Tastwahrnehmung würde wie folgt aussehen:

1 Hintergrundaktivierung durch Aufmerksamkeit auf den Tastbereich (Abbildung 5.4).
2 Sinnesreiz auf das Tastnervensystem.
3 Aktivierung der Dendronen des Tastsystems im Neokortex.
4 Vermehrte Exozytose von den präsynaptischen Vesikelgittern der Pyramidenzellen dieser Dendronen. Dies führt zu einer gesteigerten Möglichkeit zur selektiven Exozytose für das zugeordnete Psychon (Abbildungen 6.10 und 6.11), in Einklang mit einem quantenphysikalischen Wahrscheinlichkeitsfeld.
5 Die Steigerung in der vesikulären Auswahl durch das Psychon für Berührungen führt unmittelbar zu der Erfahrung einer Tastempfindung in Welt 2 und signalisiert dem Psychon, daß die Übertragung und Integration in Welt 2 ein »Erfolg« war.

Alle übrigen Wahrnehmungen der äußeren Sinne in Abbildung 6.1 lassen sich auf ähnliche Weise durch Aufmerksamkeit erklären.

Diese Wahrnehmungshypothese ist unzulänglich, weil sie sich auf spezielle, miteinander verbundene neural-mentale Einheiten beschränkt (Abbildung 6.10). Sie bietet keine Erklärung für das gewaltige Rätsel der Einheitlichkeit unserer Wahrnehmungsempfindungen. So empfangen wir durch ein dynamisches Aktivitätsmuster einiger Millionen visueller Psychonen ein visuelles Bild mit all seinen Qualitäten und Bewegungen. Vielleicht würde die Psychon-Einbindung der verschiedenen Aktivitäten von Dendronen in den Stufen des visuellen Verarbeitungsprozesses eine Erklärung liefern.

Man müßte davon ausgehen, daß die Psychonen auf jeder Stufe von den Dendronen abhängig sind. Möglicherweise lassen sich Diagramme wie in den Abbildungen 6.10 und 6.11 selbst auf die höchsten Ebenen des Neokortex mit seinen Erkenntnisfunktionen anwenden (Eccles, 1989, Kapitel 9). Alternativ sind einige Psychonen vielleicht nur mit anderen Psychonen direkt verknüpft (siehe Kapitel 10 des vorliegenden Buches).

6.10 Die mentale Welt der Psychonen (Welt 2)

Eine Ausweitung der Mikroarealhypothese bezüglich der Wechselwirkung zwischen Geist und Gehirn (Eccles, 1986) hat einige außerordentliche Entwicklungen angeregt, die bis jetzt allerdings noch sehr zögernd sind. Die ursprüngliche Mikroarealhypothese verwandte die Quantenphysik zu einer Erklärung, wie ein nicht-materielles, mentales Ereignis – ein Vorsatz einer Bewegung – eine Mikro-Aktivität über die Schnittstelle zwischen Geist und Gehirn verursachen kann, zum größten Teil im supplementären motorischen Feld (Abbildung 5.2b) (Roland et al., 1980). Der Versuch, diese Hypothese auf das Geist-Gehirn-Problem in der Wahrnehmung auszuweiten, hat eine radikal neue Hypothese erforderlich gemacht.

In der ursprünglichen Mikroarealhypothese (Kapitel 5) ging der mentale Vorsatz entsprechend der Quantenphysik (Margenau, 1984) vor, wenn er für die Exozytose (Abbildung 4.6b) ein Vesikel des aktivierten präsynaptischen Vesikelgitters auswählte (Abbildung 5.2b). Es handelte sich um einen einheitlichen Vorgang an einem Mikro-Ort, und es war eine beträchtliche Verstärkung erforderlich, die durch die Annahme möglich war, daß es Tausende von Mikro-Orten auf jenem Dendriten und auf den Dendriten vieler benachbarter Pyramidenzellen gibt.

In der vorliegenden Hypothese sind die miteinander verbundenen Dendronen und Psychonen maßgeblich an dem Vorgang beteiligt. Somit stehen dem mentalen Vorsatz, der über ein Psychon wirkt (vgl. Abbildungen 6.10 und 6.11), automatisch Zehntausende aktivierte PVGs mit ihren Vesikeln zur Verfügung, die darauf warten, ausgewählt zu werden.

In der umgekehrten Transaktion der Wahrnehmung – vom Gehirn zum Geist – ist eine Ausweitung der Hypothese erforderlich, vor allem dahingehend, daß jedesmal, wenn es einem Psychon (entsprechend dem quantenphysikalischen Wahrscheinlichkeitsfeld) gelingt, ein Vesikel für die Exozytose auszuwählen, dieser »Mikro-Erfolg« in dem Psychon zur Transmission hinein in die mentale Welt (Welt 2 in Abbildung 6.1) registriert wird. Es würde natürlich eine große Verstärkung bedeuten, wenn das Psychon etwa zu diesem Zeitpunkt erfolgreich eine große Anzahl von Vesikeln aus den Zehntausenden von PVGs seines Dendrons auswählte. Das »Erfolgs«-Signal des Psychons würde den speziellen Erfahrungscharakter dieses Psychons in Welt 2 zur Integration in die Psychon-Welt hineintragen.

Man könnte eine vorsichtige Erklärung für die Beobachtung liefern, daß ein Reiz auf das Sinnesnervensystem zu einer Sinneswahrnehmung führen kann. Die Aktivierung eines entsprechenden Dendrons im Bereich V4 (vgl. Zeki, 1973) kann beispielhaft durch das linke Dendron in Abbildung 6.10 dargestellt werden. Dies kann zu einer »Erfolgs«-Reaktion eines Dendrons – durch das Muster aus geschlossenen Quadraten angedeutet – und somit zu der Wahrnehmung der Farbe Rot führen. Aber bei einer solchen Wahrnehmung ist es wahrscheinlich, daß es »Erfolgs«-Reaktionen in mehreren benachbarten Psychonen gibt, wie durch die Ansammlung in Abbildung 6.11 angedeutet.

6.11 Allgemeine Überlegungen

Man muß sich die ausgezeichnete Befähigung der Dendronen zu ihrer rezeptiven Funktion vor Augen führen, sowohl neuronal als auch psychisch. Und man muß eingestehen, daß alle Säuger mit Bewußtsein begabt sind und eine gewisse Kontrolle über ihre Tätigkeiten sowie einige bewußte Erfahrungen haben (Eccles, 1989, und Kapitel 10.7 des vorliegenden Buches). Die Wechselbeziehung zwischen Dendron und Psychon gehört somit zu den Voraussetzungen für ihr mentales Leben. Der Mensch stellt mit dem Auftreten des Selbstbewußtseins eine Weiterentwicklung dar (Eccles, 1989). Bei ihm könnten Psychonen unabhängig von Dendronen in einer einzigartigen Psychon-Welt existieren – der Welt des Selbst (Abbildung 6.1). In dieser theoretischen Welt der Psychonen treten große ungelöste Fragen auf. Es ist ihre Natur, uns zu Erfahrungen zu verhelfen, und wir können ihre Existenz nur im Diagramm durch den Sitz ihrer Dendron-Aktion andeuten, der an ihrer Einhüllung in Abbildung 6.10 zu sehen ist.

Die Fortleitung von Psychon zu Psychon könnte die Einheit unserer Wahrnehmung und der inneren Welt unseres Geistes – das heißt, der Gesamtheit der Welt-2-Erfahrungen, die in Abbildung 6.1 oberhalb der Schnittlinie skizziert sind – erklären, die wir beständig von Augenblick zu Augenblick erfahren. Wir haben uns in Abschnitt 6.10 mit diesem Problem befaßt, bei dem Versuch, die Einheitlichkeit der visuellen Erfahrung zu erklären. Bis heute war keine Geist-Gehirn-Theorie fähig, den Umstand zu erklären, daß vielfältige neuronale Ereignisse in unserer Hirnrinde uns von Augenblick zu Augenblick mit mentalen Erfahrungen versorgen können, die einen zusammengehörigen Charakter aufweisen. Wir fühlen uns als Mittelpunkt unserer Welt der Erfahrungen (Welt 2). Dieses Phänomen ist in der Mitte von Abbildung 6.1 durch die Benennung Psyche, Selbst und Seele angedeutet. Pfeile aus den Regionen der äußeren und inneren Sinne weisen auf dieses Zentrum. Dies führt zu einer grundsätzlichen Frage: Sind die Erfahrungen des Selbst ebenfalls aus einheitlichen Psychonen zusammengesetzt, wie es zum Beispiel bei Wahrnehmungen der Fall ist? Wenn es sich so verhält, ist dann auch hier jedes Psychon mit seinem Dendron verbunden, und wo im Neokortex sind diese Dendronen zu suchen? Wir können weiter fragen, ob es eine organisierte Psychonen-Art gibt, die nicht mit Dendronen, sondern nur mit anderen Psychonen verbunden sind und somit ein psychisches Ganzes außerhalb des Gehirns bilden. Darüber werden wir in Kapitel 10.7 sprechen.

Anmerkung

1 Professor Garrido hat meine Aufmerksamkeit auf die Tatsache gelenkt, daß M. Bunge das Wort »Psychon« in seinem Buch *The Mind-Body-Problem* (Pergamon, 1980) verwendet hat. Seine Ableitung ist dort auf S. 37 erklärt. Aber es ist ein Fehlgriff, das Wort »Psychon« (aus dem griechischen Wort ψυχή laut dem *Oxford Dictionary* »Seele« oder »Geist«) für ein plastisches neurales System (Bunge, 1980, S. 56) zu übernehmen, denn ein solches System ist ein rein materialistisches Konzept. Bunge braucht ein Wort, das aus dem griechischen Wort πλαστικός (»das Formbare«) abgeleitet ist – also »Plaston«. Also sollte Bunge sein »Psychon« durch »Plaston« ersetzen und das »Psychon« für die rein mentale Verwendung aufsparen, wie sie hier vorgeschlagen wird.

Literatur zu Kapitel 6

Akert, K., Peper, K., and Sandry, C. (1975), »Structural organization of motor end plate and central synapses«, in: E.G. Waser (ed.), *Cholinergic Mechanisms,* 43–57 (Raven Press, New York).

Armstrong, D.M. (1981), *The Nature of Mind* (Cornell University Press, Ithaca NY).

Bunge, M. (1980), *The Mind-Body-Problem* (Pergamon Press, Oxford); dt.: (1984) *Das Leib-Seele-Problem* (Mohr, Tübingen).

Dennett, D.C. (1969), *Content and Consciousness* (Routledge and Kegan Paul, London).

Dennett, D.C. (1978), *Brainstorms* (Bradford Books/MIT Press, Cambridge, MA).

Eccles, J.C. (1986), »Do mental events cause neural events analogously to the probability fields of quantum mechanics?«, *Proc. Roy. Soc. London* B 227, 411–428.

Eccles, J.C. (1989), *Evolution of the Brain: Creation of the Self* (Routledge, London); dt. (1989): *Die Evolution des Gehirns – die Erschaffung des Selbst* (Piper, München, Zürich).

Feigl, H. (1967), *The »Mental« and the »Physical«* (University of Minnesota Press, Minneapolis, Minn.).

Feldman, M. (1984), »Morphology of the neocortical pyramidal neuron«, in *Cerebral Cortex.* Vol. 1 *Cellular Components of the Cerebral Cortex*, eds. A. Peters and E.G. Jones (Plenum, New York), 123–200.

Feldman, M., and Peters, A. (1974), »A study of barrels and pyramidal dendritic clusters in the cerebral cortex«, *Brain Res.* 77, 55–76.

Fleischhauer, K., Petsche, H., and Wittkowski, W. (1972), »Vertical bundles of dendrites in the neocortex«, *Z. Anat. Entwickl. Gesch.* 136, 213–223.

Goldman, P.S., and Nauta, W.J.H. (1977), »Columnar distribution of corticocortical fibers in the frontal association, limbic and motor cortex of the developing rhesus monkey«, *Brain Res.* 122, 393–413.

Gray, E.G. (1982), »Rehabilitating the dendritic spine«, *Trends in Neurosciences,* 5, 5–6.

Hamlyn, L.H. (1963), »An electron microscope study of pyramidal neurons in the Ammon's Horn of the rabbit«, *J. Anat.* 97, 189–201.

Hebb, D.O. (1980), *An Essay on Mind* (Lawrence Erlbaum, Hillsdale).

Jack, J.J.B., Redman, S.J., and Wong, K. (1981), »The components of synaptic potentials evoked in cat spinal motoneurons by impulses in single Group Ia afferents«, *J. Physiol.,* 321, 65–96.

Kelly, R.B., Deutsch, J.W., Carlson, S.S., and Wagner, J.A. (1979), »Biochemistry of neurotransmitter releases«, *Ann. Rev. Neurosci.,* 2, 399–446.

Korn, H., and Faber, D.S. (1987), »Regulation and significance of probabilistic release mechanisms at central synapses«, in: G.M. Edelman, W.E. Gall and W.M. Cowan (eds.), *New Insights into Synaptic Function*, 57–108 (Wiley, New York).

Margenau, H. (1984), *The Miracle of Existence* (Ox Bow Press, Woodbridge, Conn.).

Peters, A., and Kara, D.A. (1987), »The neuronal composition of area 17 of rat visual cortex. IV. The organization of pyramidal cells«, *J. Comp. Neurol.* 260, 573–590.

Popper, K.R., and Eccles, J.C. (1977), *The Self and its Brain* (Springer, Berlin, Heidelberg); dt. (1982): *Das Ich und sein Gehirn* (Piper, München, Zürich).

Ramón y Cajal, S.R. (1911), *Histologie du Système Nerveux de l'Homme et des Vertébrés*. Vol. 2 (Maloine, Paris).
Roland, P.E. (1981), »Somatotopical tuning of postcentral gyrus during focal attention in man: a regional cerebral blood flow study«, *J. Neurophysiol.*, 46, 744–754.
Roland, P.E., Larsen, B., Lassen, N.A., and Skinhøj, E. (1980), »Supplementary motor area and other cortical areas in organization of voluntary movements in man«, *J. Neurophysiol.*, 43, 118–136.
Roland, P.E. and Friberg, L. (1985), »Localisation in cortical areas activated by thinking«, *J. Neurophysiol.* 53, 1219–1243.
Ryle, G. (1949), *The Concept of Mind* (Hutchinson, London); dt.: (1978) *Der Begriff des Geistes* (Reclam, Stuttgart).
Schmolke, C. (1987), »Morphological organization of the neuropil in laminae II-V of rabbit visual cortex«, *Anat. Embryol.* 176, 203–212.
Schmolke, C., and Fleischhauer, K. (1984), »Morphological characteristics of neocortical laminae when studied in tangential semithin sections through the visual cortex of the rabbit«, *Anat. Embryol.* 169, 125–132.
Searle, J. (1984), *Minds, Brains and Science* (British Broadcasting Corporation, London).
Szentágothai, J. (1975), »The ›module concept‹ in cerebral cortex architecture«, *Brain Res.* 95, 475–496.
Szentágothai, J. (1978), »The neuron network of the cerebral cortex: a functional interpretation«, *Proc. R. Soc. Lond. B,* 201, 219–248.
Szentágothai, J. (1979), »Local neuron circuits of the neocortex«, in *The Neurosciences Fourth Study Program,* eds. F.O. Schmitt and F.G. Worden (MIT Press, Cambridge, MA), 399–415.
Valverde, F. (1968), »Structural changes in the area striate of the mouse after enucleation«, *Expl. Brain Res.* 5, 274–292.
Zeki, S.M. (1973), »Colour coding in rhesus monkey prestriate cortex«, *Brain Res.* 53, 422–427.

7 Die Entwicklung des Bewußtseins

7.1 Einleitung

Um Bewußtsein in einer bisher geistlosen Welt erfahrbar zu machen, war ein hochentwickelter Neokortex der Art nötig, wie ihn das Säugerhirn schon bei den primitiven Insektivoren (Abbildung 7.3) aufweist. Der Unterschied zum Gehirn der Reptilien (Abbildung 7.4) und der Vögel (Abbildung 7.5) macht die Entwicklung des Neokortex und eines Bewußtseins beim Säuger deutlich – das wunderbarste Ereignis in der gesamten Evolutionsgeschichte. Diese Entwicklung wird nach der langen, dunklen Nacht des Behaviorismus und des Materialismus allmählich gewürdigt, wie in diesem Kapitel und durch Searle (1992) (vgl. Kapitel 3.9 des vorliegenden Buches) geschildert.

Die zentrale Bedeutung des Bewußtseins in der menschlichen Erfahrung wird seit etwa einem Jahrzehnt anerkannt (Armstrong, 1981; Dennett, 1978; Searle, 1984; Ingvar, 1990; Edelman, 1989; Penrose, 1989; Crick und Koch, 1990; Squires, 1988; Hodgson, 1991). Das auf das Mentale zielende Wort »Bewußtsein« ist jetzt »in« und wird schamlos sogar von strengen Materialisten benutzt!

Wie man beim Thema Entwicklung des Bewußtseins gleich zu Beginn betonen sollte, ist nicht zu erwarten, daß das Bewußtsein in Form einer plötzlichen Erleuchtung über die höher entwickelten Tiere kam. Vielmehr ist anzunehmen, daß es heimlich und verstohlen in die bisher geistlose Welt eintrat – in ähnlicher Weise, wie sich das Leben in der präbiotischen Welt entwickelte. Außerdem sind wir bei dem Versuch, anhand von Untersuchungen des Tier-Gehirns und -Verhaltens Hinweise auf Bewußtsein zu entdecken, auf Mutmaßungen angewiesen. Wir halten nach Äußerungen des Bewußtseins bei Säugern Ausschau, weil es den Anschein hat, daß sie ähnliche Erfahrungen wie Gefühle und Schmerz besitzen. Wir erkennen, daß das Bewußtsein bei den alltäglichen menschlichen Erfahrungen von zentraler Bedeutung ist; bei den Qualitäten, die unser Wachleben zu einem reich gemusterten Gobelin voller Gefühle, Gedanken, Erinnerungen, Bilder und Leiden gestalten. Unsere Erfahrung ist unverwechselbar unsere eigene; aber die Kommunikation mit anderen Menschen mit Hilfe der Sprache und anderer kunstvoller Schöpfungen wie Musik und Körpersprache sowie unser Eingebettetsein in eine reiche Kultur, in die wir hineingeboren werden, bewahren uns vor dem Solipsismus.

7.2 Die Hirnrinde der Säuger

Die Säuger verfügen über eine Hirnrinde, die qualitativ der unsrigen ähnelt, aber – mit wenigen Ausnahmen – weitaus kleiner ist. Einige Säuger zeigen Intelligenz und erlerntes Verhalten und werden von Gefühlen und Stimmungen bewegt; sogar von emotionalen Zuneigungen und Verständnis. Somit müssen wir ihnen einige primitive Gefühle und Empfindungen der Art zusprechen, wie wir Menschen sie erleben, obwohl sie sich nicht auf rationale Art nachweisen lassen, wie es bei unserer Kommunikation möglich ist (Eccles, 1990a).

Ich lege hier eine biologische Grundlage für einen evolutionären Ursprung des Bewußtseins vor. Sie leitet sich von der Hypothese der Wechselbeziehung zwischen Geist und Gehirn her, die bereits veröffentlicht wurde (Eccles, 1990a,b, sowie die Kapitel 5 und 6 des vorliegenden Buches) und sich auf die besonderen anatomischen und funktionellen Eigenschaften der Hirnrinde beim Säuger gründet. Die Mikroeigenschaften der neuronalen Kommunikation in der Hirnrinde (Abbildung 7.1a) unterliegen den Gesetzen der klassischen Physik und sind bei der Wechselbeziehung zwischen Geist und Gehirn nicht von unmittelbarem Interesse. Unser Interesse gilt vielmehr den Ultramikroeigenschaften (Abbildung 7.2b), bei denen zu erwarten ist, daß die Quantenphysik eine Schlüsselrolle in ihnen spielt (Eccles, 1986, 1990b; Stapp, 1993; Beck und Eccles, 1992, sowie Kapitel 9 des vorliegenden Buches).

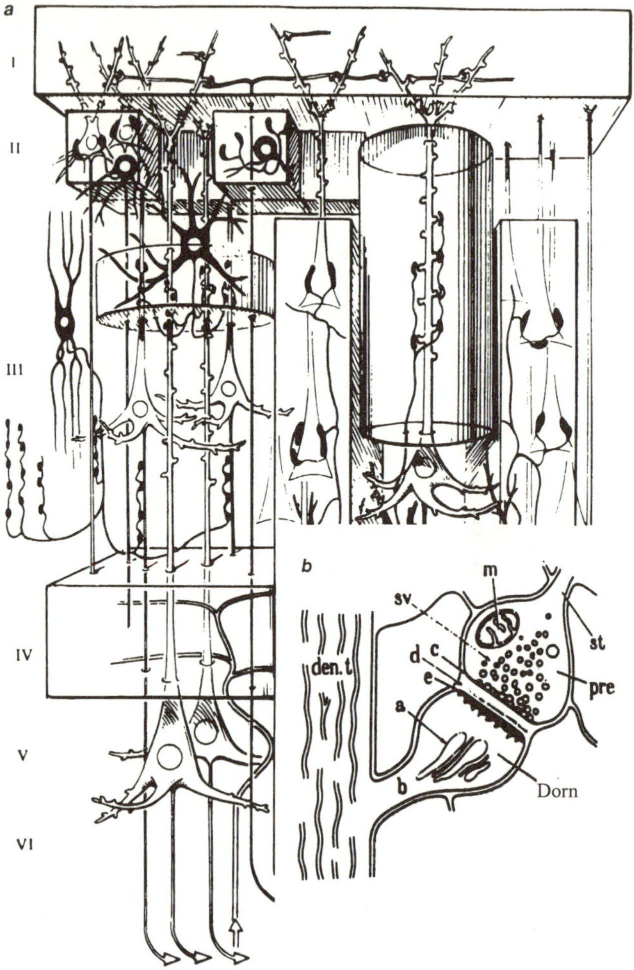

Abb. 7.1: (a) Dreidimensionales Modell von Szentágothai, das verschiedene Arten von kortikalen Neuronen zeigt. Man sieht zwei Pyramidenzellen in der Schicht V und drei in der Schicht III, eine davon ist rechts im Detail gezeigt (Szentágothai, 1978). **(b)** Die Feinstruktur einer Dornsynapse an einem Dendriten (den). st = Axon, das in einem synaptischen Bouton oder präsynaptischen Terminal endet (pre); sv = synaptische Vesikeln; c = präsynaptisches Vesikelgitter d = synaptischer Spalt; e = postsynaptische Membran; a = Dornapparat; b = Dornstiel; m = Mitochondrium (Gray, 1982).

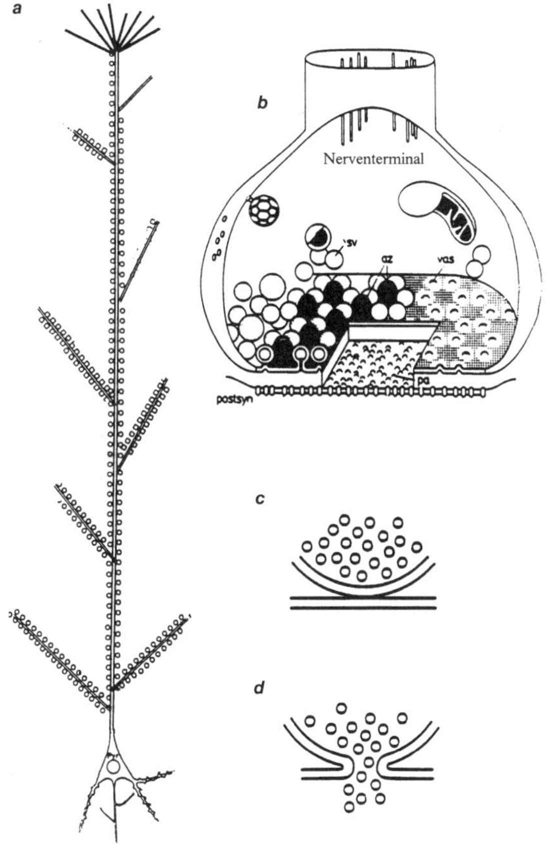

Abb. 7.2: (a) Zeichnung einer Schicht-V-Pyramidenzelle (Pyr) mit ihrem aufsteigenden Dendriten. Die Verzweigungen und das mit Dornsynapsen bestückte Endbüschel sowie einige (nicht alle) Boutons sind erkennbar. Das Soma mit seinen basalen Dendriten weist ein Axon mit Nebenaxonen auf, bevor es die Hirnrinde verläßt. **(b)** Schema einer zentralen Synapse beim Säuger. Die aktive Zone (az) wird von präsynaptischen dichten Erhebungen gebildet, die die synaptischen Vesikeln (sv) räumlich auseinanderhalten. pa = Partikelansammlungen der postsynaptischen Membran (postsyn). Man beachte die synaptischen Vesikeln in hexagonaler Anordnung und die Vesikel-Andockungsstellen (vas) auf der rechten Seite (Akert, Peper und Sandrie, 1975). **(c, d)** Stadien der synaptischen Exozytose: Das Vesikel setzt Transmittermoleküle in den synaptischen Spalt frei (Kelly, Deutsch, Carlson und Wagner, 1979).

Eine Pyramidenzelle der Hirnrinde beim Säuger (Abbildung 7.1a) ist auf ihrem aufsteigenden Dendriten mit Tausenden von exzitatorischen Dornsynapsen bestückt (Abbildung 7.1b und 7.2a). Jede dieser Synapsen (Abbildung 7.2b) funktioniert durch ein präsynaptisches Vesikelgitter (Akert, Peper und Sandri, 1975) mit 30 bis 50 synaptischen Vesikeln, die mit Molekülen der Transmittersubstanz gefüllt sind (Abbildung 7.2b). Jedes Vesikel sitzt an der präsynaptischen Membran (Akert, Peper und Sandri, 1975) und ist bereit, bei der Exozytose seine Transmittermoleküle freizusetzen (Abbildung 7.2b–d).

Bei der Exozytose handelt es sich um die grundlegende Tätigkeit der Hirnrinde. Jede Exozytose funktioniert nach dem Prinzip ›Alles oder nichts‹ und hat eine kurzfristige, exzitatorische postsynaptische Depolarisierung zur Folge – das exzitatorische, postsynaptische Potential (EPSP). Zu einem EPSP, das groß genug ist, um die Pyramidenzelle zur Entladung eines Impulses zu veranlassen, sind viele Hunderte dieser Mikro-EPSPs erforderlich. Dieser Impuls wandert das Axon der Pyramidenzelle entlang (Abbildung 7.2a) und veranlaßt eine wirksame Erregung an ihren vielen Synapsen (Abbildung 7.1a). Dies ist die bekannte Makro-Tätigkeit der neuronalen Komponente der Hirnrinde, die sich selbst in den komplexesten Entwürfen der Netzwerktheorie (Mountcastle, 1978) und der neuronalen Gruppenselektion (Edelman, 1989) ausreichend im Rahmen der klassischen Physik beschreiben läßt.

Um darzulegen, auf welche Art und Weise mentale Ereignisse neuronale Ereignisse im Neokortex hervorrufen können, ist eine ganz neue Theorie erforderlich. Die mentale Tätigkeit der Hirnrinde führt zu einem gesteigerten Metabolismus, der die lokale Durchblutung fördert, wie aus den Xenon-Kartographierungen durch Ingvar (1990) sowie Roland und Mitarbeiter (Roland, Larsen, Lassen und Skinhøj, 1980) (Abbildung 5.2) oder der genaueren Abtast-Technik mit Hilfe der Positron-Emissions-Tomographie (PET) von Raichle und Mitarbeitern (Posner, Petersen, Fox und Raichle, 1988) hervorgeht, welche Messungen von Gehirnreaktionen ermöglicht, wie sie zum Beispiel auf den mentalen Wunsch erfolgen, Wörter zu erzeugen (Abbildung 10.3d).

Diese mentalen Tätigkeiten lassen sich auf eine Steigerung der Exozytose zurückführen. Ein präsynaptischer Impuls, der sich in ein Bouton fortpflanzt (Abbildung 8.5) und ein Einströmen von Ca^{2+}-Ionen verursacht, führt nicht in allen Fällen, aber mit großer Wahrscheinlichkeit zu einer Exozytose, oft einer in drei oder einer in vier Fällen, und niemals zu mehr als einer Exozytose (Jack, Redman und Wong, 1981; Korn und Faber, 1990; Redman, 1990, Sayer et al., 1989, 1990). Dieser Kontrolleffekt ist vermutlich darauf zurückzuführen, daß die Vesikeln in das parakristalline Vesikelgitter (Abbildung 7.2b) eingebettet sind und deshalb der Quantenphysik unterliegen (Beck und Eccles, 1992, sowie Kapitel 9 des vorliegenden Buches).

7.3 Dendronen und Psychonen

Die aufsteigenden Dendriten der Pyramidenzellen in den Schichten V, III und II bündeln sich, während sie zur Schicht I emporsteigen (Schmolke und Fleischhauer, 1984; Peters und Kara, 1987) (Abbildungen 6.8 und 8.2). Zum Beispiel sind die Rezeptor-Einheiten der Hirnrinde (die sogenannten Dendronen) aus annähernd 100 apikalen Dendriten mit ihren Verzweigungen zusammengesetzt. Drei Dendronen der aufsteigenden Dendriten von Schicht-V-Pyramidenzellen sind in Abbildung 6.10 dargestellt.

Die Hypothese der Wechselwirkung zwischen Geist und Gehirn (Eccles, 1986, 1990a, b; Beck und Eccles, 1992, sowie die Kapitel 6 und 9 des vorliegenden Buches) lautet, daß die gesamte mentale Welt mikrogranular aufgebaut ist. Wir nennen ihre mentalen Einheiten Psychonen. Im Idealfall kommt je ein Psychon auf ein Dendron, wie in Abbildung 6.10 durch Muster aus geschlossenen Rechtecken, offenen Rechtecken und Punkten die Dendronen umhüllend angedeutet wurde. Weiterhin lautet die Hypothese, daß die Wechselwirkung zwischen Geist und Gehirn in jeder Psychon-Dendron-Einheit abläuft und sich mit Hilfe der Quantenphysik erklären läßt (Beck und Eccles, 1992, sowie Kapitel 9 des vorliegenden Buches).

Ein Dendron empfängt über Tausende von Synapsen auf den aufsteigenden Dendriten mitsamt ihren Verzweigungen einer jeden Pyramidenzelle (Abbildung 7.2a) – d.h. von insgesamt Zehntausenden von synaptischen, zur Exozytose bereiten Vesikeln auf den präsynaptischen Vesikelgittern bei einer Pyramidenzelle – einen gewaltigen Input. Somit befinden sich Millionen bereiter synaptischer Vesikeln auf einem Dendron, das infolgedessen einen äußerst sensiblen Rezeptor für Psychon-Eingänge darstellt. Und auf diese Art wird Bewußtsein erfahren (Beck und Eccles, 1992, sowie Kapitel 9 des vorliegenden Buches).

7.4 Die Entwicklung der Hirnrinde und des Bewußtseins: die Hypothese

Bei allen bisher untersuchten Säugern fand man dieselbe Dendronen-Anordnung aus aufsteigenden Dendriten der Pyramidenzellen (Abbildung 6.10 und 8.2b). Die menschliche Hirnrinde könnte an die 40 Millionen Dendronen enthalten (Eccles, 1990b, sowie Kapitel 5 und 6 des vorliegenden Buches), aber die Hirnrinden der meisten primitiven Säuger, z.B. die sogenannten basalen Insektivoren, die Dendronen-Ansammlungen aufweisen, wie sie für höhere Säuger typisch sind (Schmolke 1993), verfügen wahrscheinlich über nicht mehr als 200 000. Diese Schätzung gründet sich auf Messungen, die Stephan et al. (1991) am Neokortex von mehr als 50 Insektivorenarten – darunter bei vier Spezies der sogenannten basalen Insektivoren – vorgenommen haben.

Man kann die Hirnrinde mit dem synaptischen Apparat ihrer Dendronen als funktionsfähigen neuralen Entwurf betrachten, der sich im Zuge der natürlichen Selektion als rein materielle Anlage entwickelte, die es der Hirnrinde ermöglichte, mit der erhöhten Komplexität der neuronalen Inputs fertig zu werden, die eine Folge der evolutionären Fortschritte bei Rezeptoren für spezielle Sinne war – die Sinne für Licht, Geräusche, Be-

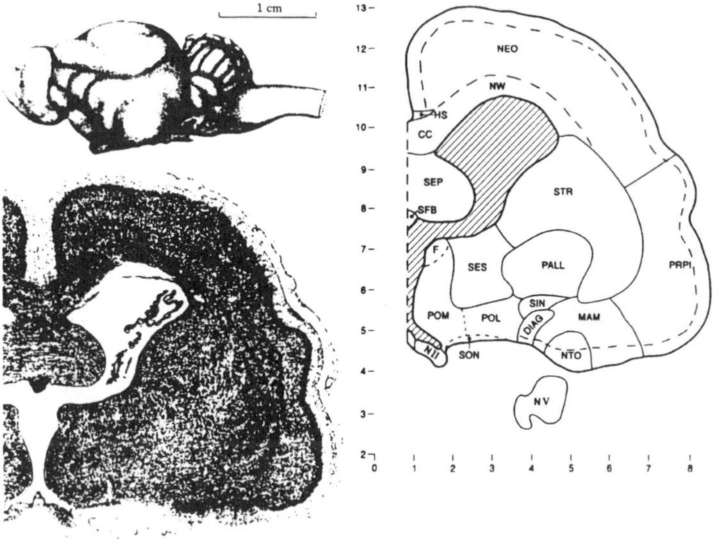

Abb. 7.3: **(a)** Das Gehirn des Insektivoren-Neokortex oberhalb des präpyriformen Kortex. **(b)** Ein Querschnitt durch das Gehirn eines Insektivoren (Igel). **(c)** Darstellung des Querschnitts von **(b)** in Diagrammform. CC = Corpus callosum; DIAG = diagonales Band nach Broca; F = Fimbria-Fornix-Komplex; HS = Supracommissuralis des Hippokampus; MAM = mediale Amygdaloid-Teile; NEO = Neokortex; NTO = Nukleus der präoptischen Feldes; POM = mediales präoptisches Feld; PRPI = präpyriforme Region; SEP = Septum; SES = Stria terminalis nuclei; SFB = Subfornikalkörper; SON = suprapotischer Nukleus; STR = Striatum. Die *Skaleneinteilung* entspricht mm (Stephan, Baron und Frahm, 1991).

wegungen und Gerüche. Die Hypothese lautet, daß die biologische Evolution den Entwurf der aufsteigenden Dendriten in den Neokortex einführte, den wir als ein Dendron erkennen (Abbildungen 6.8, 6.10 und 8.2) und der außerdem die Fähigkeit aufwies, die geringen Effekte, die durch den Geist auf das Psychon einwirken, zu verstärken. Und so kamen die Psychonen ins Spiel. Dies erklärt das Auftreten des Bewußtseins. Man wird feststellen, daß sich die Hypothese in ihrer Erklärung, wie die Entwicklung der Hirnrinde zu einer Wechselbeziehung mit der

»geistigen Welt« führte, auf die Rolle der Hirnrinde beschränkt. Die tatsächlichen Erfahrungen, die Qualitäten, zu denen die Geist-Welt-Psychonen befähigen – Licht, Farben, Geräusche, Berührung, Geschmack, Geruch, Schmerz, Absichten, Gefühle und Erinnerungen – werden in ihrer ganzen Einzigartigkeit nicht erklärt. Wir können nur sagen, daß die Dendron-Psychon-Verbindung einen Bezug zu den Arten der Qualitäten besitzt, die wir erfahren, da die Hypothese lautet, daß jedes Psychon eine einzigartige Bewußtseinserfahrung darstellt. Wir können fragen, ob die Geist-Welt bereits bestand, bevor sie durch die entwickelte Hirnrinde der primitiven Säuger erfahren werden konnte. Die Antwort müßte lauten, daß die Geist-Welt ins Dasein kam, sobald die Hirnrinde in ihrer Entwicklung so weit fortgeschritten war, daß sie Mikroareale mit synaptischen Vesikeln aufwies, die sich in den präsynaptischen Vesikelgittern in Bereitschaft befanden (Abbildungen 7.1b und 7.2b). Diese Mikrostruktur zeichnete sich ab, während sich Dendronen entwickelten, die wie oben beschrieben mit Psychonen in Wechselbeziehung treten konnten.

Wie weit zurück in unserer Evolution lassen sich Hinweise auf Bewußtsein erkennen? Wenn alle Säuger über Bewußtsein verfügen, kann dessen evolutionärer Ursprung bis zu 200 Millionen Jahre zurückliegen (Jerison, 1990).

Es schließt sich die Frage nach dem reptilischen Ursprung der Säuger an (Jerison, 1990; Ulinski, 1990). Das Vorderhirn der Reptilien (Abbildung 7.4) weist im großen Unterschied zur Hirnrinde der meisten primitiven Säuger eine unentwickelte Hirnrinde auf (Abbildung 7.3). Es ist klar, daß die reptilische Hirnrinde sich noch sehr weit entwickeln muß, bevor sie eine nennenswerte Rolle in der zerebralen Aktivität und in der Wechselwirkung zwischen Geist und Gehirn auf der Grundlage der Dendronen spielen kann. Aber wir müssen akzeptieren, daß sich die primitive (Abbildung 7.4) Hirnrinde der Reptilien schließlich zu einer primitiven Säuger-Hirnrinde (Abbildung 7.3) entwickelt hat.

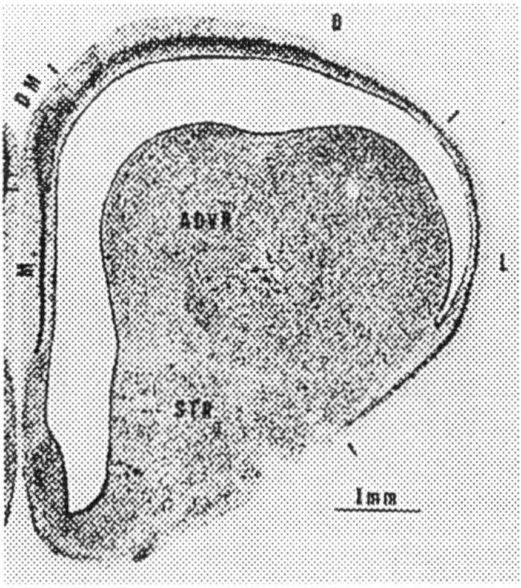

Abb. 7.4: Nissl-Schnitt durch das Gehirn des *Alligator mississippiensis*. Die Hirnrinde ist in den medialen Kortex (M), den dorsomedialen Kortex (DM), den dorsalen Kortex (D) und den lateralen Kortex (L) unterteilt. ADVR = vorderer dorsaler ventrikulärer Rand. S = Septum; STR = Striatum (Ulinski, 1990).

Es scheint keine brauchbaren Hinweise dafür zu geben, daß Reptilien über Bewußtsein verfügen. Thorpe (1974) berichtet über das Verhalten von Amphibien und Reptilien, aber er erwähnt nicht das Bewußtsein. Man kann alle Handlungen dieser Tiere als instinktiv und erlernt erklären, und dies muß man auch für die noch niedrigeren Wirbeltiere annehmen – die Fische. Somit scheint das Bewußtsein mit dem Auftreten der Säuger in die geistlose Welt der Evolution eingetreten zu sein. Die Tiere erlebten keinen »Schimmer« von Bewußtsein (Gefühlen), bis sich die Säuger-Hirnrinde mit ihren Mikroarealen neuronaler Anordnungen (Dendronen) und ihrer Fähigkeit entwickelt hatte, eine Beziehung zu einer Welt einzugehen, die nicht der Materie-Energie-Welt angehörte. Somit betraten die Psychonen mit ihren bewußten Erfahrungen die bis dahin geistlose Welt.

Die Hypothese, daß Bewußtsein zu einem Tierverhalten führt (Hodgson, 1991), das in der natürlichen Selektion von großer

Bedeutung ist, ließe sich durch vergleichende Untersuchungen von Reptilien und Säugern in der gleichen Umwelt überprüfen.

Der Übergang von den Reptilien zu den Vögeln ist schwierig zu verfolgen (Ulinski und Margoliash, 1990). Die medialen, dorsomedialen und lateralen Komponenten der Reptil-Hirnrinde (Abbildung 7.4) blieben in reduzierter Form bei den Vögeln bestehen. Aber Vögel haben eine einzigartige Entwicklung des Vorderhirns hinter sich – den sogenannten »Wulst« (Abbildung 7.5), der mit dem Sehvermögen befaßt ist. Ich bin geneigt, Thorpe (1978) darin zuzustimmen, daß Vögel besonders zur Fütterungszeit ein »einsichtiges« Verhalten zeigen – ein Anzeichen für bewußte Erfahrungen. Somit ergibt sich hier das Problem, die Ultra-Mikro-Areale im Pallium der Vögel zu identifizieren, die mit der Wechselbeziehung zwischen Geist und Gehirn befaßt sein und den Vögeln einen Schimmer bewußter Erfahrungen verleihen könnten (Abbildung 7.5).

Die Sonderbildung (der »Wulst«) enthält die verschiedenen Komponenten des Hyperstriatums in Abbildung 7.5. Sie steht in besonderer Beziehung zum Sehhirn und bildet den vordersten Teil des Endhirns. Es gibt Anzeichen dafür, daß der »Wulst« den am weitesten entwickelten Teil des Vogelhirns darstellt, aber wir müssen noch weit detailliertere Daten sammeln, bevor wir den »Wulst« mit dem vermuteten Bewußtsein der Vögel in Verbindung bringen können.

Selbst die höchst entwickelten Gehirne der Mollusken, etwa des Oktopus oder der Aplysia, sind bei weitem zu einfach, um ein Bewußtsein auf der Ebene des Gehirns der Insektivoren oder auch nur den »Wulst« der Vögel zu beherbergen.

Bisher war die Welt der Materie und Energie zur Beschreibung eines geistlosen Universums vollständig ausreichend. Jetzt haben wir eine Erklärung für den phylogenetischen Ursprung des Säuger-Bewußtseins. Es stellte sich ursprünglich in den primitiven Hirnrinden der in der Entwicklung befindlichen Säuger ein, die heute noch in Form der basalen Insektivoren vertreten sind. Die Entwicklung einer neuronal funktionsfähigen Hirnrinde hatte als »unbeabsichtigte« Folge eine einzigartige Fä-

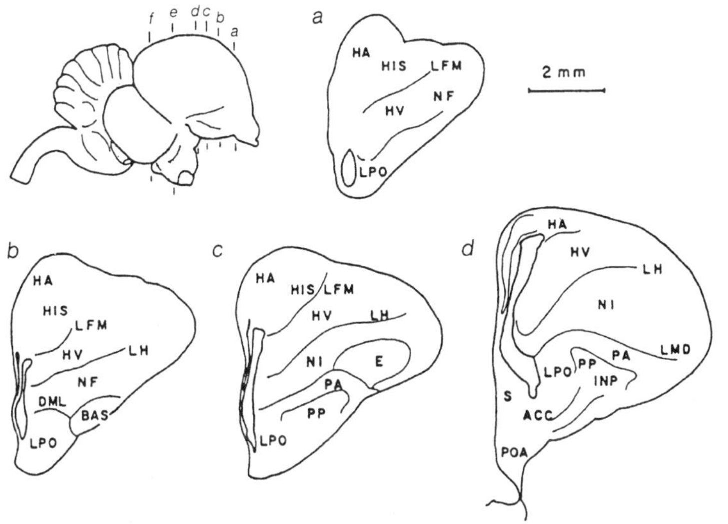

Abb. 7.5: Komponenten der zerebralen Hemisphäre einer Taube. Die grundlegende Anatomie des Vogel-Endhirns ist mit Hilfe einer Reihe von Querschnitten durch die rechte Hirnhälfte gezeigt. Die Schnittebenen der einzelnen Abschnitte sind im Nebenbild (*oben links*) dargestellt. Das Nebenbild zeigt eine Seitenansicht eines Taubenhirns. A = Archistriatum; AC = vordere Kommissur; ACC = Nukleus accumbens; BAS = Nukleus basalis; DML = dorsomediale laterale Nuklei; E = Ektostriatum; HA = Hyperstriatum accessorium; HIS = Hyperstriatum intercalatus superioris; HV = Hyperstriatum ventale; INP = intrapedunkularer Nukleus; LFM = frontale medulläre Lamina; LH = Lamina hyperstriatica.

higkeit – die Fähigkeit, über die Quantenphysik mit dem Geist eine Wechselbeziehung einzugehen (Beck und Eccles, 1992, sowie Kapitel 9 des vorliegenden Buches). Es handelt sich hier um ein hervorragendes Beispiel für das, was ich antizipatorische Evolution genannt habe (Eccles, 1990a).

7.5 Schlußfolgerungen

Ich möchte darauf hinweisen, daß die vorliegende Hypothese über den evolutionären Ursprung des Bewußtseins vier große Vorzüge besitzt: (1) Sie ist neuroanatomisch, (2) sie stimmt mit der biologischen Evolution überein, (3) sie bezieht die höchstentwickelten Anlagen der Hirnrinde und die Funktion ihrer Ultra-Mikro-Areale mit ein, und (4) sie gründet sich auf die Quantenphysik.

Der Quantenphysiker Stapp (1992) hat behauptet, daß die Hypothese einer Wechselwirkung zwischen Geist und Gehirn in der klassischen Physik unzureichend begründbar ist und auf die Quantenphysik zurückgreifen muß. Folglich lehnt Stapp (1992) Theorien wie das neuronale Netz (Mountcastle, 1978) und die neuronale Gruppenselektion (Edelman, 1989) ab und schlägt eine Theorie auf der Grundlage der Quantenphysik vor. Diese Theorie braucht ein solides Fundament in einer Neurowissenschaft der Ultra-Mikroareale in der Hirnrinde, wo die Quantenphysik anwendbar sein könnte. Dieses Fundament wurde jetzt durch Beck und mich (Beck und Eccles, 1992, sowie Kapitel 9 des vorliegenden Buches) geschaffen.

Vor kurzem wurde nach den neuronalen Mechanismen gesucht, die eine Wechselwirkung zwischen weitgehend eigenständigen Hirnrindenfeldern möglich machen. Man sprach vom Verbindungsproblem (*binding problem;* Crick und Koch, 1990; Damasio, 1989; Singer, Artola, Engel und Kreiter, 1991). Es könnte sein, daß globale bewußte Erfahrungen, die mit Hilfe des Zusammenspiels von Psychonen möglich sind, eine wichtige Rolle im Verbindungsproblem spielen.

Das Bewußtsein vermittelt – wie beschrieben wurde (Eccles, 1990a,b, sowie Kapitel 5 des vorliegenden Buches) – von einem Augenblick zum anderen eine umfassende Erfahrung (Hodgson, 1991) der unterschiedlichen komplexen Leistungen des Großhirns; d.h. es ermöglicht dem Säuger globale Erfahrungen einer sichtbaren Welt, nach denen er sein Verhalten richten kann und die weit über die automatischen Vorgänge in der visuellen Hirnrinde hinausgehen.

Wenn es sich so verhält, stellen bewußte Erfahrungen einen evolutionären Vorteil dar. Dieses einfache Bewußtsein muß keine »Dauereinrichtung« sein; es besteht vielleicht nur von einem Augenblick zum anderen entsprechend der Tätigkeit der Hirnrinde. Das Gehirn liefert dem Tier fortlaufende Erinnerungen, die ihm den Eindruck der Kontinuität seines Verhaltens und seines Lebensgefühls vermitteln. Davon unabhängig kann man davon ausgehen, daß zu den bewußten Erfahrungen recht komplexe Gefühle wie Zuneigung und Freude oder auch Schmerz gehören.

Es handelt sich hier um eine darwinistische Hypothese vom Ursprung des Bewußtseins bei den primitivsten Säugern. Diese Hypothese erklärt hingegen nicht die höchsten Stufen des Bewußtseins beim *Homo sapiens sapiens* (Eccles, 1990a,b, sowie Kapitel 5 des vorliegenden Buches; Popper und Eccles, 1977) – des Bewußtseins seiner selbst –, das eine einzigartige Erfahrung eines jeden menschlichen Selbst darstellt (Eccles, 1990a,b, sowie Kapitel 5 des vorliegenden Buches).

Die Hypothese lautet, daß die Evolution der Säuger zur besseren Integrierung der zunehmend komplexeren Sinnesdaten Dendronen hervorbrachte. Diese Dendronen waren fähig, in eine Wechselbeziehung zu Psychonen zu treten, die ebenfalls auftraten. Auf diese Art und Weise bildete sich die mentale Welt und vermittelte den Säugern bewußte Erfahrungen. In der darwinistischen Evolution müßte sich das Bewußtsein vor etwa 200 Millionen Jahren entwickelt haben, in Verbindung mit den primitiven Hirnrinden der in der Entwicklung begriffenen Säuger. Es ermöglichte den Säugern globale Erfahrungen ihrer Umwelt, nach denen sie ihr Verhalten richten konnten und die weit über das hinausgehen, was die unbewußte Tätigkeit der Sinnesbereiche im Kortex möglich machte. Somit verschafften die bewußten Erfahrungen den Säugern einen evolutionären Vorteil gegenüber den Reptilien, denen kein Bewußtsein möglich war, weil ihnen der Neokortex fehlte. Der »Wulst« des Vogelhirns muß eingehender untersucht werden, wenn man entdecken will, auf welche Weise Vögel das Bewußtsein erlangt haben könnten, über das sie zu verfügen scheinen.

Literatur zu Kapitel 7

Akert, K., Peper, K., and Sandri, C. (1975), in *Cholinergic Mechanisms,* ed. P.G. Waser (Raven, New York), 43–57.

Armstrong, D.M. (1981), *The Nature of Man* (Cornell University Press, Ithaca, NY).

Beck, F., and Eccles, J.C. (1992), "Quantum aspects of brain activity and the role of consciousness", *Proc. Nat. Acad. Sci* 89, 11357–11361

Crick, F., and Koch, C. (1990), in: *Seminars in the Neurosciences 2*, 263–275.

Damasio, A.R. (1989), in: *Neural Computat.* 1, 123–132.

Dennett, D.C. (1978), in: *Brainstorms* (MIT Press, Cambridge, MA), 353.

Eccles, J.C. (1986), in: *Proc. Roy. Soc. London B* 240, 433–451.

Eccles, J.C. (1990a), in: *The Principles of Design and Operation of the Brain*, eds. J.C. Eccles and O. Creutzfeldt (Experim. Brain Res., Series 21) (Springer, Berlin, Heidelberg), 549–568.

Eccles, J.C. (1990b), in: *Proc.Roy. Soc. London B 227,* 411–428.

Edelman, G.M. (1989), *The Remembered Present: A Biology Theory of Consciousness* (Basic Books, New York), 346.

Gray, E.G. (1982), in: *Trends Neurosci.* 5, 5–6

Hodgson, D. (1991), *The Mind Matters* (Clarendon, Oxford), 482.

Ingvar, D.H. (1990), in: *The Principles of Design and Operation of the Brain*, eds. J.C. Eccles and O. Creutzfeldt (Experim. Brain Res., Series 21) (Springer, Berlin, Heidelberg), 433–43.

Jack, J.J.B., Redman, S.J., and Wong, K. (1981), in: *J. Physiol.* 321, 65–96.

Jerison, H.J. (1990), in: *Cerebral Cortex,* Vol. 8A, eds. E.G. Jones and A. Peters (Plenum, New York), 285–309.

Kelly, R.B., Deutsch, J.W., Carlson, S.S., and Wagner, J.A. (1979), in: *A. Rev. Neurosci.* 2, 399–446.

Korn, H., and Faber, D.S. (1990), in: *J. Neurophysiol.* 63, 198–222.

Mountcastle, V.B. (1978), in: *The Mindful Brain,* ed. F.O. Schmitt (MIT Press, Cambridge, MA), 7–50.

Penrose, R. (1989), *The Emperor's New Mind* (Oxford University Press, Oxford), 466; dt.: (1991) *Computerdenken: Des Kaisers neue Kleider oder Die Debatte um Künstliche Intelligenz* (Spektrum der Wissenschaft, Heidelberg).

Peters, A., and Kara, D.A. (1987), in: *J. Comp. Neurol.* 260, 573–590.
Popper, K.R., and Eccles, J.C. (1977), *The Self and its Brain* (Springer, Berlin, Heidelberg), 597; dt.: (1982) *Das Ich und sein Gehirn* (Piper, München, Zürich).
Posner, M.I., Petersen, S.E., Fox, P.T., and Raichle, M.E. (1988), in: *Science* 240, 1627–1631.
Redman, S.J. (1990), in: *Physiol. Rev.* 70, 165–198.
Roland, P.E., Larsen, B., Lassen, N.A., and Skinhøj, E. (1980), in: *J. Neurophysiol.* 43, 118–136.
Sayer, R.J., Redman, S.J., and Andersen, P. (1989), in: *J. Neurosci.* 9, 845–850.
Sayer, R.J., Friedlander, M.J., and Redman, S.J. (1990), in: *J. Neurosci.* 10, No. 3, 626–636.
Schmolke, C., and Fleischhauer, K. (1984), in: *Anat. Embryol.* 169, 125–132.
Schmolke, C. (1993), persönl. Mitteilung.
Searle, J. (1984), *Minds, Brains and Science* (British Broadcasting Corporation, London), 102; dt.: (1986) *Geist, Hirn und Wissenschaft* (Suhrkamp, Frankfurt).
Singer, W., Artola, A., Engel, A.K., König, P., and Kreiter, A.K. (1991), *Dahlem Conference,* Berlin.
Squires, E.J. (1988), in: *Found. Phys. Lett.* 1, 13.
Stapp, H.P. (1993), *Mind, Matter and Quantum Mechanics* (Springer, Berlin, Heidelberg).
Stephan, H., Baron, G., and Frahm, H.D. (1991), *Insectivora* (Springer, Berlin, Heidelberg), 573.
Szentágothai, J. (1978), in: *Proc. Roy. Soc. London B* 201, 219–248.
Thorpe, W.H. (1978), *Purpose in a World of Change. A Biologist's View* (Oxford University Press, Oxford), 124.
Ulinski, P.S. (1990), in: *Cerebral Cortex,* Vol. 8A, eds. E.G. Jones and A. Peters (Plenum, New York), 139–215.
Ulinski, P.S., and Margoliash, D. (1990), in: *Cerebral Cortex,* Vol. 8A, eds. E.G. Jones and A. Peters (Plenum, New York), 217–265.
Walmsley, B., Edwards, F.R., and Tracey, D.J. (1987), in: *J. Neurosci.* 7, 1037–1046.

8 Die Entwicklung der Komplexität des Gehirns und das Hervortreten des Bewußtseins

8.1 Einführung

In den Kapiteln 6 und 7 wurde ein beträchtlicher Fortschritt im Verständnis der Mikrostrukturen des Neokortex und der Art und Weise geschildert, wie Bewußtsein erfahren wird. In Kapitel 8 sind diese Entdeckungen noch einmal zusammengefaßt, bevor sie in den Kapiteln 9 und 10 zu einer endgültigen Hypothese der Wechselbeziehung zwischen Geist und Gehirn verbunden werden. Kapitel 8 stellt ein erweitertes und tragfähiges Fundament für diese abschließenden Ausführungen dar. Es enthält eine detaillierte Erklärung vieler Aspekte der Exozytose, der funktionalen Mikro-Einheit des Neokortex. Dabei ist es besonders wichtig, die quantisierte Wahrscheinlichkeit für die Exozytose herauszustellen.

Für die endgültige Synthese ist es notwendig, die experimentellen Untersuchungen der mentalen Einwirkungen auf das Gehirn mittels nicht-invasiver Techniken bei bewußten menschlichen Versuchspersonen heranzuziehen. Und schließlich enthält dieses Kapitel eine ausführlichere Diskussion über die postulierten Einheiten der bewußten Erfahrung – die Psychonen – und ihre eindeutige Beziehung zu den neuralen Einheiten, den Dendronen.

Die grundlegende Idee dieses Kapitels lautet, daß es in der Evolution der Säuger im Bereich des Neokortex zu einer solchen Komplexität in seiner Ultramikrostruktur kommen mußte, die wir buchstäblich als transzendent (Eccles, 1992, und Kapitel 7 des vorliegenden Buches) bezeichnen können, weil sie dem Gehirn die Welt des bewußten Fühlens erschloß. Zuvor war die Welt des Lebendigen *geistlos* gewesen, wie sie es nach unserem derzeitigen Wissen heute noch für die Bakterien, Pflanzen und niederen Tiere ist. Man könnte fragen, wie niedrig diese Tiere sein müssen. Die übliche Antwort lautet, daß alle Säuger – Hunde, Katzen, Affen, Ratten – und möglicherweise auch Vögel Gefühle und Schmerzen empfinden, aber nicht die Wirbellosen und die niederen Wirbeltiere wie Fische und sogar Amphibien und Reptilien, die nur instinktive und erlernte Reaktionen aufweisen. Aber es könnte sich auch zeigen, daß im Licht der Vorstellung, wie Tiere ihr Bewußtsein einsetzen können, weitaus mehr Versuche möglich sind – wie ich am Ende des Kapitels darstellen werde.

Wir können davon ausgehen, daß sich der Neokortex der Säuger entwickelte, um der enorm vergrößerten Komplexität der Sinnesdaten Rechnung zu tragen und das Verhalten auf sie abzustimmen: Gesicht, Gehör, Tastsinn, Geruchsinn, Geschmack und der Sinn für die körpereigenen Reize. Wir können jetzt zu verstehen versuchen, in welcher Weise der Funktionsaufbau des Säugerhirns Eigenschaften aufweisen könnte, die das Bewußtsein für eine andere Welt als die der Materie und Energie vermitteln könnten: die Welt der Gefühle, Gedanken, Erinnerungen, Absichten und Emotionen.

Wir müssen uns auf den Neokortex konzentrieren, weil alle übrigen Teile des Gehirns wie das Striatum, das Dienzephalon, das Zerebellum und der Pons auch bei niederen Wirbeltieren, Reptilien, Amphibien und Fischen zu finden sind, die keine Anzeichen für bewußte Gefühle erkennen lassen (Thorpe, 1974, 1978).

8.2 Der Neokortex der Säuger

In diesem Abschnitt kommen wir zum Neokortex der Säuger, der in seiner Beschaffenheit dem unseren ähnelt, nur in der Regel weitaus kleiner ist. Er weist denselben neuronalen Aufbau auf wie in den Abbildungen 6.3a, b und 8.1a dargestellt, wo die häufigsten und wichtigsten Neuronen gezeigt werden, die Pyramidenzellen (B, C, D und E in Abbildung 6.3a, b und 8.1a); vier in

Abbildung 6.3b und fünf in Abbildung 8.1a sind hervorgehoben mit vielen anderen nur angedeuteten. Der Kortex besteht aus sechs Schichten (Abbildung 8.1a), und alle wirklichen Pyramidenzellen befinden sich in den Schichten V, III und II. Jede von ihnen weist einen aufsteigenden Dendriten und viele Seitenzweige auf, die der Oberfläche entgegenstreben und in einem Endbüschel enden. Eine Pyramidenzelle besitzt eine Nervenfaser (Axon) zur Weiterleitung von Informationen. Das Axon strebt von der Zelle abwärts, wie in den Abbildungen 8.1a und 8.2a dargestellt, und verläßt die Hirnrinde. Es endet schließlich in vielen Verzweigungen entweder anderswo im Kortex oder in weiter entfernten Teilen des Gehirns.

Bevor wir uns mit seinen transzendenten Eigenschaften befassen, sind einige weitere Aussagen und bildliche Darstellungen des Säugerkortex unerläßlich. Er ist aus einer riesigen Anzahl – *mehreren Milliarden* – einzelner *Nervenzellen* zusammengesetzt, wie sie in den Abbildungen 6.3, 8.1a und 8.2a dargestellt sind. Jede von ihnen empfängt über die feinen axonalen Verzweigungen, die in *synaptischen Knoten* oder Boutons enden, Daten von anderen Nervenzellen (Abbildungen 8.1b und 8.2a). An jeder Nervenzelle befinden sich Tausende von exzitatorischen Dornsynapsen, wie sie zum Teil durch die Dornen an den apikalen Dendriten der Pyramidenzellen in den Abbildungen 6.3b und 8.1a und durch die aufgereihten Boutons an dem apikalen Dendriten und seinen Verzweigungen in Abbildung 8.2a dargestellt sind. Selbst diese Zeichnung gibt nur einen Teil der Tausende von Boutons an den synaptischen Dornen der apikalen Dendriten jeder Pyramidenzelle und natürlich auch an allen übrigen Zell-Dendriten und dem Zellkörper wieder.

In Abbildung 8.1b ist das Bouton (*pre*) einer Synapse dargestellt. Es ist Bestandteil einer exzitatorischen Synapse jenseits eines synaptischen Spalts (*d*) an einem Dendritendorn und enthält zahlreiche synaptische Vesikeln (*vs*), die mit 5000 bis 10 000 Molekülen einer spezifischen Transmittersubstanz gefüllt sind. Einige Vesikeln sind an der synaptischen Oberfläche des Boutons angehäuft – und diese sind die Hauptdarsteller in meiner Geschichte.

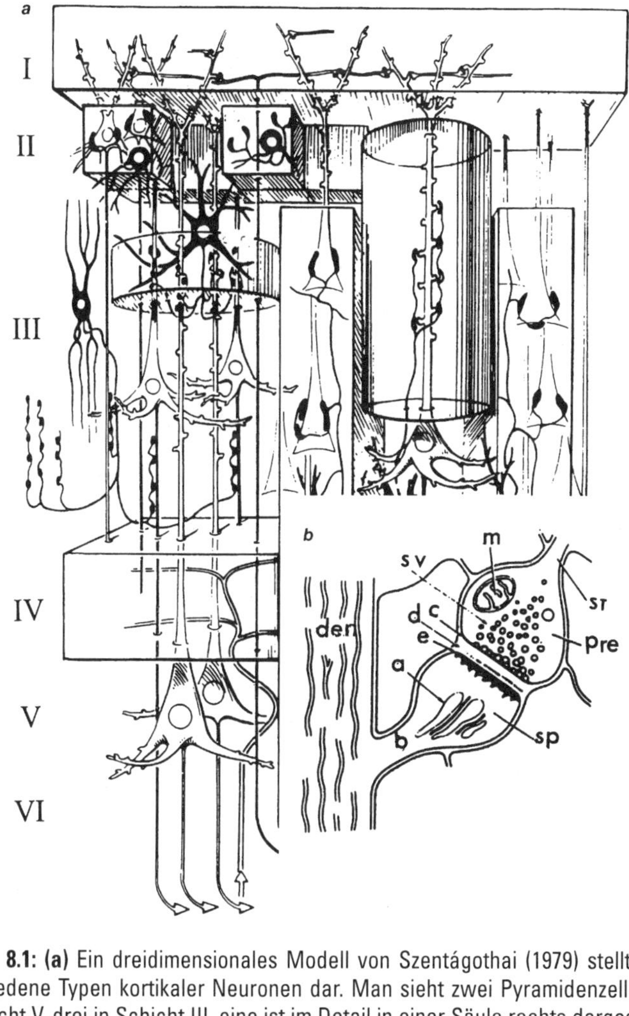

Abb. 8.1: (a) Ein dreidimensionales Modell von Szentágothai (1979) stellt verschiedene Typen kortikaler Neuronen dar. Man sieht zwei Pyramidenzellen in Schicht V, drei in Schicht III, eine ist im Detail in einer Säule rechts dargestellt, und zwei in Schicht II. **(b)** Der Feinaufbau einer Dornsynapse an einem Dendriten (den. t); st = Axon, das in einem synaptischen Bouton oder präsynaptischen Abschluß endet (pre); sv = synaptische Vesikeln; c = präsynaptisches Vesikelgitter; d = synaptischer Spalt; e = postsynaptische Membran; a = Dornapparat; b = Dornstiel; m = Mitochondrium (Gray, 1982).

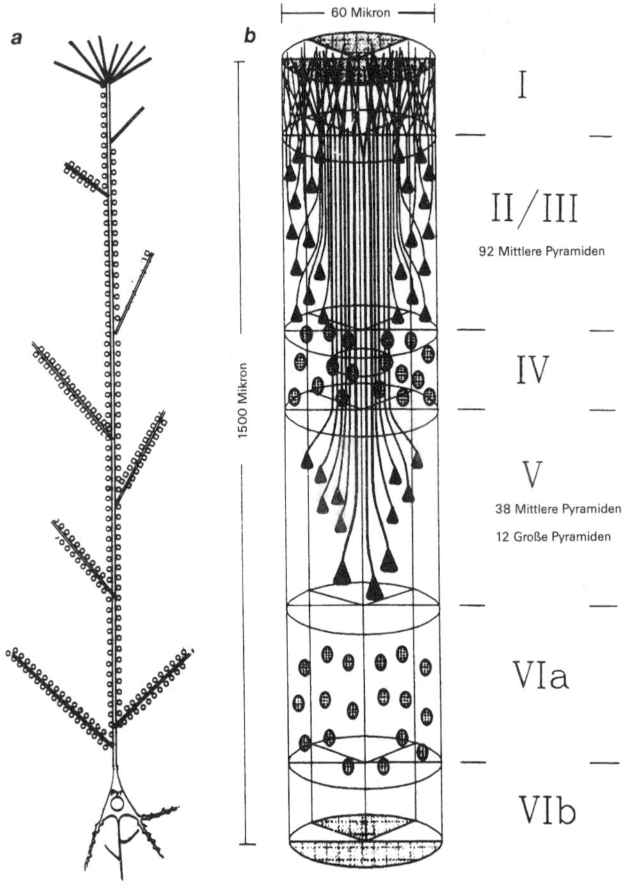

Abb. 8.2: **(a)** Zeichnung einer Schicht-V-Pyramidenzelle mit ihrem apikalen Dendriten. Man erkennt die Seitenzweige und das Endbüschel, alle mit Dornsynapsen bedeckt (nicht alle dargestellt). Das Soma mit seinen basalen Dendriten weist ein Axon mit Nebenaxon auf, bevor es den Kortex verläßt. **(b)** Zeichnung der sechs Schichten der Hirnrinde mit den apikalen Dendriten der Pyramidenzellen der Schichten II, III und V. Man erkennt, wie sie sich bündeln, während sie zu Schicht I emporsteigen, wo sie in Büscheln enden. Die kleinen Pyramiden der Schichten IV und VI sind nicht an dieser apikalen Bündelung beteiligt (Peters, persönliche Mitteilung, 1991).

Nervenimpulse sind kurze Signale einer Depolarisierung von etwa einer Millisekunde Dauer, die Nervenfasern entlanglaufen und im Abschlußbouton enden, wie in Abbildung 8.1b und – stark vergrößert – in den Abbildungen 8.3 und 8.4 dargestellt. Das Signal wird über eine Synapse weitergeleitet, wenn der im Bouton eingehende Impuls ein Vesikel zur Freisetzung seiner Transmittersubstanz in den synaptischen Spalt veranlaßt – wie durch den gebogenen Pfeil in Abbildung 8.3 angedeutet – und so auf die spezifischen Rezeptor-Positionen auf der anderen Seite der Synapse (e in Abbildung 8.1b und *postsyn.* in Abbildung 8.3) einwirkt.

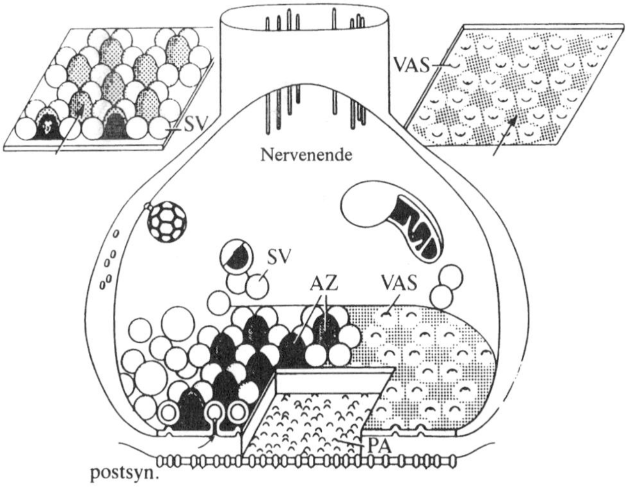

Abb. 8.3: Schema eines Nervenendes (Bouton) einer zentralen Säuger-Synapse. Man erkennt die aktive Zone, das präsynaptische Vesikelgitter mit einem geometrischen Muster aus dichten Vorsprüngen (AZ) in dreieckiger Anordnung und synaptischen Vesikeln (SV) in hexagonaler Anordnung. Ein Vesikel ist während der Exozytose gezeigt, angedeutet durch einen Pfeil in dem synaptischen Spalt. Unten sieht man die postsynaptische Membran mit Partikel-Ansammlungen (PA) unter dem Ausschnitt. Das präsynaptische Vesikelgitter wurde rechts entfernt, um die hexagonale Anordnung der präsynaptischen Andockung (VAS) zu zeigen. Das *Nebenbild links* zeigt das präsynaptische Vesikelgitter, und das *rechte Nebenbild* zeigt die Stellen, wo die Vesikeln andokken. Modifiziert nach Akert et al. (1975).

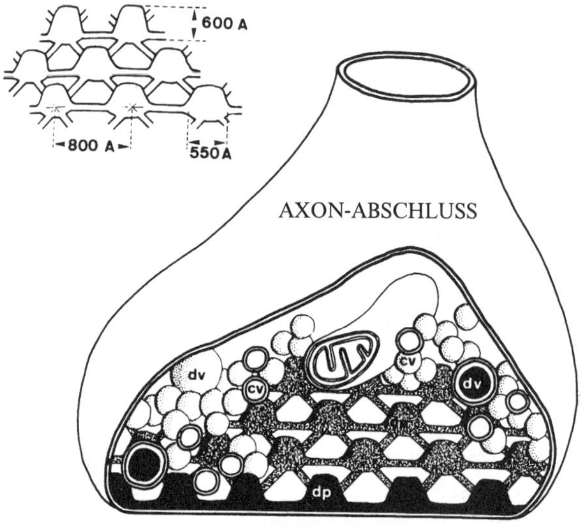

Abb. 8.4: Ein Axon-Abschluß oder Bouton. Man erkennt die dichten Vorsprünge der aktiven Ebene mit Querverbindungen, die das präsynaptische Vesikelgitter (PVG) bilden. Das PVG ist im Nebenbild mit seinen Abmessungen gezeichnet (Pfenninger et al., 1969).

In bezug auf die erregende synaptische Übertragung in der Gehirnrinde haben wir es im besonderen mit Glutamat als Transmitter zu tun. Es wirkt durch kurzes Öffnen ionischer Kanäle, die kurzfristig das elektrische Potential hinter der postsynaptischen Membran verringern und auf diese Weise ein mini-exzitatorisches postsynaptisches Potential (EPSP) des Dendriten erzeugen. Durch elektrotonische Weiterleitung entlang dem Dendriten summieren sich die Milli-EPSPs, die von allen etwa zur selben Zeit aktivierten Boutons erzeugt werden (Abbildung 4.1). Wenn dies bei einer Vielzahl von Boutons der Fall ist (siehe Abbildung 8.2a), können die summierten Milli-EPSPs zu einer Membran-Depolarisierung von 10–20 mV führen, und das könnte ausreichen, um einen Impuls in der Pyramidenzelle zu erzeugen, der sich in ihrem Axon weiterbewegt – wie in den Abbildungen 6.3 und 8.1a dargestellt – und schließlich zu den vielen Synapsen der Hirnrinde auf Dendriten von Neuronen oder in andere Hirnregionen gelangt.

Dies ist die konventionelle Makro-Funktionsweise einer Pyramidenzelle des Neokortex, und sie läßt sich befriedigend mit Hilfe der klassischen Physik und der Neurowissenschaft beschreiben, selbst in der höchst komplexen Gestaltung der Netzwerktheorie und neuronalen Gruppenselektion (Szentágothai, 1978; Mountcastle, 1978; Edelman, 1989; Changeux, 1985).

Es mag so scheinen, als wiese diese allgemein anerkannte, vereinfachte Erklärung der neuronalen Mechanismen des Neokortex bereits eine hohe Komplexitätsstufe in ihrem Entwurf auf. Aber diese Erklärung läßt die bewußt empfundenen Gefühle außer acht, die durch die Gehirntätigkeit erzeugt werden können. Um sich auf dieses Gebiet zu begeben, muß man die Funktionsweise der Synapsen an den Pyramidenzellen detailliert untersuchen und damit eine neue Komplexitätsstufe erklimmen. Des weiteren wurde behauptet, daß diese komplexen neuronalen Strukturen mentale Eigenschaften aufweisen (Edelman, 1989; Crick und Koch, 1990). Changeux (1985) spricht zum Beispiel davon, daß »Bewußtsein geboren« wurde. Stapp (1991, 1992) hingegen versichert, daß sich der Ursprung des Bewußtseins nicht mit Hilfe der klassischen Physik erklären läßt – er hält Quantenphysik für unerläßlich. Die klassische Physik widmet sich der Materie und ihrem energetischen Verhalten auf sämtlichen Komplexitätsstufen, aber sie befaßt sich nicht mit der mentalen Welt. Die Quantenphysik hingegen steht in enger Beziehung zur mentalen Welt. Somit bewegt sich unsere Untersuchung der Funktionsweise von Synapsen an Pyramidenzellen auf der Suche nach dem Geist auf einer höheren Komplexitätsstufe.

8.3 Die Organisation des Neokortex

Peters und Kara (1987) in Boston und Fleischhauer und Schmolke in Bonn (1984) stimmen darin überein, daß sich die apikalen Dendriten der Pyramidenzellen in den Schichten V, III und II (Abbildung 8.1a) zu Bündeln zusammenschließen, während sie zur Schicht I emporstreben (Abbildungen 6.8, 6.10 und 8.2b). Somit stellen sie neurale Rezeptoreinheiten der Hirnrinde dar, die aus etwa 100 apikalen Dendriten und ihren Zweigen (Abbildung 8.2b) zusammengesetzt sind und die wir *Dendronen* nennen. Der enorme synaptische Input in die 70 bis 100 aufsteigenden Dendriten, die zu einem Dendron (Abbildung 8.2b) gebündelt sind, kommt aus weit mehr als 100 000 Synapsen, wenn jeder aufsteigende Dendrit im Mittel etwa 2000 Synapsen aufweist (Abbildung 8.2a).

8.4 Die Ultrastruktur der Synapsen

Abbildung 8.1b enthält eine allgemeine Darstellung einer kortikalen Synapse, aber jetzt ist es erforderlich, die Ultrastruktur so zu beschreiben, wie sie Akert und Mitarbeiter mit Hilfe der Gefrierbruchtechnik, der Elektronenmikroskopie und der selektiven Einfärbung aufgezeigt haben. Hier ist der Punkt, an dem wir eine neue Komplexitätsstufe betreten. Abbildung 8.3 ist ein Schlüsseldiagramm, das als zentrales Gebilde ein Nerven-Terminal oder Bouton zeigt, das dem synaptischen Spalt (*d* in Abbildung 8.1b) gegenüberliegt. Man kann die innere Oberfläche eines Boutons (*c* in Abbildung 8.1b) als Ansammlung von synaptischen Vesikeln erkennen, aber jetzt zeigt sich, daß sie eine wunderschöne Struktur mit dichten Protein-Vorsprüngen (*DV*) in dreieckiger Anordnung (*AZ* in Abbildung 8.3) darstellt, die das präsynaptische Vesikelgitter (*PVG*) mit synaptischen Vesikeln (*SVs*) in genau passenden hexagonalen Anordnungen (Abbildung 8.3 und das linke Nebenbild darin) bildet. Abbildung 8.4 ist eine schematische Zeichnung der dichten Vorsprünge, indem sie die unterstützenden, im Dreiecksmuster angeordneten Protein-Fäden betont, die auch in der Nebenzeichnung zu sehen sind (Größenangaben in Ångström-Einheiten, 1 nm = 10 Å). Die sphärischen SVs, etwa 40 nm im Durchmesser, mit ihrem Inhalt an Transmittermolekülen sind in den idealisierten Zeichnungen des PVG (Abbildung 8.3 und das linke

Nebenbild darin) mit den im Dreiecksmuster angeordneten DVs, AZ und der hexagonalen Anordnung der SVs zu sehen. Die SVs sind so eng mit der präsynaptischen Membran verbunden, daß diese sich hervorstülpt, um ihnen entgegenzukommen (Abbildung 8.3, linkes Nebenbild). Entfernt man die SVs, zeigen diese Ausstülpungen das hexagonale Muster der präsynaptischen Positionen (VAS in Abbildung 8.3 und dem rechten Nebenbild darin). Gewöhnlich sind es 40 bis 60 SVs in dem einzelnen PVG eines Boutons (Abbildungen 8.3 und 8.4).

Man kann dem exquisiten Entwurf des PVG ansehen, daß es einen evolutionären Ursprung für Synapsen hat, die chemische Transmittersubstanzen freisetzen. Man findet sie in einfacherer Form bei Synapsen der Molluske *Aplysia* (Kandel et al., 1987) und in den Mauthner-Zellen der Fische (Korn und Faber, 1987). Der Hauptzweck dieses Mechanismus scheint die Bewahrung von Transmittermolekülen während einer intensiven Tätigkeit der Synapse zu sein.

Bei der chemischen synaptischen Transmission bestand nicht nur das Problem, den Transmitter herzustellen und ihn an den synaptischen Aktionsort zu transportieren, wo er in Vesikeln verpackt wurde, sondern auch noch die Notwendigkeit der Erhaltung von Transmittersubstanz. Wie bereits bemerkt, sind nicht mehr als 40 bis 60 Vesikeln im PVG versammelt und zur Freisetzung in der Exozytose bereit. Und doch kann die Aktivierung durch präsynaptische Impulse, die in dem Bouton eintreffen, mit einer Frequenz von etwa 40 pro Sekunde entstehen. Somit ist die Notwendigkeit der Erhaltung offensichtlich.

8.5 Exozytose

Ein Nervenimpuls, der in ein Bouton einfließt, verursacht einen großen Influx von Ca^{2+}-Ionen (Abbildung 8.5b). Der Eintritt von vier Ca^{2+}-Ionen aktiviert ein synaptisches Vesikel mittels Calmodulin und kann das Vesikel dazu veranlassen, augenblicklich einen Kanal (Abbildung 8.5b) durch die angrenzende synap-

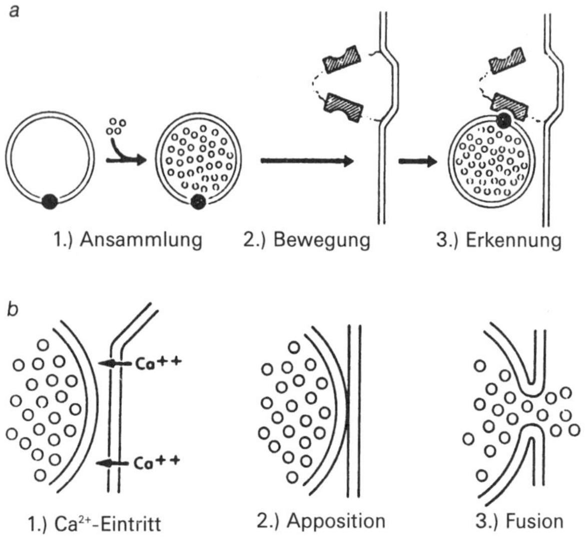

Abb. 8.5: Stufen der Entwicklung, Bewegung und Exozytose der synaptischen Vesikeln.
(a) Die drei Stufen, in denen ein Vesikel mit Transmitter aufgefüllt und an einen der präsynaptischen dichten Vorsprünge von dreieckiger Form herangeführt wird. **(b)** Stadien der Exozytose mit der Freisetzung von Transmitter in den synaptischen Spalt. Die wichtige Rolle des Inputs von Ca^{2+}-Ionen aus dem synaptischen Spalt ist erkennbar (Kelly et al., 1979).

tische Membran zu öffnen – wie durch den gebogenen Pfeil in Abbildung 8.3 angedeutet –, so daß sein gesamter Transmitter-Inhalt in den synaptischen Spalt freigesetzt wird; ein Vorgang, der *Exozytose* genannt wird.

Ein Nervenimpuls löst höchstens eine einzige Exozytose in einem PVG aus (Abbildung 8.3). Diese Begrenzung setzt eine komplexe Organisation des parakristallinen PVG voraus. Es wurde bisher nicht geklärt, wie die Exozytose gesteuert werden kann, wenn der Nervenimpuls ein Einströmen von Ca^{2+}-Ionen in ein Bouton auslöst, das die vier für das Calmodulin, das seinerseits die Exozytose auslöst, erforderlichen um ein Vieltausendfaches übertrifft (Mc-Geer et al., 1987, S. 96).

Exozytose stellt die grundlegende, einheitliche Aktivität der Hirnrinde dar. Jede Exozytose von synaptischem Transmitter nach dem Prinzip ›Alles oder nichts‹ führt zu einer kurzfristigen, exzitatorischen postsynaptischen Depolarisierung (EPSP). Wie bereits angemerkt, ist eine Summierung durch elektrotonische Weiterleitung (Abbildung 4.1) von vielen Hunderten dieser Milli-EPSPs erforderlich, bis eine EPSP groß genug ist (10 bis 20 mV), um eine Pyramidenzelle zur Entladung eines Impulses zu veranlassen. Dieser Impuls pflanzt sich entlang ihres Axons fort (Abbildungen 6.3, 7.1d und 7.8) und bewirkt eine Erregung an ihren vielen Synapsen.

Die Exozytose wurde eingehend im Zentralnervensystem der Säuger untersucht. Dort ist es jetzt möglich, eine neue Komplexitätsstufe zu erreichen, indem man einen einzelnen erregenden Impuls verwendet, um EPSPs in einzelnen Neuronen auszulösen, die mittels intrazellulärer Aufzeichnung studiert werden. Außerordentliche Probleme bereitet das Hintergrundrauschen, das ebenso stark wie die untersuchten Signale ist (Abbildung 8.6). Glücklicherweise kann man das Signal mehrere tausend Male wiederholen, um einen signifikanten Mittelwert über dem Hintergrundrauschen zu erhalten, und es wurden spezielle statistische Verfahren der Entfaltungsanalyse entwickelt, um die Wahrscheinlichkeiten für die Exozytose zu ermitteln (Redman, 1990).

Die ersten Untersuchungen fanden am Rückenmark statt und galten der monosynaptischen Wirkung einzelner Impulse auf Motoneuronen in den großen afferenten Ia-Muskelfasern (Abbildung 4.1a) (Jack et al., 1981). Kürzlich fand man heraus (Walmsley et al., 1987), daß das Verhältnis von Signal zu Rauschen bei den Neuronen, die den dorsospinozerebellaren Trakt (DSZT) empor zum Zerebellum streben, viel günstiger war, und es wurden viele durch Exozytose bei DSZT-Neuronen ausgelöste gequantelte Reaktionen untersucht. Die gequantelten EPSPs wiesen eine durchschnittliche Wahrscheinlichkeit von 0,76 auf.

8.6 Die Wahrscheinlichkeit der Exozytose

Abbildung 8.6 zeigt schematisch die experimentelle Anordnung für die äußerst wichtige Untersuchung der Wahrscheinlichkeit einer Exozytose bei Neuronen des Hippokampus einer speziellen Form der Hirnrinde (Sayer et al., 1989). Man nutzte eine eindeutige neuronale Verbindung (Abbildung 8.6a-d). Das Axon eines CA3-Neurons bildet einen Zweig aus, ein Schaffer-Kollateral (*Sch*), das Synapsen an den apikalen Dendriten eines anderen Neurons vom Typ CA1 bildet. Man entlädt über eine Mikroelektrode, die man in ein CA3-Neuron (A) einführt, einen Impuls, der über das Schaffer-Kollateral zu dem CA1-Neuron übermittelt wird, dort endet und ein EPSP erzeugt, das intrazellulär aufgezeichnet wird (Abbildung 8.6c). Diese sorgfältige Technik stellt sicher, daß das CA1-EPSP durch einen Impuls in einem einzelnen Axon erzeugt wird, aber wie in Abbildung 8.6e, f dargestellt, werden die durch einen Stimulus beginnend an dem Pfeil erzeugten EPSPs von Hintergrundrauschen überlagert, das noch stärker ist als das EPSP. Aber eine Serie von vielen tausend Impulsen eliminiert praktisch das Rauschen, so daß man deutliche EPSPs aufzeichnen (Abbildung 8.6g, h) und messen kann, die bei etwa 160 μV liegen (Sayer et al., 1990). Darüber hinaus erlaubt die Technik der Entfaltungsanalyse, die Wahrscheinlichkeit der Freisetzung eines einzelnen synaptischen Vesikels durch einen Nervenimpuls zu bestimmen, eine Exozytose. Wie auch in einfacheren Situationen ist diese Wahrscheinlichkeit der Freisetzung immer kleiner als 1, und beim Hippokampus ist sie mit mittleren Werten von 0,27, 0,24 und 0,16 für die drei gänzlich zuverlässigen Experimente in der Tat sehr gering (Redman, persönliche Mitteilung, 1992). Somit führt ein Impuls, der in ein Bouton gelangt, mit einer Wahrscheinlichkeit von nur einem in vier bis einem in fünf Fällen zu einer Exozytose. Es handelt sich hier um ein Ergebnis von grundlegender Bedeutung, das uns auf eine neue Komplexitätsebene führt.

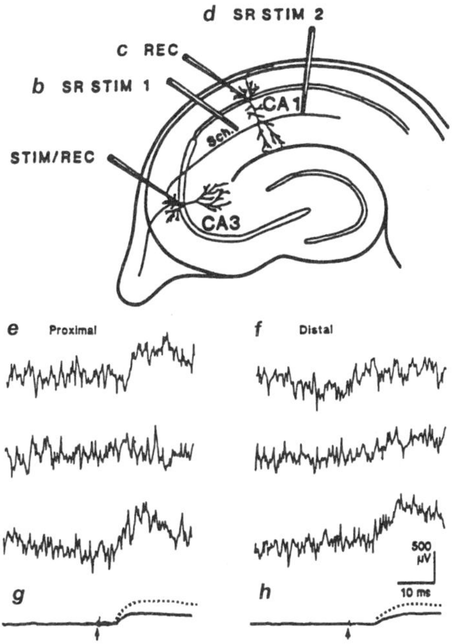

Abb. 8.6: **(a-d)** Die experimentelle Anordnung zur Untersuchung der Wahrscheinlichkeit einer Exozytose von Neuronen im Hippokampus, wie im Text beschrieben. **(e)** Drei Reaktionen auf einen Stimulus auf eine einzelne Schaffer-Faser wie in **(d)**, die wie in **(c)** intrazellulär aufgezeichnet wurden. **(f)** Das Mittel aus vielen Tausenden von Reaktionen. **(g, h)** Aufzeichnungen wie in **(e, f)**, aber für eine Schaffer-Faser, die distaler zu CA1 angeordnet ist. In **(g)** und **(h)** zeigen die *gepunkteten* Kurven das durch eine verstärkte Exozytose angewachsene EPSP.

Die Regelung der Exozytose wurde von Betz und seinen Mitarbeitern untersucht, die die Proteine synaptischer Vesikeln mehrere Jahre lang intensiv untersucht haben – in der Hoffnung, den Mechanismus der quantisierten Emission zu verstehen. Die beiden beteiligten äußerst wichtigen Proteine Synaptophysin und Synaptoporin sind einander sehr ähnlich.

In der dynamischen Struktur des PVG sind die dichten Vorsprünge (DP in der Abbildung 8.4) zumindest ebenso wichtig wie die synaptischen Vesikeln, aber es scheint keine Untersuchungen über sie zu geben, die sich mit der Studie der synaptischen Vesikeln von Betz und Mitarbeitern vergleichen ließen. Die Aufklärung der parakristallinen Struktur des PVG erfordert die genaue Kenntnis beider Komponenten. Das Fernziel lautet, die geringe Wahrscheinlichkeit der quantisierten Emission (Exozytose) in Reaktion auf Nervenimpulse, die in dem Bouton eintreffen, mit Hilfe der Quantenphysik zu erklären.

8.7 Psychonen

Die Hypothese, daß das Dendron die neurale Einheit des Neokortex ist, fordert zu dem Versuch heraus, die komplementären mentalen Einheiten zu finden, die mit Dendronen in Wechselbeziehung treten, zum Beispiel beim absichtlichen Handeln oder bei der Wahrnehmung.

Mentale Erfahrungen wie etwa Gefühle sind mitunter keine vagen, unbestimmten Ereignisse, sondern in ihrer ungeheueren Vielfalt mikrogranular und präzise organisiert, um eine genaue Beschreibung der Art des betreffenden Gefühls zu ermöglichen. Zum Beispiel könnte die Erfahrung in einer bestimmten Empfindung in einer Stelle der rechten großen Zehe bestehen.

Es wurde die Hypothese aufgestellt (Eccles, 1990, sowie Kapitel 6 des vorliegenden Buches), daß alle mentalen Ereignisse und Erfahrungen – in der Tat die Gesamtheit der äußeren und inneren Sinneserfahrungen – aus elementaren oder einheitlichen mentalen Erfahrungen aller Intensitätsgrade zusammengesetzt sind. Jede dieser mentalen Einheiten ist in einheitlicher Weise wechselseitig mit einem Dendron verbunden, wie in Abbildung 8.7 in idealisierter Form bei drei Dendronen dargestellt. Die drei assoziierten mentalen Einheiten sind in Form einer Umhüllung der drei Dendronen und durch geschlossene Quadrate, offene Quadrate und Punkte dargestellt. Ein passender Name für diese hypothetischen mentalen Einheiten wäre »Psychonen«. Nach der Einheitlichkeits-Hypothese (Eccles, 1990, sowie Kapitel 6 des vorliegenden

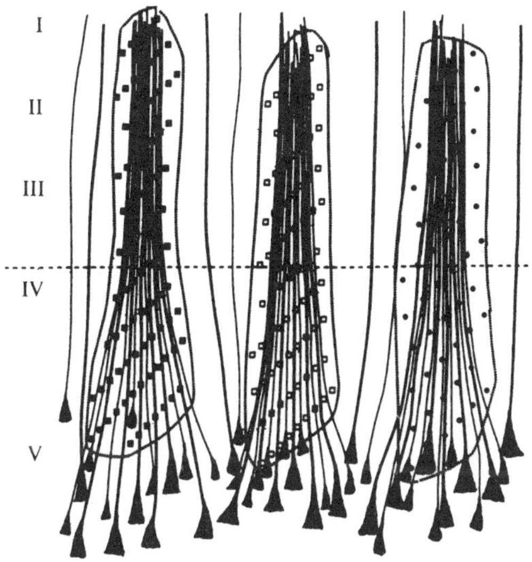

Abb. 8.7: Zeichnung dreier Dendronen, die zeigt, wie sich die aufsteigenden Dendriten großer und mittlerer Pyramidenzellen in Schicht IV und weiter nach außen hin bündeln und so eine neurale Einheit bilden. Ein kleiner Prozentsatz der aufsteigenden Dendriten beteiligt sich nicht an dem Bündel. Die hier gezeigten aufsteigenden Dendriten enden in Schicht I. Die Enden weisen eine Büschelform auf, die nicht gezeigt wird. Außerdem zeigt das Diagramm die Überlagerung jeder neuralen Einheit (jedes Dendrons) mit einer mentalen Einheit (ein Psychon), die eine charakteristische Markierung aufweist (*geschlossene Quadrate, offene Quadrate* und *geschlossene Kreise*). Jedes Dendron ist mit einem Psychon verbunden, das seine eigene charakteristische Erfahrung darstellt.

Buches) besteht bei der Geist-Gehirn-Wechselbeziehung – zum Beispiel bei dem erwähnten Gefühl in der rechten großen Zehe – eine eindeutige Verbindung zwischen jedem Psychon und seinem Dendron.

Psychonen stellen keine Wahrnehmungspfade zu Erfahrungen dar. Sie sind die Erfahrungen in ihrer ganzen Vielfalt und Einzigartigkeit selbst. Es könnte Millionen von Psychonen geben, die jedes mit einem der Millionen von Dendronen verbunden sind. Die Hypothese lautet, daß es die charakteristische Eigenschaft der

Psychonen ist, in Verbindung zu treten und so eine einheitliche Erfahrung zu ermöglichen.

8.8 Die Schaffung neuronaler Ereignisse durch mentale Ereignisse

Die Suche nach der Art und Weise, wie willkürliche Bewegungen herbeigeführt werden, hat eine lange Geschichte. Einige Neurowissenschaftler nehmen einen materialistischen Standpunkt ein und leugnen, daß der nicht-materielle Geist das Gehirn dahingehend beeinflussen kann, daß es eine beabsichtigte Bewegung veranlaßt. Dieses materialistische Dogma läßt das bewußte Handeln außer acht, das wir in jedem Augenblick erfahren, selbst im sprachlichen Ausdruck dieses Dogmas!

Ingvar (1990) hat den Begriff *reine Vorstellung (pure ideation)* eingeführt und als kognitives Ereignis definiert, das keinen Bezug zu irgendeiner fortlaufenden sensorischen Stimulierung oder motorischen Leistung hat. Er stellt fest:

> »Eine Untersuchung der Gehirnteile, die durch reine Vorstellung aktiviert werden, scheint einen neuen Ansatz im Verständnis der menschlichen Psyche zu eröffnen.«

Ingvar und seine Mitarbeiter in Lund haben (seit 1965) die Messung der regionalen Hirndurchblutung eingeführt, um mittels zerebraler Ideographie die Gehirntätigkeit bei reiner Vorstellung in der ganzen ungeheueren Vielfalt aufzuzeigen, die durch die Psyche erzeugt wird. Roland et al. (1980) zeigten durch radiochemische Abbildung, daß bei einer reinen motorischen Vorstellung komplexer Handbewegungen die zugeordneten motorischen Felder auf beiden Seiten aktiviert werden (SMF, Abbildungen 5.2 und 8.8). Raichle und seine Mitarbeiter wiesen mittels der genaueren Technik des PET-Scannings (Positronen-Emissions-Tomographie) eine umfangreiche, fleckenartige Aktivität des Neokortex während bestimmter *mentaler Operationen* bei selektiver Aufmerksamkeit nach (Posner et al., 1988).

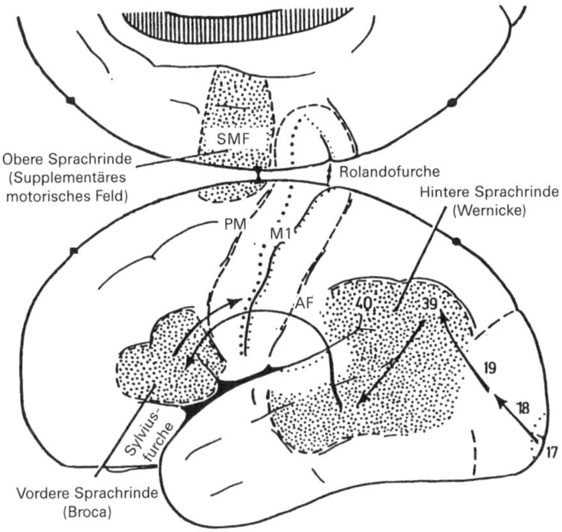

Abb. 8.8: Seitenansicht der linken Hemisphäre, links der Stirnlappen. Die mediale Seite der Hemisphäre ist so dargestellt, als würde sie nach oben gespiegelt. F. Rol. ist die Rolandsche Furche oder der Sulcus centralis; F. Sylv. ist die Fissura Sylvii. Den primären motorischen Kortex M1 sieht man im präzentralen Kortex unmittelbar vor der Rolandschen Furche, in die er tief hineinreicht. Vor M1 sieht man den prämotorischen Kortex (PM) mit dem zugeordneten motorischen Feld (SMF), das vorwiegend auf der medialen Seite der Hemisphäre liegt.

Somit zeigen umfassende experimentelle Untersuchungen, daß mentale Vorsätze (Psychonen) die Hirnrinde wirksam aktivieren können. Diese verstärkte neuronale Aktivität läßt sich erklären, wenn die Psychonen vorübergehend eine erhöhte Wahrscheinlichkeit der Exozytose verursacht haben, die in einem Bouton durch eingehende Nervenimpulse ausgelöst wurde (Beck und Eccles 1992, sowie Kapitel 9 des vorliegenden Buches).

Die Wirksamkeit, mit der ein mentaler Vorsatz eine neuronale Aktivität verursacht, wurde auch sehr gut durch das Bereitschaftspotential (*RP*) belegt, das mit Hilfe der Mittelungstechnik als langsames, negatives Potential über der Kopfhaut aufgezeichnet wird (Deecke und Lang, 1990). Es ist am größten über dem zugeordneten motorischen Feld (*SMF*, Abbildung 8.8) vor dem motorischen Kortex (*MK*, Abbildung 8.8). Libet (1990) hat durch exquisit ersonnene Experimente herausgefunden, daß das Bereitschaftspotential (*RP*) wenigstens 0,5 s vor dem Zeitpunkt beginnt, an dem das Versuchsobjekt sich seines Willens zu der Bewegung bewußt (*W*) wird, was frühestens 0,2 s vor dem Beginn der Bewegung der Fall ist. Man schloß daraus, daß das Gehirn etwa 0,5 s aktiv ist, bevor die Bewegung bewußt gewollt (*W*) wird. Aber die frühere Phase des *RP* ist vermutlich ein Artefakt der Messung (Libet, 1990, Eccles in der Allgemeinen Diskussion). Es scheint, als fände das *wirksame Wollen* erst 0,2 s vor der Bewegung statt. Man kann davon ausgehen, daß das mentale Ereignis des Wollens (*W*) den neuronalen Ereignissen im Gehirn vorausgeht, besonders im *SMF* (Abbildung 8.8).

Das präsynaptische Vesikelgitter bietet sich bei dem Versuch, die erfolgreiche Einwirkung mentaler Ereignisse mittels eines Vorgangs zu erklären, der nicht die Erhaltungsgesetze der Physik verletzt, in einmaliger Weise an (Beck und Eccles, 1992, sowie Kapitel 9 des vorliegenden Buches). Ein Nervenimpuls bewirkt eine Exozytose in einem Bouton und ein Milli-EPSP mit einer mittleren Wahrscheinlichkeit von nicht mehr als 1 in 5 in der Hirnrinde (Sayer et al., 1989, 1990). Diese Wahrscheinlichkeit verlangt nach einer Erklärung im Sinne der Quantenphysik. Wenn ein mentaler Vorsatz diese Wahrscheinlichkeit vorübergehend auf einen mittleren Wert von 1 in 3 erhöhen würde, hätten sich die EPSPs für das ganze Dendron fast verdoppelt. Somit fände eine *erfolgreiche Geist-Gehirn-Wirkung* ohne Verletzung der Erhaltungsgesetze statt (Beck und Eccles, 1992, sowie Kapitel 9 des vorliegenden Buches). Die sehr geringen Wahrscheinlichkeiten einer Quantenemission im Kortex stellen eine ausgezeichnete Voraussetzung für eine Wechselwirkung zwischen Geist und Gehirn in der Hirnrinde dar. Diese könnte sehr wirksam sein, wenn der Einfluß der Psychonen sehr breit auf die Hunderttausende von Synapsen an einem Dendron verteilt wäre (Abbildung 8.7). Somit war die geringe Wahrscheinlichkeit einer Quantenemission in der Hirnrinde von fundamentaler Bedeutung für die Entstehung des Bewußtseins. Die komplexe Vernetzung der kortikalen Synapsen stellt eine außerordentliche wissenschaftliche Herausforderung dar.

Wie dargestellt (Eccles, 1990, 1992, sowie Kapitel 6 und 7 des vorliegenden Buches), führt Bewußtsein zu globalen Erfahrungen der unterschiedlichen Komplexitätsstufen der Hirnleistungen von einem Augenblick zum nächsten – d.h. es ermöglicht einem Säuger die umfassende Erfahrung einer sichtbaren oder einer erfühlbaren Welt und liefert ihm so Anhaltspunkte für sein Verhalten, die weit über das hinausgehen, was durch die mechanischen Vorgänge des visuellen oder taktilen Feldes an sich möglich wäre. Somit würden bewußte Erfahrungen, wie zum Beispiel Gefühle, einen evolutionären Vorteil bedeuten. Dies eröffnet ein Gebiet der Verhaltenspsychologie, in dem man das Bewußtsein der Tiere untersuchen könnte. Zum Beispiel könnte man ein Reptil wie eine Schildkröte und einen Insektenfresser (Säuger) wie einen Igel beobachten, um festzustellen, ob der Igel mit seinem Neokortex eine größere Intelligenz aufweist als die Schildkröte, die über keinen Kortex verfügt, der ihr Bewußtsein geben könnte (Eccles, 1992, sowie Kapitel 7 des vorliegenden Buches).

Diese eher indirekte Einflußnahme über die Wahrscheinlichkeit eines Quantenprozesses könnte wie ein dürftiger evolutionärer Entwurf der grundlegenden Wechselwirkung zwischen Geist und Gehirn aussehen. Man hätte erwarten können, daß mentale Vorsätze die Neuronen des *SMF*, die genau für die beabsichtigte Bewegung zuständig sind, unmittelbar erregen. Der indirekten Einflußnahme durch eine Erhöhung der Wahrscheinlichkeit eines Quantenprozesses scheint es an Präzision und Geschwindigkeit – die bei der motorischen Kontrolle von höchster Bedeutung sind – zu mangeln. Aber wenn die Bewegung einmal veranlaßt wurde, gehorcht sie all den subtilen Kontrollen der komplexen neuronalen Schaltkreise des Gehirns, die in der herkömmlichen Neurowissenschaft der motorischen Kontrolle bekannt sind.

Wir stellen die Hypothese auf, daß das Gehirn der Wirbeltiere – da es sich in der Materie-Welt der klassischen Physik entwickelt hatte – geistlos, deterministisch und den klassischen Erhaltungsgesetzen unterworfen war. Dann kam es in der komplexen Anlage des Neokortex beim Säuger mit seiner auf Quantenemissionswahrscheinlichkeiten beruhenden Funktion zu Erfahrungen einer anderen Welt, der Welt des bewußten Geistes, die damals vermutlich noch sehr primitiv und flüchtig waren (Eccles, 1992, sowie Kapitel 7 des vorliegenden Buches). Aber die Evolution der Hominiden brachte höhere Ebenen der bewußten Erfahrungen mit sich, wie sie sich schließlich in der menschlichen Kultur (Eccles, 1989) und letztlich beim *Homo sapiens sapiens* mit seinem Bewußtsein seiner selbst ausdrückten – einer einzigartigen, lebenslangen Erfahrung eines jeden menschlichen Selbst, die wir als Wunder jenseits der darwinistischen Evolution betrachten müssen.

8.9 Zusammenfassung

In einer neueren Veröffentlichung (Eccles, 1992) sowie in Kapitel 7 dieses Buches wurde die Vermutung geäußert, daß die Tierwelt vor der Entwicklung des Säugerhirns buchstäblich ohne Geist und Empfinden war. Aber schon bei den primitivsten Säugern – den uranfänglichen Insektenfressern – entwickelte sich ein Neokortex mit einem höheren Grad an neuronaler Komplexität, besonders in seinem Pyramidenzellen-Aufbau. Die apikalen Dendriten weisen einen enormen synaptischen Input auf, und sie bilden bei ihrem Aufsteigen durch die kortikalen Schichten Bündel. Hunderttausende von synaptischen Informationen gelangen durch *Boutons* in ein dendritisches Bündel. Dieses Bündel – das *Dendron* – stellt die Empfängereinheit der Hirnrinde dar. Die Axone der Pyramidenzellen sind im Gehirn weitläufig verteilt. In diesem vereinfachten, herkömmlichen Verständnis vom Aufbau der Hirnrinde sind Gefühle, die durch Hirntätigkeiten erzeugt werden könnten, vollständig ausgelassen.

Um diesen fehlenden Aspekt zu würdigen, müssen wir uns auf eine höhere Komplexitätsstufe begeben und uns Aufbau und Funktion der ultra-mikroskopischen Struktur kortikaler Synapsen anschauen, die vornehmlich Akert und Mitarbeiter (1975) in Zürich entdeckt haben. Die Boutons der Synapsen, die chemische Transmittersubstanzen freisetzen, weisen als präsynaptische Ultramikrostruktur eine parakristalline Anordnung dichter Protein-Vorsprünge und synaptischer Vesikeln auf – das *präsynaptische Vesikelgitter.* Die Art und Weise, wie dieses Gitter die Übermittlung chemischer Transmitter regelt, eröffnet ein bedeutendes Feld neuronaler Komplexität, das wir gerade erst zu erforschen beginnen. Die grundlegende Tätigkeit einer Synapse besteht darin, daß ein synaptisches Vesikel seinen Inhalt aus Transmittersubstanz in den synaptischen Spalt entleert – eine Exozytose. Das präsynaptische Vesikelgitter weist rund 50 synaptische Vesikeln auf. Ein Nervenimpuls, der in einem Bouton eintrifft, veranlaßt einen Eintritt von Tausenden von Ca^{2+}-Ionen, und vier solcher Ionen reichen aus, um eine Exozytose auszulösen. Die grundlegende Entdeckung lautet, daß ein Impuls, der in einem einzelnen präsynaptischen Vesikelgitter eintrifft, bei vielen Arten chemischer Synapsen höchstens eine einzelne Exozytose auslöst. Aufgrund eines bisher unbekannten Vorgangs höherer Komplexität gibt es eine Konservierung des synaptischen Transmitters.

Die Frage nach der Konservierung wird bedeutsam, wenn wir uns vor Augen führen, daß Synapsen der Hirnrinde eine besonders wirksame Konservierung mit einer Exozytose-Wahrscheinlichkeit von nicht mehr als 1 in 5 bis 1 in 4 als Antwort auf einen Impuls aufweisen, der in einem Bouton des Hippokampus eintrifft (Abbildung 8.6b).

Die Erhaltungsgesetze der Physik waren der Grund für die allgemein geteilte Annahme, daß nicht-materielle Ereignisse keine Auswirkung auf neuronale Ereignisse im Gehirn haben können. Im Gegensatz dazu wurde vorgeschlagen, daß alle mentalen Erfahrungen einen einheitlichen Aufbau besitzen und ihre Einheiten – die *Psychonen* – für jede Art von Erfahrung typisch sind.

Weiterhin lautet die Hypothese, daß jedes Psychon in eindeutiger Weise mit einem bestimmten Dendron verbunden und daß darin die Basis der Wechselwirkung zwischen Geist und Gehirn zu sehen ist.

Die Quantenphysik gibt uns ein neues Mittel an die Hand, die Wirkungsweise des präsynaptischen Vesikelgitters und die Wahrscheinlichkeit für eine Exozytose zu verstehen. Änderungen dieser Wahrscheinlichkeit finden ohne jeden Energie-Umsatz statt; also kann der Geist allein dadurch erfolgreich auf das Gehirn einwirken, daß er die Wahrscheinlichkeit der Exozytose erhöht – zum Beispiel von 1 in 5 bis 1 in 3 (Abbildung 9.5). Dies würde zu einer ausgedehnten neuronalen Antwort führen, wenn der Geist mittels seiner Psychonen diese Erhöhung der Wahrscheinlichkeit bei den Hunderttausenden von präsynaptischen Vesikelgittern bestimmter Dendronen bewirkt. Wir haben nun eine höhere Ebene neuronaler Komplexität vor Augen, die uns zu einem Verständnis der Art und Weise führt, wie der Geist durch einen bewußten Willensakt erfolgreich das Gehirn beeinflussen kann, ohne gegen die Erhaltungsgesetze zu verstoßen.

Literatur zu Kapitel 8

Akert, K., Peper, K., and Sandri, C. (1975), »Structural organization of motor end plate and central synapses«, in: *Cholinergic Mechanisms,* ed. P.G. Waser (Raven, New York), 43–57.

Beck, F., and Eccles, J.C. (1992), »Quantum aspects of brain activity and the role of consciousness«, *Proc. Nat. Acad. Sci.* 89, 113–157.

Changeux, J.P. (1985), *Neuronal Man* (Fayard, Paris); dt.: (1984) *Der neuronale Mensch* (Rowohlt, Reinbek).

Crick, F., and Koch, C. (1990), »Towards a neurobiological theory of consciousness«, *Seminars in the Neurosciences* 2, 263–275.

Deecke, L., and Lang, V. (1990), »Movement-related potentials and complex actions: coordinating role of the supplementary motor ares«, in: *The Principles of Design and Operation of the Brain*, eds. J.C. Eccles and O.D. Creutzfeldt (Experim. Brain Res., Series 21) (Springer, Berlin, Heidelberg), 303–341.

Eccles, J.C. (1989), *Evolution of the Brain: Creation of the Self* (Routledge, London); dt. (1989): *Die Evolution des Gehirns – die Erschaffung des Selbst* (Piper, München, Zürich).

Eccles, J.C. (1990), »A unitary hypothesis of mind-brain interaction in the cerebral cortex«, *Proc. Roy. Soc. London B* 240, 433–451.
Eccles, J.C. (1992), »The evolution of consciousness«, *Proc. Nat. Acad. Sci.* 89.
Edelman, G.M. *The Remembered Present: A Biological Theory of Consciousness* (Basic Books, New York).
Gray, E.G. (1982), »Rehabiliting the dendritic spine«, *Trend Neurosci.* 5, 5–6.
Ingvar, D.H. (1990), »On ideation and ›ideography‹«, in: *The Principles of Design and Operation of the Brain*, eds. J.C. Eccles and O.D. Creutzfeldt (Experim. Brain Res., Series 21) (Springer, Berlin, Heidelberg), 433–453.
Jack, J.J.B., Redman, S.J., and Wong, K. (1981), »The components of synaptic potentials evoked in cat spinal motoneurones by impulses in single group Ia afferents«, *J. Physiol.* 321, 65–96.
Kelly, R.B., Deutsch, J.W., Carlson, S.S., and Wagner, J.A. (1979), »Biochemistry of neurotransmitter release«, *Ann. Rev. Neurosci.* 2, 399–446.
Korn, H., and Faber, D.S. (1987), »Regulation and significance of probabilistic release mechanisms at central synapses«, in: *New Insights into Synaptic Function,* eds. G.M. Edelman, W.E. Gall and W.M. Cowan (Neuroscience Research Foundation/Wiley, New York), 57–108.
Libet, B. (1990), »Cerebral processes that distinguish conscious experience from unconscious mental functions«, in: *The Principles of Design and Operation of the Brain*, eds. J.C. Eccles and O.D. Creutzfeldt (Experim. Brain Res., Series 21) (Springer, Berlin, Heidelberg), 185–205, and General Discussion, 207–211.
Mc-Geer, P.L., Eccles, J.C., and Mc-Geer, E. (1987), *The Molecular Neurobiology of the Mammalian Brain*, 2nd edn (Plenum, Ney York).
Marquize-Pouey, B., Wisden, W., Malosio, M.L., and Betz, H. (1991), »Differential expression of synaptophysin in RNAs in the post-natal rat central nervous system«, *J. Neurosci.* 11, 3388–3397.
Mountcastle, V.B. (1978), »An organizing principle for cerebral function: the unit module and the distributed system«, in: *The Mindful Brain* (MIT Press, Cambridge, MA).
Peters, A., and Kara, D.A. (1987), »The neuronal composition of area 17 of the rat visual cortex. IV. The organization of pyramidal cells, *J. Comp. Neurol.* 260, 573–590.
Pfenninger, K., Sandri, C., Akert, K., and Eugster, C.H. (1969), »Contribution to the problem of structural organization of the presynaptic area«, *Brain Res.* 12, 10–18.
Posner, M.I., Petersen, S.E., Fox, P.T., and Raichle, M.E. (1988), »Localization of cognitive operations«, *Science* 240, 1627–1631.

Ramón y Cajal, S.R. (1911), *Histologie du Systeme Nerveux* (Maloine, Paris).
Redman, S.J. (1990), »Quantal analysis of synaptic potentials in neurons of the central nervous system«, *Physiol. Rev.* 70, 165–198.
Roland, P.E., Larsen, B., Lassen, N.A., and Skinhøj, E. (1980), »Supplemental motor area and other cortical areas in organization of voluntary movements in man«, *J. Neurophysiol.* 43, 118–136.
Sayer, R.J., Redman, S.J., and Andersen, P. (1989), »Amplitude fluctuations in small EPSPs recorded from CA1 pyramidal cells in the guinea pig hippocampal slice«, *J. Neurosci.* 9, 845–850.
Sayer, R.J., Friedlander, M.J., and Redman, S.J. (1990), »The time-course and amplitude of EPSPs evoked at synapses between pairs of CA3/CA1 neurons in the hippocampal slice«, *J. Neurosci.* 10, No. 3, 626–636.
Schmolke, C., and Fleischhauer, K. (1984), »Morphological characteristics of neocortical laminae when studied in tangential semi-thin sections through the visual cortex in the rabbit«, *Anat. Embryol.* 169, 125–132.
Stapp, H.P. (1991), »Brain-mind connection«, *Found. Phys.* 21, No. 12.
Stapp, H.P. (1992), in: *Nature, Cognition and System,* ed. M. Carvallo (Kluwer, Dordrecht).
Szentágothai, J. (1979), »The neuron network of the cerebral cortex: a functional interpretation«, *Proc. Roy. Soc. London B* 201, 219–248.
Szentágothai, J. (1979), »Local neuron circuits of the neocortex«, in: *The Neurosciences Fourth Study Program,* eds. F.O. Schmitt and F.G. Worden (MIT Press, Cambridge MA), 399–415.
Thomas, L., Knaus, P., and Betz, H. (1989), »Comparison of the presynaptic vesicle component synaptophysis and gap junction proteins: a clue for neurotransmitter release?«, in: *Molecular Biology of Neuroreceptors and Ion Channels*, ed. A. Maeliche (Springer, Berlin, Heidelberg).
Thorpe, W.H. (1974), *Animal Nature and Human Nature* (Methuen, London).
Thorpe, W.H. (1978), *Purpose in a World of Chance. A Biologist's View* (Oxford University Press, Oxford).
Walmsley, B., Edwards, F.R., and Tracey, D.J. (1987), »The probabilistic nature of synaptic transmission at a mammalian excitatory central synapse«, *J. Neurosci.* 7, 1037–1046.

9 Quantenaspekte der Gehirntätigkeit und die Rolle des Bewußtseins

F. Beck und J. C. Eccles

9.1 Einführung: Die Geschichte einer möglichen Lösung

In den Jahren nach 1984 erkannte ich immer deutlicher, daß Margenaus Vorschlag inadäquat war. Was fehlte, war eine strenge mathematische Behandlung, durch die sich die Einwirkung mentaler Ereignisse auf neuronale Ereignisse präzisieren ließ, und nicht nur in der Form des nebulösen »Wahrscheinlichkeitsfeldes«. Während ich mich 1986 und 1987 für einige Monate am Neuroscience Research Program an der Rockefeller University beteiligte, organisierte ich zwei Mini-Symposien, in der Hoffnung, einen Fortschritt gegenüber den Ergebnissen zu erzielen, mit denen Margenau sein Buch *Miracle of Existence* abgeschlossen hatte. Henry Margenau kam zu diesen beiden formlosen Treffen nach New York. Leider waren Margenau und Wigner gesundheitlich nicht in einer Verfassung, um den Fortschritt zu erzielen, den ich erhofft hatte. John Archibald Wheeler konnte nicht teilnehmen, aber er benannte zwei Physiker an seiner Stelle. Ich besitze alle Dokumente über diese beiden höchst enttäuschenden Treffen. Die beiden Physiker erkannten offensichtlich nicht, daß hier eine große Chance für die Quantenphysik lag. Einer von ihnen beharrte darauf, alles sei mit Hilfe der thermischen Physik ohne Quantenphysik erklärbar!

Ich veröffentlichte weiterhin Arbeiten über das Geist-Gehirn-Problem, zum Beispiel Kapitel 7 dieses Buches sowie mehrere Texte, die nicht in diese Sammlung übernommen wurden, und ich stellte mein Buch *Evolution of the Brain: Creation of the Self (Die Evolution des Gehirns – die Erschaffung des Selbst)* fertig.

Ich hielt Vorlesungen über meine Theorie, wie in den Kapiteln 4, 5 und 6 erwähnt. Ich war die ganze Zeit über höchst unglücklich, da ich davon überzeugt war, daß ein guter Quantenphysiker eine quantenphysikalische Lösung des Geist-Gehirn-Problems entwickeln könnte.

Im September 1991 nahmen Christoph von Campenhausen und ich zum fünften Mal gemeinsam an einem zweiwöchigen Sommerkurs der Studienstiftung des deutschen Volkes teil, einer Einrichtung zur Förderung begabter Studenten von deutschen Universitäten. Unsere Vorlesung handelte von meinem Buch über die Evolution. Wir waren im Dolomiten-Konferenz-Zentrum in Völs. Christoph teilte mir mit, besonders profilierte Wissenschaftler bei der Konferenz kämen aus Darmstadt mit Friedrich Beck als Arbeitsgruppen-Leiter.

Als ich die Abendvorlesung über mein Buch in englischer Sprache hielt, verstanden mich die deutschen Studenten sehr gut, und hinterher verschaffte mir Friedrich Beck – den ich zuvor nicht gekannt hatte – eine wohltuende Überraschung. Er ist Quantenphysiker und Direktor am Institut für Kernphysik der Technischen Universität Darmstadt. Er begriff vollständig die Schwierigkeiten, die einem weiteren Fortschritt in der Quantenphysik des Geist-Gehirn-Problems entgegenstanden. Es war das Stadium, von dem Kapitel 6 berichtet. Also verbrachten wir gemeinsam eine wunderbare Stunde in der Kaffee-Bar des Hotels. Am folgenden Abend führten wir sogar ein noch längeres Gespräch. Ich hatte Friedrich inzwischen alles gegeben, was ich an Literatur bei mir hatte, und wir kamen überein, brieflich zusammenzuarbeiten. Ich wollte ihn mit der Literatur versorgen, die er gewissenhaft studieren würde. Es war ein wunderbarer Triumph nach der langen Reihe meiner Zurückweisungen. Ich hatte geglaubt, die Lösung des Geist-Gehirn-Problems sei mit Hilfe der Heisenbergschen Unbestimmtheitsrelation erreichbar, in Anwendung auf die winzige Vesikel-Öffnung, welche die Exozytose hervorbringt (Abbildung 6.13b) und die eine Massenverschiebung von nur etwa 10^{-18} g erfordert. Aber Friedrichs Berechnungen ergaben, daß das bei der Exozytose beteiligte Partikel um mehrere Größenordnungen kleiner sein muß, als ich es anhand der Gleichung Margenaus berechnet hatte. Also wandten wir uns gezwungenermaßen der einzigen noch verbliebenen Möglichkeit zu, daß nämlich das präsynaptische Vesikelgitter jenen exquisiten parakristallinen Aufbau aufweist, den besonders Konrad Akert aus Zürich dargestellt hat (Abbildung 4.5) und der eine bemerkenswerte Regelung in dem Sinne ermöglicht, daß niemals mehr als eine Exozytose zugleich auftreten kann. Ein Nervenimpuls verursacht ein reichhaltiges Einströmen von Ca^{2+}-Ionen in ein Bouton – mehrere tausendmal mehr als die vier Ca^{2+}-Ionen, die für eine Exozytose nötig sind (Abbildung 4.6). Demnach ist ein Mangel an Ca^{2+}-Input nicht der Grund für die in jedem Fall beobachtete konservierende Reaktion, bei der niemals mehr als eine Exozytose pro in ein Bouton eintretenden Impuls ausgelöst wird. Normalerweise ist es einer pro drei oder vier Impulsen. Beck erkannte sofort, daß das Kernproblem darin bestand, die niedrige Exozytose-Wahrscheinlichkeit mittels der Quantenphysik zu erklären. Er vermutete, daß ein Quantenprozeß dafür verantwortlich sein könnte und daß – wenn der mentale Einfluß diese Wahrscheinlichkeit vorübergehend erhöhen kann – der Geist ohne Verletzung der Erhaltungsgesetze effektiv in der Lage wäre, auf das Gehirn einzuwirken. Inzwischen machte er sich mit den Lösungen des Geist-Gehirn-Problems, die von Quantenphysikern und Neurowissenschaftlern vorgeschlagen worden waren und wie sie in Kapitel 3 dieses Buches und in unserer gemeinsamen Arbeit (Beck und Eccles, 1992) beschrieben wurden, vertraut. Alle früheren Erklärungsversuche hatten die Hirnrinde in sehr allgemeiner Weise behandelt. Es gab keinerlei Hinweise auf das präsynaptische Vesikelgitter oder die Bündelung der aufsteigenden Dendriten der Pyramidenzellen, um ihnen eine intensive Rezeptoreigenschaft für sowohl synaptische als auch Psychon-Impulse zu verleihen.

Der folgende Teil dieses Kapitels – den ich gemeinsam mit Beck (Beck und Eccles, 1992) schrieb, erschien Ende 1992 in den *Proceedings of the National Academy of Sciences*. Wir präsentierten die Kernhypothese, daß eine mentale Absicht des Selbst neuronal wirksam wird, indem sie *vorübergehend die Wahrscheinlichkeiten für Exozytosen* in einem ganzen Dendron *erhöht* und auf diese Weise die große Zahl von Wahrscheinlichkeitsamplituden koppelt, um eine kohärente Wirkung zu erzielen (Abbildungen 6.10 und 9.2).

Unsere Hypothese bietet eine natürliche Erklärung dafür, wie willkürliche Bewegungen durch mentale Absichten ausgelöst werden können, ohne die Erhaltungsgesetze zu verletzen. Es wurde experimentell nachgewiesen, daß Vorsatz und bewußte Wahrnehmung die Hirnrinde in bestimmten, wohldefinierten Bereichen aktivieren, bevor die Bewegung stattfindet (Abbildungen 5.2 und 5.4).

Die Einheitlichkeits-Hypothese vermittelt die Beziehung zwischen Absicht und Handlung. Man muß sich vor Augen führen, daß das Selbst in der Lebensspanne des Lernens den Vorsatz, eine bestimmte Bewegung auszuführen, auf genau die Dendronen der Hirnrinde richtet, die geeignet sind, die geforderten Handlungen zu veranlassen. Wir glauben, daß diese Hypothese der Wirkung über die Geist-Gehirn-Grenze hinweg gerecht wird.

Dieses Kapitel stellt den Höhepunkt meiner lebenslangen Suche nach der wissenschaftlichen Erklärung des Dualismus dar. Wer es kritisch überprüft, wird feststellen, daß noch keine Experimente existieren, um darzulegen, daß mentale Ereignisse die Wahrscheinlichkeit einer Exozytose erhöhen und so die neuronale Aktivität in spezifischen kortikalen Bereichen erhöhen können. Eine Wahrscheinlichkeitsstudie, wie in Abbildung 8.6 dargestellt, ist außerordentlich schwierig an kortikalen Schnitten des Hippokampus – einem speziellen Bereich der Hirnrinde – des Meerschweinchens durchzuführen. Es ist ethisch ganz und gar nicht vertretbar, die Experimente der Abbildung 8.6 am menschlichen Gehirn auszuführen. Ein leichter durchführbarer Test könnte in dem Nachweis der Konditionierung durch verschiedene physiologische und pharmakologische Behandlungen von Ia-Synapsen an Motoneuronen bestehen, deren Exozytose-Wahrscheinlichkeiten gemessen wurden (Jack et al., 1981a, 1981b). Dort geschah die verstärkende Wirkung durch einen vorausgegangenen Stimulus, vermutlich zurückzuführen auf das restliche Ca^{2+} im Bouton und auf 4-Aminopyridin (Kapitel 4.5), sowie die abschwächende Wirkung durch eine Hochfrequenz-Stimulierung von etwa 33 Hz Halbwertsbreite, wie in Kapitel 4.4 beschrieben. Folglich ist die beobachtete Exozytose-Wahrscheinlichkeit veränderlich und somit vermutlich offen für eine Beeinflussung durch das Selbst, wie in Abbildung 5.4 angedeutet.

9.2 Quanten-Selektion der Bouton-Exozytose

In den letzten Jahren hat sich ein zunehmendes Interesse an der Beziehung zwischen Quantenmechanik, Gehirntätigkeit und Bewußtsein abgezeichnet (Donald, 1990; Margenau, 1984; Squires, 1988; Stapp, 1991). Auf der Seite der Quantenphysik kam der Anstoß aus der Interpretation des Meßprozesses, der immer noch kontrovers diskutiert wird – selbst nach mehr als 60 Jahren überwältigend erfolgreicher Anwendungen der Quantentheorie. Auf der anderen Seite ergibt sich in der Neurowissenschaft (Eccles, 1990, sowie Kapitel 6 des vorliegenden Buches) die Frage, ob wir zum Verständnis der Funktion des Gehirns in seinen subtilen Beziehungen zu Erfahrung, Erinnerung und Bewußtsein Quantenvorgänge heranziehen müssen.

Wigner (1967) spekulierte in seiner detaillierten Analyse der Konsequenzen des Meßprozesses beim Stern-Gerlach-Versuch als erster, daß der von-Neumann-Kollaps der Wellenfunktion (von Neumann, 1955) in Wirklichkeit durch einen bewußten Akt des menschlichen Gehirns hervorgerufen sein könnte und sich nicht im Rahmen der normalen Quantenmechanik beschreiben läßt. Man weiß sehr wohl, daß die »Reduktion der Wellenfunktion«, die sich während des Meßprozesses ereignet, im Gegensatz zu der kontinuierlichen Zeitentwicklung gemäß der Schrödinger-Gleichung nicht dem Kausalitätsprinzip genügt. Dies wurde auf sehr drastische Weise durch das Einstein-Podolsky-Rosen-Experiment gezeigt (Einstein, Rosen und Podolsky, 1935). Die Wellenfunktion als Wahrscheinlichkeitsamplitude ist kein materielles Feld. Ihr einziges Erhaltungsgesetz ist die Erhaltung der

Wahrscheinlichkeit. Diese Tatsachen eröffnen die faszinierende Möglichkeit *unterschiedlicher Endzustände* als Ergebnisse *identischer dynamischer Prozesse*, ohne daß die Anfangsbedingungen oder die äußeren Kontrollparameter, wie zum Beispiel die Energiezufuhr, verändert worden wären. Quantenselektion eröffnet auf diese Weise ein Bindeglied zwischen den physiologischen Vorgängen im Gehirn und der nicht-deterministischen Tätigkeit des Geistes.

In neuerer Zeit wurden ähnliche Ideen wie jene, die Wigner dargelegt hatte, präsentiert und zum Teil mit Everetts »Viele-Welten«-Interpretation (Everett, 1957) der Quantentheorie kombiniert (Squires, 1988). Andere Autoren (zum Beispiel Stapp, 1981) haben die Quantentheorie auf der Grundlage der üblichen Interpretation des Zustandsvektors als Überlagerung von Aktualitäten (oder »Propensitäten« in Poppers Terminologie) (Popper, 1990; Popper und Eccles, 1977) mit dem Bewußtsein in Verbindung gebracht. Allen diesen Versuchen ist gemeinsam, daß sie in sehr allgemeiner Weise über die Interpretation der Quantenmechanik und ihrer Wahrscheinlichkeitskonzepte argumentieren. Hingegen wurden weder viele Verbindungen zu den empirisch gesicherten Tatsachen der Hirnphysiologie geknüpft, noch haben die einschlägigen Autoren den Versuch unternommen, in den funktionalen Mikrostrukturen des Neokortex einen Quantenprozeß zu lokalisieren.

Wir tragen mit dieser Arbeit dazu bei, diese Lücke zu schließen, indem wir eine quantenmechanische Darstellung der Bouton-Exozytose liefern. Der nächste Abschnitt beschreibt in Umrissen den Aufbau und die Tätigkeit des Neokortex als Einführung in das quantenmechanische Modell. Dieses Modell wird im nachfolgenden Abschnitt entworfen. Schließlich wird die Hypothese einer kohärenten Kopplung der individuellen Wahrscheinlichkeitsamplituden eingeführt, welche die Einflußnahme des Bewußtseins ermöglicht und zu einer Verstärkung des postsynaptischen Gesamtpotentials führt. Nach diesem Modell werden Handlungen unter dem Einfluß eines bewußten Willens ermöglicht.

9.3 Die Aktivität des Neokortex

Abbildung 9.1a zeigt die allgemein akzeptierten sechs Schichten des Neokortex (Szentágothai, 1978) mit zwei großen Pyramidenzellen in Schicht V, drei in Schicht III und zwei in Schicht II. Die pyramidalen, aufsteigenden Dendriten münden in büschelartigen Verzweigungen in Schicht I (Abbildung 9.2a). Peters und Fleischhauer sowie ihre Mitarbeiter (Peters und Kara, 1987; Schmolke und Fleischhauer, 1984) stimmen darin überein, daß die aufsteigenden Bündel oder Büschel, wie sie in Abbildung 9.2b in Diagrammform dargestellt sind, die grundlegenden anatomischen Einheiten des Neokortex darstellen. Man fand sie bei allen Säugern einschließlich des Menschen und in allen untersuchten Bereichen des Neokortex. Man kann genäherte Werte für die synaptischen Verbindungen eines aufsteigenden Bündels angeben. Der Input geschieht zumeist über die Dorn-Synapsen (Abbildungen 9.1 und 9.2a). Dies ergibt eine Anzahl von über 5000 an einem Schicht-V-Dendriten mit seinen Verzweigungen und dem Endbüschel (Abbildung 9.2a), aber mehr typisch werden es etwa 2000 sein. Wenn ein Bündel 70 bis 100 apikale Dendriten enthält, beläuft sich die Gesamtzahl der Dornsynapsen auf weit über 100 000. Es wurde vorgeschlagen, daß diese Bündel die kortikalen Rezeptoreinheiten darstellen (Eccles, 1990, sowie Kapitel 6 des vorliegenden Buches). Das würde ihnen eine herausragende Rolle sichern. Da sie sich in der Hauptsache aus Dendriten zusammensetzen, haben wir ihnen die Bezeichnung *Dendronen* gegeben.

Abbildung 9.1b zeigt eine typische Dornsynapse in engem Kontakt mit einem aufsteigenden Dendriten einer Pyramidenzelle (Abbildungen 9.1 und 9.3a, d). Akert und seine Mitarbeiter (Pfenniger, Sandri, Akert und Eugster, 1969; Akert, Peper und Sandri, 1975) haben die Feinstruktur einer solchen Synapse eingehend untersucht. An der Innenseite eines Boutons gegenüber dem synaptischen Spalt (*d* in Abbildung 9.1b, der aktive Ort in Abbildung 9.3a) bilden dichte Erhebungen in dreieckiger Anordnung das präsynaptische Vesikelgitter (*PVG*) (Abbildung 9.3a-e).

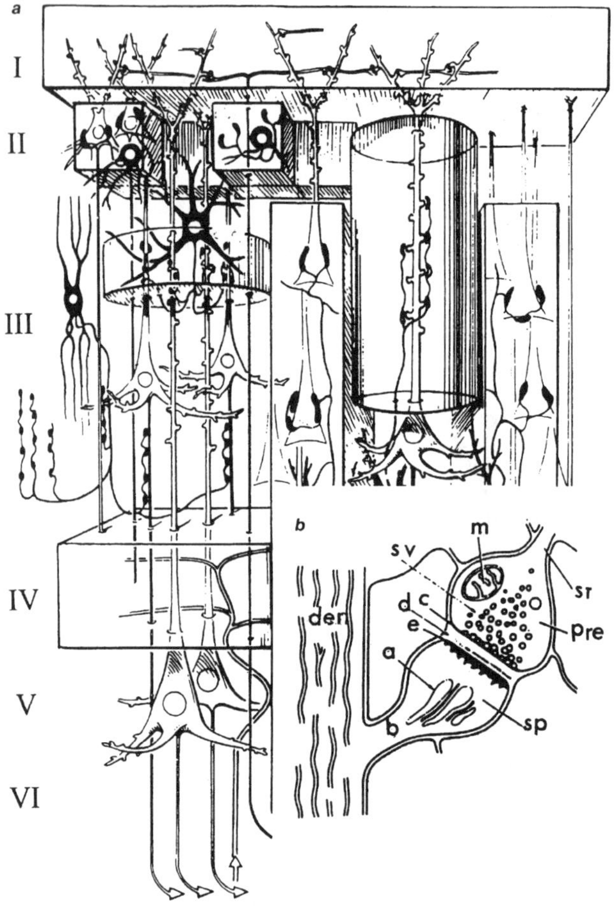

Abb. 9.1: (a) Dreidimensionales Modell von Szentágothai, das kortikale Neuronen unterschiedlicher Typen zeigt. Es gibt zwei Pyramidenzellen in Schicht V und drei in Schicht III. Eine Pyramidenzelle ist *rechts* im Detail in dem zylindrischen Ausschnitt dargestellt, und zwei weitere in Schicht II. **(b)** Detaillierte Struktur einer Dornsynapse (sp) an einem Dendriten (den); st = Axonendung in einem synaptischen Bouton oder präsynaptischen Abschluß (pre); sv = synaptische Vesikeln; c = präsynaptisches Vesikelgitter (PVG); d = synaptischer Spalt; e = postsynaptische Membran; a = Dornanordnung; b = Dornstengel; m = Mitochondrium (Gray, 1982).

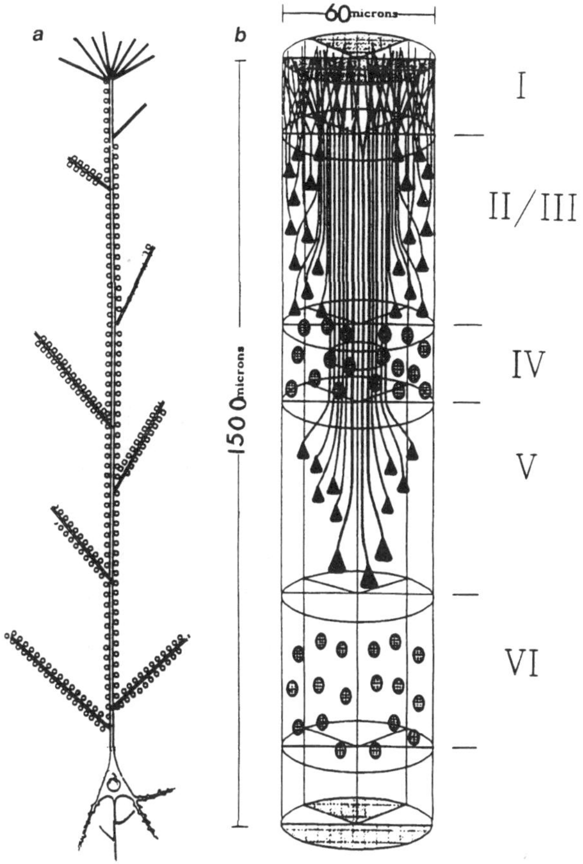

Abb. 9.2: (a) Zeichnung einer Schicht-V-Pyramidenzelle mit ihrem aufsteigenden Dendriten. Man erkennt die Seitenzweige und das Endbüschel, alle mit Dornsynapsen bestückt (von denen aber nur einige dargestellt sind). Das Soma mit seinen basalen Dendriten weist ein Axon mit weiteren seitlichen Axons auf, bevor es den Kortex verläßt. **(b)** Die sechs Schichten der Hirnrinde mit den aufsteigenden Dendriten der Pyramidenzellen von Schicht II, III und V. Man erkennt, wie sie sich beim Aufsteigen zur Schicht I bündeln und schließlich in Büscheln enden. Die kleinen Pyramidenzellen von Schicht IV und VI nehmen an dieser aufsteigenden Bündelung nicht teil (A. Peters, persönliche Mitteilung).

Abbildung 9.3b ist eine Fotomikroskopie eines Tangentialbereichs eines PVG. Man erkennt die dichten Erhebungen in dreieckiger Anordnung mit den schwach angedeuteten synaptischen Vesikeln, die genau passend in einem hexagonalen Gitter angeordnet sind. Die sphärischen synaptischen Vesikeln von etwa 40 nm Durchmesser mit ihrem Inhalt an Transmittermolekülen sieht man in den stilisierten Zeichnungen des PVG (Abbildungen 9.3c, d) mit den dreieckig angeordneten dichten Erhebungen der aktiven Zone und der hexagonalen Anordnung synaptischer Vesikeln (Pfenniger, Sandri, Akert und Eugster, 1969; Akert, Peper und Sandri, 1975).

Der exquisite Entwurf des PVG kann auf einen evolutionären Ursprung von Synapsen zurückgeführt werden, die Impulse chemisch weiterleiten. In primitiverer Form ist er bei Synapsen der Mauthner-Zelle bei den Fischen zu beobachten (Korn und Faber, 1987). Man kann seinen Hauptgrund in der Erhaltung von Transmittermolekülen bei intensiver synaptischer Tätigkeit erkennen.

Ein Nervenimpuls, der sich in ein Bouton fortsetzt, verursacht einen großen Zustrom von Ca^{2+}-Ionen (Abbildung 8.5). Das Hinzufügen von vier Ca^{2+}-Ionen zu einer synaptischen Vesikel kann dazu führen, daß es augenblicklich einen Kanal durch die anliegende präsynaptische Membran öffnet, so daß sein gesamter Transmitter-Inhalt in den synaptischen Spalt freigesetzt wird (*d* in Abbildung 9.1b und Abbildung 9.3f, g). Diesen Vorgang nennt man *Exozytose.* Ein Nervenimpuls löst im Höchstfall eine einzelne Exozytose in einem PVG aus (Abbildung 9.3f, g). Diese Begrenzung ist vermutlich darauf zurückzuführen, daß die Vesikeln in das parakristalline PVG eingebettet sind (Abbildung 9.3b-d).

Exozytose ist die grundlegende und einheitliche Tätigkeit der Hirnrinde. Jede Exozytose von synaptischem Transmitter nach dem Prinzip ›Alles oder nichts‹ hat eine kurze, exzitatorische postsynaptische Depolarisierung (EPSP) zur Folge. Durch elektrotonische Weiterleitung entlang dem Dendriten summieren sich viele Hunderte dieser Milli-EPSPs und erzeugen ein Ge-

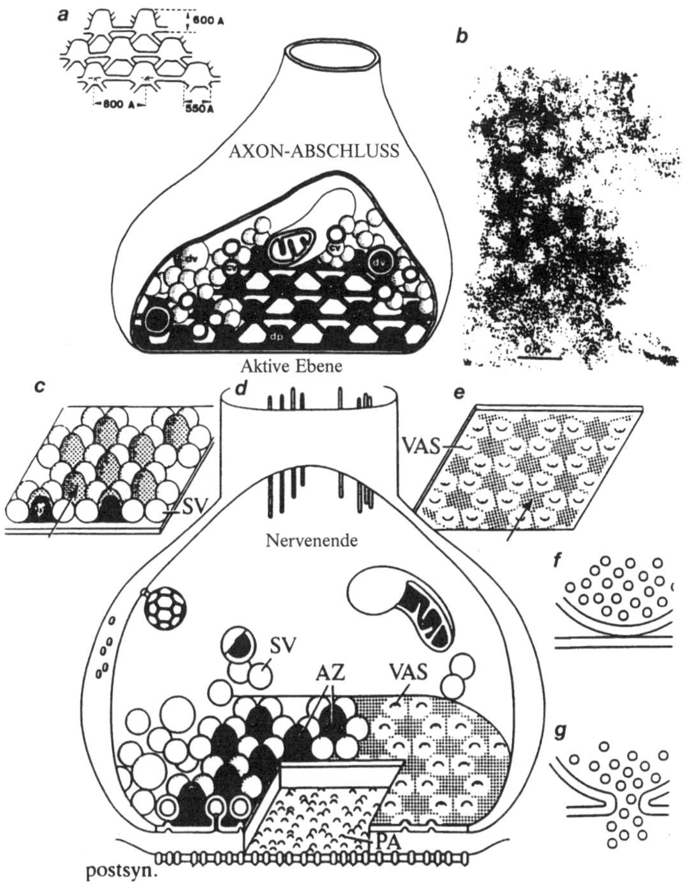

Abb. 9.3: (a) Ein Axonterminal oder Bouton. Man erkennt die dichten Erhebungen (dp), die aus der aktiven Zone herausragen und mit Querverbindungen das PVG bilden, das mit seinen Abmessungen gezeichnet ist (Pfenninger, Sandri, Akert und Eugster, 1969). **(b)** Tangentialschnitt durch den präsynaptischen Bereich. Ein Teil des Musters aus dichten Erhebungen und dreieckig und hexagonal angeordneten synaptischen Vesikeln des PVG ist deutlich erkennbar. (*Balken* = 0,1 µm) (Autorisierte Wiedergabe aus Akert, Peper und Sandri, 1975.) **(c-e)** Aktive Zone (AZ) der zentralen Säuger-Synapse. Man erkennt den geometrischen Aufbau (Gray, 1982). SV = synaptische Vesikeln; VAS = Vesikel-Anbringungs-Ort; PA = postsynaptischer Bereich. **(f)** Synaptisches Vesikel in Kontakt. **(g)** Exozytose (Kelly, Deutsch, Carlson und Wagner, 1979).

samt-EPSP, das groß genug ist (10 bis 20 mV), um die Pyramidenzelle zur Entsendung eines Impulses zu veranlassen. Dieser Impuls bewegt sich seinem Axon entlang (Abbildung 9.2a) und führt zu einer effektiven Erregung an ihren vielen Synapsen. Dies ist die konventionelle Makrofunktionsweise einer Pyramidenzelle des Neokortex (Abbildung 9.1), und sie läßt sich ausreichend mit Hilfe der klassischen Physik und der Neurowissenschaft beschreiben, selbst in den höchst komplexen Entwürfen der neuronalen Netzwerktheorie und der neuronalen Gruppenzuordnung (Szentágothai, 1978; Mountcastle, 1978; Edelman, 1989).

Die Exozytose wurde eingehend im Zentralnervensystem der Säuger studiert. Dort läßt sich die Untersuchung verfeinern, indem man einen einzelnen exzitatorischen Impuls verwendet, um EPSPs in einzelnen Neuronen auszulösen, die mittels intrazellulärer Aufzeichnung untersucht werden. Die ersten Untersuchungen fanden bei den monosynaptischen Wirkungen einzelner Impulse in den großen Ia-afferenten-Muskelfasern auf Motoneuronen statt (Jack, Redman und Wong, 1981). In neuerer Zeit (Walmsley, Edwards und Tracey, 1987) fand man, daß das Verhältnis von Signal zu Rauschen bei den Neuronen, die den dorso-spino-zerebellaren Trakt (*DSZT*) emporstreben, weitaus besser ist.

Die erfolgreiche Auflösung der quantenhaften Exozytose von DSZT-Neuronen und Motoneuronen gibt Vertrauen für die weitaus schwierigere Analyse der Hirnrinden-Neuronen, der Haupturheber neuronaler Ereignisse, die durch mentale Ereignisse beeinflußt werden könnten. Das Verhältnis von Signal zu Rauschen war bei den Untersuchungen der CA1-Neuronen des Hippokampus so ungünstig, daß bis jetzt nur drei Quantenanalysen mittels eines komplexen Entfaltungsprozesses zuverlässig waren (Abbildung 8.6).

In der zuverlässigsten dieser Analysen erzeugte ein einzelnes Axon einer CA3-Pyramidenzelle des Hippokampus ein EPSP der Quantengröße 278 μV (Mittelwert) in einer einzelnen CA1-Pyramidenzelle des Hippokampus mit annähernd gleichen Auslöse-Wahrscheinlichkeiten an jedem aktiven Ort (n = 5) von 0,27

(Sayer, Friedlander und Redman, 1990). In einem alternativen Verfahren wurde der einzelne CA3-Impuls, der zu einer CA1-Pyramidenzelle gerichtet war, direkt im *Stratum radiatum* stimuliert. Die EPSPs, die mittels der Entfaltungsanalyse zweier CA1-Pyramidenzellen ermittelt wurden, wiesen die Quantengröße 224 μV und 193 μV mit Wahrscheinlichkeiten von 0,24 (n = 3) beziehungsweise 0,16 (n = 6) auf (Sayer, Redman und Andersen, 1989). Eine systematische Übersicht findet man bei Redman (1990).

9.4 Ein quantenmechanisches Modell der Exozytose

In dem gesamten elektrophysiologischen Prozeß, bei dem sich im Soma das summierte EPSP aufbaut, gibt es nur ein Element, bei dem Quantenvorgänge eine Rolle spielen können. Wenn ein Bouton durch einen Nervenimpuls aktiviert wird, findet eine Exozytose nur mit einer bestimmten Wahrscheinlichkeit statt, die erheblich weniger als 1 beträgt. Dies zwingt uns im Prinzip dazu, thermodynamische oder quantenstatistische Konzepte einzuführen. Wir möchten gleich zu Beginn betonen, daß wir den quantenphysikalischen Standpunkt vertreten. Mehrere Autoren (Eccles, 1990, sowie Kapitel 6 des vorliegenden Buches; Squires, 1988; Stapp, 1991) haben darauf hingewiesen, daß man die bewußte Tätigkeit des Gehirns kaum verstehen könnte, wenn das Gehirn ausschließlich auf der Grundlage der klassischen Physik funktionieren würde. Auch die verhältnismäßig konstante Wahrscheinlichkeit für die Exozytose einzelner Boutons (Walmsley, Edwards und Tracey, 1987; Sayer, Friedlander und Redman, 1990; Sayer, Redman und Andersen, 1989; Redman, 1990) läßt sich kaum durch thermische Fluktuationen erklären.

Da das Gesamt-EPSP die unabhängige, statistische Summe mehrerer Tausend lokaler EPSPs an den Dornsynapsen aller Dendriten darstellt (Abbildung 9.2a), können wir uns der Exozytose an jedem einzelnen Bouton zuwenden.

Exozytose ist die Öffnung eines Kanals im PVG und die Entladung der Vesikel-Transmittermoleküle in den synaptischen Spalt (Abbildung 9.3f, g). Im ganzen gesehen, handelt es sich zweifellos um einen klassischen membran-mechanischen Prozeß. Obwohl die molekularen Vorgänge, die zur Exozytose führen, im einzelnen noch nicht bekannt sind, gab es in jüngster Vergangenheit beachtliche experimentelle Fortschritte zum Verständnis der Andockung der Vesikeln an die Membran (für eine Übersicht siehe Jessel, Kandel, Lewin und Reid, 1993). Immer mehr Anzeichen deuten darauf hin, daß der komplexe Vorgang der Exozytose und seine probabilistische Natur von einem *»Trigger«-Mechanismus* abhängt, der Quantenübergänge zwischen metastabilen molekularen Zuständen beinhaltet.

Um die mögliche Rolle der Quantenmechanik bei der probabilistischen Entladung weiter zu untersuchen, müssen wir ein Modell für den Trigger-Mechanismus entwerfen, bei dem Ca^{2+} die Vesikeln des PVG für die Exozytose vorbereitet. Zu diesem Zweck machen wir uns das folgende Konzept zu eigen: Vorbereitung zur Exozytose bedeutet, daß das parakristalline PVG in einen metastabilen Zustand versetzt wird, in dem sich die Exozytose vollziehen kann. Den Auslösermechanismus stellen wir uns sodann als die Bewegung eines Quasi-Teilchens mit einem Freiheitsgrad entlang einer kollektiven Koordinate und über eine Aktivierungs-Barriere hinweg vor (Abbildung 9.4). Diese Bewegung erfolgt aufgrund eines quantenmechanischen Tunnelprozesses durch die Barriere (ähnlich wie beim radioaktiven Zerfall).

Die Antwort auf die Frage, ob sich ein Mikro-System im Sinn der klassischen Physik oder der Quantenphysik verhält, hängt nicht nur von seiner Größe ab, sondern auch von seiner Einbettung in eine Umgebung endlicher Temperatur. Die Situation wird von zwei charakteristischen Energien bestimmt:

(I) Die thermische Energie, E_{th}, die das Quasi-Teilchen in einer thermischen Umgebung der Temperatur T annimmt. Für unser Quasi-Teilchen mit einem Freiheitsgrad ist sie gegeben durch

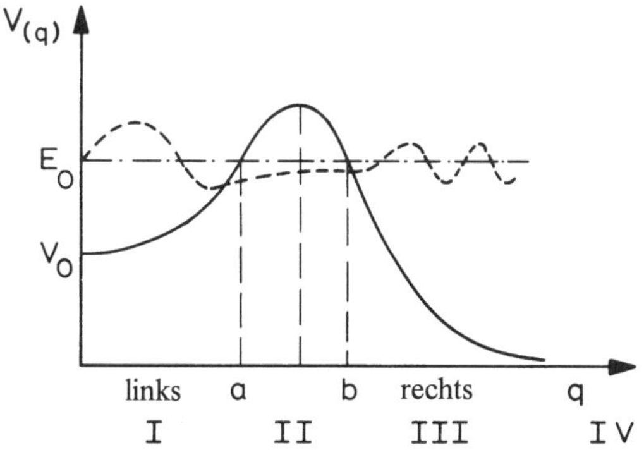

Abb. 9.4: Das kollektive Potential, V(*q*), für die Bewegung des Quasi-Teilchens der Energie E_0, das eine Exozytose auslöst. Die *gestrichelte Kurve* stellt einen Tunnel-Zustand durch die Barriere dar. Zu Beginn ist das Wellenpaket im *linken* Bereich lokalisiert. Nach einer Zeit τ weist die Amplitude einen *linken* und einen *rechten* Teil auf, aus dem sich die Wahrscheinlichkeit für das Auftreten einer Exozytose ergibt. a, b: klassische Umkehrpunkte; V_0 = Potential am Ursprung der kollektiven Koordinate, das durch die instabile Situation im PVG nach Erregung durch einen Nervenimpuls charakterisiert ist.

$$E_{\text{th}} = \tfrac{1}{2} k_{\text{B}} T, \qquad (9.1)$$

wobei k_B die Boltzmann-Konstante ist.

(II) Die quantenmechanische Nullpunktsenergie, E_0, eines Teilchens der Masse M, das auf einer Distanz Δq lokalisiert ist. Dies folgt aus der Heisenbergschen Unschärferelation:

$$\Delta p \Delta q \geq 2\pi\hbar. \qquad (9.2)$$

Wenn wir die untere Grenze nehmen (dies würde dem Grundzustand in einem bindenden Potential entsprechen), erhalten wir, indem wir die Impuls-Unschärfe, Δp, mit ihrer entsprechenden kinetischen Energie identifizieren:

$$E_0 \approx \frac{(\Delta p)^2}{2M} = \left(\frac{2\pi\hbar}{\Delta q}\right)^2 \frac{1}{2M}. \qquad (9.3)$$

Jetzt können wir die Grenzlinie zwischen dem Quanten- und dem klassischen Regime bestimmen

$$E_0 = E_{\mathrm{th}}. \qquad (9.4)$$

$E_0 \gg E_{th}$ ist dann das *Quanten*regime und $E_{th} \gg E_0$ das thermische Regime.

Für feste Werte T und Δq bestimmt die Gleichung 9.4 eine kritische Masse, M_c, des Quasi-Teilchens. Dynamische Prozesse, bei denen Quasi-Teilchen-Massen beteiligt sind, die viel größer als M_c sind, gehören zum klassischen Regime, ist hingegen $M \ll M_c$, befinden wir uns im Quantenregime. Wenn wir T = 300K und $\Delta_q \approx 1$Å nehmen, erhalten wir

$$M_c \approx 10^{-23}\,\mathrm{g} \approx 6M_{\mathrm{H}}, \qquad (9.5)$$

wobei M_{H} die Masse des Wasserstoffatoms ist.

Diese Abschätzung zeigt recht deutlich, daß ein quantenmechanischer Trigger der Exozytose in einem molekularen Prozeß bestehen muß, zum Beispiel in der Veränderung einer Wasserstoffbrücke durch elektronische Umordnung.

Um das Modell quantitativ zu machen, ordnen wir dem Auslöseprozeß der Exozytose eine stetige kollektive Variable, q, für das Quasi-Teilchen zu. Die Bewegung ist durch eine potentielle Energie, $V(q)$, charakterisiert, die im Bereich I gemäß der metastabilen Situation vor der Exozytose einen positiven Wert annehmen kann (Abbildung 9.4), dann im Bereich II ein Maximum annimmt, um schließlich im Bereich IV auf Null (Wahl der Normierung) abzufallen. Abbildung 9.4 stellt eine qualitative Skizze dieser Potentialbarriere dar.

Der zeitabhängige Auslöseprozeß der Exozytose ist durch die eindimensionale Schrödinger-Gleichung für die Wellenfunktion $\psi\ (q;\ t)$ beschrieben:

$$i\hbar\frac{\partial}{\partial t}\psi(q;t) = -\frac{\hbar^2}{2M}\frac{\partial^2}{\partial q^2}\psi(q;t) + V(q)\psi(q;t). \qquad (9.6)$$

Die Anfangsbedingung für $t = 0$ (Bereich I, Beginn der Exozytose) ist ein Wellenpaket links von der Potentialbarriere (Abbildung 9.4).

Die Lösung der Gleichung 9.6 ergibt die Wellenfunktion nach der Zeit t, die aus einem Teil des Wellenpakets besteht, das noch links von der Barriere bleibt, während ein anderer Teil in den Raum rechts vorgedrungen ist (Abbildung 9.4). Die Größen

$$p_1(t) = \int_{\text{links}} \psi^*(q;t)\,\psi(q;t)\,\mathrm{d}q, \tag{9.7a}$$

$$p_2(t) = \int_{\text{rechts}} \psi^*(q;t)\,\psi(q;t)\,\mathrm{d}q \tag{9.7b}$$

sind die zeitabhängigen Wahrscheinlichkeiten, daß sich keine Exozytose ereignet (p_1) oder daß sie sich ereignet (durch Einwirkung des Triggers) (p_2). Natürlich folgt aus der Normierung der Wellenfunktion

$$p_1(t) + p_2(t) = 1, \tag{9.8}$$

und die ist das einzige Erhaltungsgesetz, dem die Wahrscheinlichkeiten w gehorchen müssen.

Die beiden Teile des Wellenpakets zur Zeit t links und rechts von der Barriere (Abbildung 9.4) stellen die beiden Möglichkeiten (oder Zustände) dar, für die sich der Einzelprozeß entscheiden kann – *ohne jede Vor-Determiniertheit*. Die Wahl des einen oder des anderen Zustands ist der akausale Prozeß, den von Neumann »Reduktion der Wellenfunktion« nennt (von Neumann, 1955). Die statistischen Wahrscheinlichkeiten der Gleichung 9.7 bestimmen die Häufigkeiten vieler Wiederholungen identischer Vorgänge. Für das Einzelereignis bestimmen sie nur eine Tendenz (oder »propensity«) (Popper, 1990) bei der Auswahl des einen oder des anderen Zustands.

Die relevante Zeit τ muß als die Dauer des quasi-stabilen Zustands im parakristallinen PVG definiert werden, nach der sich der metastabile Zustand in einen stabilen Zustand zurückverwandelt, in dem keine Exozytose möglich ist. Man kann sich dies in unserem Modell als Abfall des Potentials links von der Barriere auf einen Wert vorstellen, bei dem eine Durchdringung der Barriere eine verschwindend geringe Wahrscheinlichkeit aufweist.

Eine Näherungslösung für das Tunnelproblem läßt sich mit Hilfe der Methode von Wentzel, Kramers und Brillouin (WKB-Methode) gewinnen (Messiah, 1961). Danach ist der Transmissionskoeffizient T eines Teilchens der Masse M und der Energie E durch die Barriere durch

$$T = \exp\left\{-2\int_a^b \frac{\sqrt{2M[V(q)-E]}}{\hbar}\,\mathrm{d}q\right\} \qquad (9.9)$$

gegeben, wobei a und b die klassischen Umkehrpunkte für die Bewegung links und rechts der Barriere (Abbildung 9.4) sind. Die Wahrscheinlichkeit pro Zeiteinheit der Durchdringung der Barriere, ω, kann man erhalten, indem man die Anzahl der Versuche des Teilchens, die Barriere zu durchdringen, ω_o, mit dem Transmissionskoeffizienten I multipliziert.

$$w = \frac{\mathrm{d}p}{\mathrm{d}t} = \omega_0 T, \qquad (9.10)$$

wo nach Bohrs Korrespondenzprinzip $\hbar\omega_0 = E_0$ ist. Wenn wir dieses Ergebnis mit den allgemeinen Überlegungen kombinieren, die wir nach Gleichung 9.7 formuliert haben, erhalten wir

$$p_2(\tau) = \tau w = \tau\omega_0 T. \qquad (9.11)$$

An diesem Punkt können wir einige Abschätzungen machen. Nehmen wir an, die Energie $E = E_0$ des Anfangszustands (das Wellenpaket links von der Barriere) sei die Nullpunktsenergie eines Wellenpakets, das oberhalb der Ausdehnung des atomaren Orts lokalisiert ist und dessen Ausdehnung wir grob als $\Delta_q \approx 1$ Å abschätzen. Ferner sei angenommen, daß die Masse M unseres Quasi-Teilchens die Masse eines Wasserstoffatoms, $M = 1{,}7 \times 10^{24}$ g, besitzt. Dann erhalten wir, nach der Gleichung 9.3, $E_0 \approx 8{,}3 \times 10^{-2}$ eV. Dies ergibt eine Frequenz aus

$E_0 = \hbar\omega_0$, von $\omega_0 \approx 1{,}3 \times 10^{14} s^{-1}$. Bei Abschätzung von τ, der Zeit der metastabilen Instabilität, in der Größenordnung von Elektronen-Übergangsprozessen, das heißt $\tau \approx 10^{-13}$-10^{-14}, erhalten wir gemäß Gleichung 9.11 $p_2(\tau) \approx 10T$ bis $100T$. Mit dem beobachteten Wert p_2 von etwa 0,25 ergibt das für den Barrieren-Durchdringungsfaktor T die vernünftige Spanne von 4×10^{-2} bis 4×10^{-3}. Wir schließen aus diesen Werten, daß der Exozytose-Trigger-Prozeß im *Femtosekundenbereich* der Quantenchemie von Membranen angesiedelt ist.

Bis jetzt haben sich unsere Modell-Überlegungen auf die Freisetzung einer einzelnen Vesikel im Vesikelgitter des Boutons beschränkt. Wie im vorigen Abschnitt dargelegt, weist diese parakristalline Struktur insgesamt etwa 40 Vesikeln auf, aber niemals emittiert nach einer Stimulierung durch einen Nervenimpuls mehr als ein Vesikel Transmittermoleküle in den synaptischen Spalt. Dies bedeutet sicherlich, daß die Vesikeln im Vesikelgitter nicht unabhängig voneinander handeln, sondern vielmehr, daß *unmittelbar*, nachdem ein Vesikel veranlaßt wurde, seinen Inhalt freizusetzen, die Wechselwirkung zwischen ihnen weitere Exozytose abblockt. Die parakristalline Beschaffenheit des PVG ermöglicht es, langreichweitige Wechselwirkungen zwischen den Konstituenten aufzubauen, wie es von geordneten Quantensystemen bekannt ist. Nach unseren numerischen Abschätzungen bewegt sich die Relaxationszeit für den Blockierungsprozeß im Femtosekundenbereich.

Mit diesen Feststellungen können wir den Mehr-Körper-Aspekt der Exozytose aus dem Vesikelgitter diskutieren. Zu diesem Zweck ordnen wir jedem Vesikel des Gitters schematisch zwei Zustände zu – ψ_0 und ψ_1 –, wobei ψ_0 der Zustand *vor* und ψ_1 der Zustand *nach* der Auslösung der Exozytose ist. Wir können sicher annehmen, daß die einzelnen Vesikeln so gut voneinander getrennt sind, daß wir sie als unterscheidbare Teilchen behandeln können. Dann ist die Wellenfunktion von N Vesikeln:

$$\Psi(1, \ldots, N) = \psi_{i_1}^{(1)} \cdot \psi_{i_2}^{(2)} \cdots \psi_{i_N}^{(N)}; \qquad i_j = \{0, 1\}. \qquad (9.12)$$

Vor der Exozytose hat die Wellenfunktion die Form:

$$\Psi_0(1, \ldots, N) = \psi_0^{(1)} \cdots \psi_0^{(N)}. \tag{9.13}$$

Die Beobachtung, daß als Antwort auf einen präsynaptischen Impuls nur ein Vesikel seine Transmittermoleküle in den synaptischen Spalt freisetzen kann, führt, nachdem der Auslöser für die Exozytose gewirkt hat, zu einer normierten Wellenfunktion der Form:

$$\Psi_1(1, \ldots, N) = \frac{1}{\sqrt{N}} \big(\psi_1^{(1)} \cdot \psi_0^{(2)} \cdots \psi_0^{(N)} + \psi_0^{(1)} \cdot \psi_1^{(2)} \cdot \psi_0^{(3)} \cdots \psi_0^{(N)} + \cdots + \psi_0^{(1)} \cdots \psi_0^{(N-1)} \cdot \psi_1^{(N)} \big). \tag{9.14}$$

Alle übrigen Zustände sind durch die langreichweitige Wechselwirkung energetisch so weit nach oben geschoben, daß sie nicht mehr durch den Nervenimpuls angeregt werden können.

Berechnet man die Wahrscheinlichkeit einer Exozytose aus den N-Körper-Wellenfunktionen (Gleichungen 9.13 und 9.14), so gelangt man zu demselben Ergebnis wie bei dem Problem der Barrierendurchdringung eines Vesikels, da der Trigger nur den Zustand eines Vesikels verändern kann; aber jetzt gibt es N solcher Möglichkeiten. Dies führt zu der beobachtbaren Konsequenz, daß die Wahrscheinlichkeit der Exozytose eines Boutons nicht von der Anzahl identischer Vesikeln abhängt, die am PVG sitzen.

In diesem Abschnitt haben wir ein quantenmechanisches Modell der Exozytose von Boutons nach der Stimulierung durch einen Nervenimpuls entworfen. Wir haben uns dabei so eng wie möglich an den bekannten funktionalen Aufbau von Dendriten und ihrer Synapsen gehalten. Das Modell kann die quantenhafte Bouton-Exozytose mit vernünftigen Parameter-Eingaben beschreiben. Es führt in die Funktion des Neokortex einen Wahrscheinlichkeitsaspekt der Quantenmechanik ein, der zu einer Wahlmöglichkeit gemäß einer quantenmechanischen Wahrscheinlichkeitsamplitude führt. Dies wiederum wird im folgenden Abschnitt dazu benutzt, eine kohärente Kopplung dieser

Wahrscheinlichkeitsamplituden zu postulieren und damit vom Bewußtsein beeinflußte Handlungen zu produzieren.

9.5 Die Erzeugung neuronaler Ereignisse durch mentale Ereignisse

Wie schon in Abschnitt 8.8 erwähnt, haben Ingvar et al., Roland et al. und Reichle et al. in umfassenden experimentellen Untersuchungen gezeigt, daß mentale Vorsätze (Psychonen) die Hirnrinde wirksam aktivieren können.

In einem komplementären Verfahren wurden mit Hilfe von Mittelungsverfahren die elektrischen Felder aufgezeichnet, die das Gehirn erzeugt (und zentriert im SMF), wenn eine Bewegung gewollt wird – das sogenannte Bereitschaftspotential (Deecke und Lang, 1990). Libet (1990) hat bei exquisit entworfenen Experimenten entdeckt, daß bewußtes Wollen etwa 200 ms vor der eigentlichen Bewegung auftritt (Libet, 1990, Allgemeine Diskussion).

Somit zeigen neuere Studien, daß ein mentaler Vorsatz einer Bewegung die Hirnrinde tatsächlich aktivieren kann; folglich müssen wir zum Studium der mikroskopischen Strukturen der neokortikalen Aktivität zurückkehren.

Intrazelluläre Aufzeichnungen aus einem kortikalen Neuron – einer Pyramidenzelle des Hippokampus – offenbaren eine ständige, intensive Aktivität (Abbildung 8.6e, g), die man als Milli-EPSPs interpretieren kann und die ihrerseits durch das kontinuierliche synaptische Bombardement mit Exozytosen aus den Tausenden von Boutons an ihren Dendriten erzeugt wird (Abbildung 9.2a). Die Entfaltungsanalyse ergab, daß ein Impuls, der in einem Bouton eintrifft (Abbildung 9.3a,d), eine Exozytose und ein Milli-EPSP mit einer Wahrscheinlichkeit von etwa 0,2 bis 0,3 verursacht (Sayer, Friedlander und Redman, 1990; Sayer, Redman und Andersen, 1989).

In Kombination dieser Ergebnisse mit unserer quantenmechanischen Analyse der Bouton-Exozytose stellen wir nun die

Hypothese auf, daß der mentale Vorsatz (das Wollen) durch eine *momentane Zunahme der Wahrscheinlichkeit einer Exozytose* in ausgewählten Bereichen des Kortex wie den supplementären Bereichen der motorischen Neuronen neural wirksam wird (Eccles, 1982). In der Sprache der Quantenmechanik ausgedrückt, bedeutet dies eine *Selektion von Ereignissen* (das Ereignis, daß der Auslösermechanismus funktioniert hat, das bereits mit einer gewissen Wahrscheinlichkeit vorbereitet war) (vergleiche Abbildungen 9.4 und 9.7). Dieser Auswahlakt steht in Beziehung zu Wigners Selektionsvorgang des Bewußtseins in bezug auf Quantenzustände (Wigner, 1967), und sein Mechanismus liegt eindeutig jenseits der gewöhnlichen Quantenmechanik. Dieser Auswahlmechanismus erhöht effektiv die Wahrscheinlichkeit der Exozytose und erzeugt auf diese Weise vergrößerte EPSPs – *ohne Verletzung der Erhaltungsgesetze*. Wie in Abschnitt 9.3 betont und in Abschnitt 9.4 gezeigt, *ist Quantenauswahl die einzige Möglichkeit*, aus identischen Anfangsbedingungen in identischen dynamischen Situationen und somit mit denselben Werten der erhaltenen Größen unterschiedliche Endzustände zu erhalten. In einem rein klassischen Vorgang – wo eine Veränderung des Endzustands eine Veränderung entweder der Anfangsbedingungen oder in der Dynamik voraussetzt – könnte eine solche Situation nicht resultieren. Selbst bei den in letzter Zeit ausführlich diskutierten Prozessen, die durch klassisches »deterministisches Chaos« beherrscht werden, ist der Ausgang durch die Anfangsbedingungen determiniert, wenn auch in extrem sensitiver Weise. Die klassische chaotische Bewegung zeichnet sich durch extreme Instabilitäten in bezug auf kleine Veränderungen aus und kann daher nicht für regelmäßig wiederkehrende Gehirnvorgänge wie die Exozytose in Betracht kommen.[1]

Darüber hinaus bedeutet die Wechselwirkung zwischen mentalen Ereignissen und quantenmechanischen Wahrscheinlichkeitsamplituden für die Exozytose eine kohärente Kopplung einer großen Anzahl von Einzelamplituden der Hunderttausende von Boutons in einem Dendron. Dies wiederum führt zu einer überwältigenden Vielfalt von Aktualitäten oder »Moden« in der

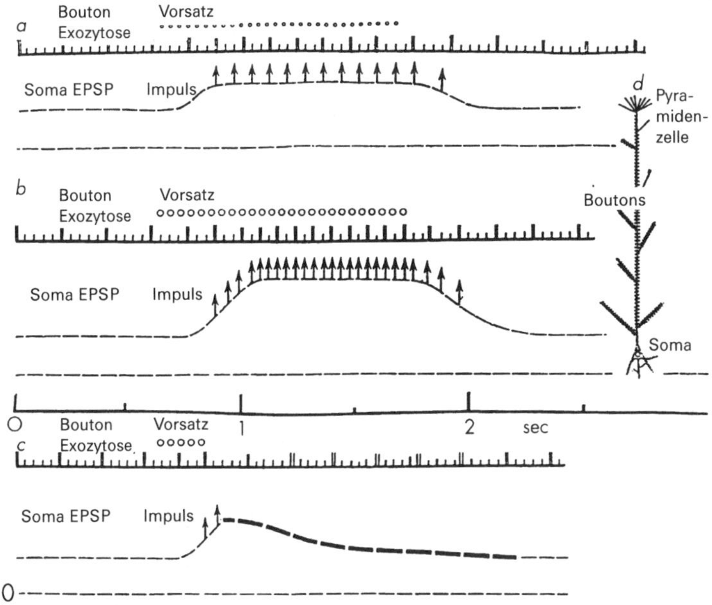

Abb. 9.5: Darstellung der vorgeschlagenen Wechselwirkung zwischen Geist und Gehirn durch intentionsgesteuerte Zunahme der Wahrscheinlichkeit einer Exozytose.
(a) Wirkung einer schwachen Intention von etwa 1 s. Dauer. Der *obere Teil* stellt den synaptischen Input (*kurze Balken*) mit einer Frequenz von $50s^{-1}$ und die daraus resultierenden Exozytosen (*längere Doppelbalken*) für die Hintergrundwahrscheinlichkeit (1 in 5) und die intentional vergrößerte (1 in 3) Wahrscheinlichkeit dar. Die *untere gestrichelte Linie* ist ein Diagramm der summierten Milli-EPSPs, die im Soma eintreffen. **(b)** Die Wirkung einer starken Intention der gleichen Dauer wie in **(a)**. Die intentional verstärkte Wahrscheinlichkeit ist hier 1 in 2 und führt zu stärkeren Soma-Impulsen. **(c)** Wie in **(b)**, aber für eine kürzere Intention von 0,2 s Dauer. **(d)** Schicht-V-Pyramidenzelle mit aufsteigenden, von den Boutons bedeckten Dendriten. (Es sind nicht alle Boutons gezeichnet; es gibt bis zu 5000 von ihnen.)

Aktivität jedes Mikrobereichs der Neokortex. Der Physiker wird die starke Analogie zur Laserfunktion oder ganz allgemein zum Phänomen der Selbstorganisation erkennen.

Unsere Hypothese der Wechselwirkung zwischen Geist und Gehirn ist bildlich in Abbildung 9.5 zusammengefaßt. Die drei Bildteile zeigen die Wirkung einer schwachen (a) und einer starken (b) Intention (mentale Tätigkeiten von knapp über 1 s oder von 0,2 s Dauer [c]). Abbildung 9.5d zeigt eine Schicht-V-Pyramidenzelle mit ihrem aufsteigenden, von den Boutons ihres synaptischen Inputs bedeckten Dendriten. Nicht alle Boutons sind gezeichnet; es gibt bis zu 5000 von ihnen. (a), (b) und (c) sind Diagramme der Tätigkeit eines einzelnen Boutons mit dem synaptischen Hintergrund-Input mit einer Häufigkeit von $50s^{-1}$ (kurze Balken), die eine Exozytose verursacht (in Form längerer Doppelbalken dargestellt, um eine tubulare Öffnung in der aktiven Zone [Abbildung 9.3g] anzudeuten). Die ursprünglichen Exozytosen treten mit $10s^{-1}$ statt, das ergibt eine Wahrscheinlichkeit von 1 in 5 (Redman, 1992, persönliche Mitteilung) für das CA1-Zellen des Hippokampus. Unterhalb dieser Linie ist das EPSP, das am Soma (d), rechte Bildhälfte, auftritt und durch elektrotonische Summation aller Milli-EPSPs jedes einzelnen Boutons erzeugt wird, in Diagrammform dargestellt. In (a) ist das ursprüngliche EPSP durch Einwirkung des mentalen Vorsatzes gesteigert, indem die Wahrscheinlichkeit einer Exozytose von 1 in 5 auf 1 in 3 erhöht wurde. Dies geschieht, wie bereits betont, ohne Verletzung der Erhaltungsgesetze. Die Summierung wird im Soma-EPSP aufgezeichnet, und sie führt zur Impulsfreisetzung im Soma, wie durch die Pfeile angedeutet. Die rund 100 Pyramidenzellen eines Dendrons (Abbildung 9.2b) treten in Wechselwirkung und erzeugen so die weiterlaufende Entladung des SMF-Neuron (Eccles, 1982). Dieser Impuls wird weitergegeben zu den motorischen Pyramidenzellen mit Entladungen den Pyramidentrakt hinab zu den Motoneuronen (Abbildung 4.7). Die resultierenden Impulsentladungen in den motorischen Nerven endlich bewirken schließlich die beabsichtigte Bewegung, zu der alle Kontrollsysteme beitragen.

In Abbildung 9.5b ist eine stärkere Intention mit einer entsprechenden Zunahme der Wahrscheinlichkeit von 1 in 5 auf 1 in 2 mit größeren Soma-EPSPs und einer entsprechenden Zunahme der

Häufigkeit der Impulsentladungen durch die größeren Kreise symbolisiert. In Abbildung 9.5c hat die starke Intention eine Dauer von nur 0,2 s und führt trotzdem zu einer kurzen Entladung.

Alle Bestandteile in Abbildung 9.5a, b und c sind herkömmliche Neurowissenschaft – mit Ausnahme der mentalen Intention, welche die Häufigkeit der Exozytose verstärkt, und zwar ohne Verletzung der Erhaltungsgesetze. Die Parameter in Abbildung 9.5a, b und c stimmen mit der herkömmlichen Neurowissenschaft überein.

Libet (1990) hat die Zeitspanne untersucht, in der eine geübte Versuchsperson den Vorsatz zu einer Bewegung aufrechterhält. Das bewußte Wollen geht dem Beginn der Bewegung um etwa 200 ms voraus. Im Gegensatz dazu haben Kornhuber, Deecke und Libet mit Hilfe der Mittelungstechnik erkannt, daß eine kortikale Negativität – das sog. Bereitschaftspotential – der beabsichtigten Bewegung um 1000 ms vorausgeht. Jedoch muß das Bereitschaftspotential keine Antwort auf eine unbewußte Gehirntätigkeit signalisieren, die dem bewußten Wollen vorausgeht, d.h., es muß nicht bedeuten, daß das Gehirn anstelle des Geistes die willentliche Entscheidung trifft!

Es wurde vorgeschlagen, dies als Scheinproblem zu betrachten, da nämlich das Bereitschaftspotential durch die Mittelungs-Aufzeichnungstechnik *künstlich erzeugt* worden sei. Das Problem tritt vermutlich auf, weil der Bewegungsvorsatz in der Regel vor dem Hintergrund der ansteigenden, negativen Phasen der langsamen EEG-Wellen gefaßt wird. Somit entsteht das Bereitschaftspotential durch die kumulative Mittelung der negativen Hintergrundwellen. Es stellt offensichtlich nicht mehr als die Tendenz des bewußten Wollens dar, sich zeitlich auf diese Weise in den Hintergrund einzuordnen. Es weist nicht darauf hin – wie angenommen wurde –, daß das *Gehirn* die willkürliche Bewegung einleitet. Dies geschieht durch den Geist beim bewußten Wollen, für das Libet findet, daß es der tatsächlichen Bewegung um etwa 200 ms vorausgeht (Eccles, 1990, Allgemeine Diskussion, sowie Kapitel 6 des vorliegenden Buches) (Abbildung 9.5b, c).

Dieses Diagramm auf der Grundlage des Dualismus (Abbildung 9.5b, c) stellt die Wechselwirkung zwischen Geist und Gehirn auf eine Weise dar, wie es die materialistischen Monisten – die sich mit vagen Behauptungen begnügen – niemals versucht haben.

Wichtig ist die Erkenntnis, daß der Bewegungsvorsatz, obwohl er die Begrenzung erfährt, nur die Häufigkeit der Exozytose verändern zu können (Abbildung 9.5), eine große Vielfalt von Bewegungen kontrollieren kann – sowohl in der Intensität (Abbildung 9.5a, b) als auch in der Dauer (Abbildung 9.5b, c). Unmittelbarere Auswirkungen des Willens sind aufgrund der Erhaltungsgesetze ausgeschlossen.

Die willkürliche Bewegung ist damit im Prinzip erklärt. Diese Erklärung läßt sich auf die Wirkung aller mentalen Einflüsse auf das Gehirn ausweiten, zum Beispiel bei der Ausführung irgendeiner geplanten Handlung wie etwa dem Sprechen.

9.6 Schlußbemerkungen

Ausgehend von einer sorgfältigen Analyse der Tätigkeit des Neokortex behaupten wir, daß Exozytose ihr Schlüsselmechanismus ist. Exozytose – die vorübergehende Öffnung eines Kanals in der präsynaptischen Membran eines Boutons verbunden mit der Freisetzung der Transmittersubstanz (Abbildung 9.3f, g) – wird durch einen Nervenimpuls verursacht. In vielen Versuchen (Sayer, Friedlander und Redman, 1990; Sayer, Redman und Andersen, 1989; Redman, 1990) wurde erwiesen, daß Exozytose ein Vorgang nach dem Prinzip ›Alles oder nichts‹ ist und sich mit Wahrscheinlichkeiten in der Umgebung von 0,25 vollzieht. Diese Beobachtung führte uns zu einem quantenmechanischen Modell des Triggermechanismus der Exozytose auf der Grundlage der Tunnelbewegung eines Quasi-Teilchens, das den Trigger darstellt.

Die quantenmechanische Behandlung der Exozytose verbindet die Tätigkeit des Neokortex mit der Existenz einer großen Anzahl von quantenmechanischen Wahrscheinlichkeitsamplituden, da es an dem Bündel von Dendriten, die das Dendron (Abbildung 9.2a,b) bilden, mehr als 100 000 Boutons gibt. Bei Abwesenheit mentaler Aktivität wirken diese Wahrscheinlichkeitsamplituden unabhängig und verursachen fluktuierende EPSPs in der Pyramidenzelle (Abbildung 8.6e, g). Wir propagieren die Hypothese, daß ein mentaler Vorsatz neural wirksam wird, indem er vorübergehend die Wahrscheinlichkeiten von Exozytosen in einem ganzen Dendron erhöht (Abbildung 9.2b) und auf diese Weise eine große Anzahl von Wahrscheinlichkeitsamplituden miteinander koppelt, um eine kohärente Wirkung hervorzubringen.

Unsere Hypothese bietet eine natürliche Erklärung für willkürliche Bewegungen aufgrund von mentalen Vorsätzen, ohne die physikalischen Erhaltungsgesetze zu verletzen. Es wurde experimentell nachgewiesen, daß Vorsätze vor der tatsächlichen Bewegung die Hirnrinde in gewissen, wohldefinierten Bereichen aktivieren (Ingvar, 1990; Roland, Larsen, Lassen und Skinhøj, 1980; Posner, Petersen, Fox und Raichle, 1988).

Die Einheits-Hypothese transformiert die Wirkungsweise des Vorsatzes. Man muß sich vor Augen führen, daß der Vorsatz, eine bestimmte Bewegung auszuführen, aufgrund lebenslanger Lernprozesse zu jenen Dendronen des Neokortex gelenkt wird, die für die gewünschte Tätigkeit geeignet sind. Wir glauben, daß die Hypothese die Wechselwirkungen über die Grenzlinie zwischen Geist und Gehirn hinweg erklärt.

Danksagung. Wir danken Dr. Stephen Redman für seine Hilfe bei der Berechnung der Wahrscheinlichkeiten für exozytorische Freisetzung.

Anmerkung

1 Chaotische Prozesse spielen möglicherweise bei pathologischen Zuständen eine Rolle.

Literatur zu Kapitel 9

Akert, K., Peper, K., and Sandri, C. (1975) in: *Cholinergic Mechanisms*, ed. P.G. Waser (Raven, New York), 43–57.

Deecke, L., and Lang, V. (1990) in: »The Principles of Design and Operation of the Brain«, eds. J.C. Eccles and O. Creutzfeld (*Exp. Brain Res., Ser. 21*), (Springer, Berlin, Heidelberg), 303–341.

Donald, M.J. (1990), *Proc. Roy. Soc. London A,* 424, 43–93.

Eccles, J.C. (1982), *Arch. Psychiatr. Nervenkrank.* 231, 423–441.

Eccles, J.C. (1990), *Proc. Roy. Soc. London B,* 240, 433–451.

Edelman, G.M. (1989), The Remembered Present: A Biological Theory of Consciousness (Basic Books, New York).

Einstein, A., Rosen, N., and Podolsky, B. (1935), *Phys. Rev.*, 47, 777–780.

Everett, H. (1957), *Rev. Mod. Phys.,* 29, 454–462.

Gray, E.G. (1982), *Trends Neurosci.,* 5, 5–6.

Ingvar, D.H. (1990) in: *The Principles of Design and Operation of the Brain*, eds. J.C. Eccles and O. Creutzfeld (Exp. Brain Res., Ser. 21) (Springer, Berlin, Heidelberg), 433–453.

Jack, J.J.B., Redman, S.J., and Wong, K. (1981), *J. Physiol.* London, 321, 65–96.

Jessel, T.M., Kandel, E.R., Lewin, B., and Reid, L. (eds.) (1993), Signaling at the Synapse, Review Supplement zu *Cell 72/Neuron* 10.

Kelly, R.B., Deutsch, J.W., Carlson, S.S., and Wagner, J.A. (1979), *Ann. Rev. Neurosci.*, 2, 399–446.

Korn, H., and Faber, D.S. (1985) in: G.M. Edelman, W.E. Gall and W.M. Cowan (eds.), *New Insights into Synaptic Function,* New York: Neurosciences Research Foundation Inc. (Wiley, New York), 57–108.

Libet, B.(1990) in: *The Principles of Design and Operation of the Brain*, eds. J.C. Eccles and O. Creutzfeld (Exp. Brain Res., Ser. 21), (Springer, Berlin, Heidelberg), 185–205 sowie die Allgemeine Diskussion, 207–211.

Margenau, H. (1984), *The Miracle of Existence* (Ox Bow, Woodbridge, CT).

Messiah, A. (1961), *Quantum Mechanics* (North Holland, Amsterdam), 231–242.

Mountcastle, V.B. (1978) in: *The Mindful Brain,* ed. F.O. Schmitt (MIT Press, Cambridge MA), 7–50.

Peters, A., and Kara, D.A. (1987), *J. Comp. Neurol.,* 260, 573–590.

Pfenniger, K., Sandri, C., Akert, K., and Eugster, C.H. (1969), *Brain Res.*, 12, 10–18.

Popper, K. (1990), *A World of Propensities* (Thoemmes, Bristol).

Popper, K., and Eccles, J.C. (1977), *The Self and its Brain* (Springer, Berlin, Heidelberg), dt. (1982) *Das Ich und sein Gehirn,* (Piper, München, Zürich).
Posner, M.I., Petersen, S.E., Fox, P.T., and Raichle, M.E. (1988), *Science,* 240, 1627–1631.
Redman, S.J. (1990), *Physiolog. Rev.*, 70, 165–198.
Roland, P.E., Larsen, B., Lassen, N.A., and Skinhøj, E. (1980), *J. Neurophysiol.,* 43, 118–136.
Sayer, R.J., Friedlander, M.J., and Redman, S.J. (1990), *J. Neurosci.*, 10, 626–636.,
Sayer, R.J., Redman, S.J., and Andersen, P. (1989), *J. Neurosci.,* 9, 845–850.
Schmolke, C., and Fleischhauer, K. (1984), *Anat. Embryol.,* 169, 125–132.
Squires, E.J. (1988), *Found. Phys. Lett.,* 1, 13–20.
Stapp, H.P. (1991), *Found. Phys.,* 21, 1451–1477.
Szentágothai, J. (1978), *Proc. R. Soc. Lond. B,* 201, 219–248.
von Neumann, J. (1955), *Mathematical Foundations of Quantum Mechanics* (Princeton University Press, Princeton, NJ), Kap. IV.
Walmsley, B., Edwards, F.R., and Tracey, D.J. (1987), *J. Neurosci.,* 7, 1037–1046.
Wigner, E.P. (1967), *Symmetries and Reflections* (Indiana University Press, Bloomington, IN), 153–184.

10 Das Selbst und sein Gehirn: die endgültige Synthese

10.1 Leben und Geist

In der Geschichte des Universums geschahen zwei völlig unvorhersehbare Dinge. Das erste war die Entstehung des Lebens, das zweite die Entstehung des Geistes. Wenn jemand fragen würde, wo waren Geist oder Bewußtsein, bevor sie im Säugerhirn erfahren wurden – vor rund 200 Millionen Jahren (Kapitel 7) –, wäre die Antwort dieselbe wie auf die Frage, wo das Leben war, bevor es vor rund 3,4 Milliarden Jahren auf der Erde auftrat. Beide Ursprünge führten zu transzendenten Entwicklungen: bei der einen gipfelte die gesamte biologische Welt der Evolution vor etwa 90 Millionen Jahren im *Homo sapiens sapiens* (Eccles, 1989); bei der anderen führte die *bewußte Welt* der Säuger (Kapitel 7) zur Entwicklung der Hominiden (Eccles, 1989, 1992, sowie Kapitel 7 des vorliegenden Buches) und so zu den großen Wundern der menschlichen Kultur, der großartig ausgestatteten Welt 3 Poppers. Dies ist die Welt der Ichs – jedes einzelnen Ich mit seinem eigenen, einmaligen Gehirn.

10.2 Selbst-Gehirn-Dualismus

Der Selbst-Gehirn-Dualismus setzt vor allem zwei authentische Seinsordnungen mit vollständig voneinander unabhängigen Ontologien voraus. Es wurde bereits vor einiger Zeit erkannt (Popper und Eccles, 1977), daß dieser Dualismus Transaktionen über die Grenzlinie zwischen Geist und Gehirn in beide Richtungen erforderlich macht (Abbildungen 1.3, 5.5 und 6.1). Solch gewaltige Schwierigkeiten haben zu unterschiedlichen Ausflüchten geführt, die in Abbildung 1.2 am Beispiel der vier materialistischen Theorien über den Geist dargestellt sind. Von diesen Theorien ist heute nur noch die Identitätstheorie (Abschnitt 1.3; Feigl, 1967) von Interesse, bei der das Geist-Gehirn-Problem durch eine postulierte »Identität« zwischen mentalen Ereignissen auf der einen und neuronalen Ereignissen in den Tätigkeiten der höheren Hirnzentren auf der anderen Seite gelöst wird. Dies ist ihrem Wesen nach eine materialistische Hypothese.

Dieses seltsame Postulat der Identität wird niemals begründet, aber man glaubt, daß es sich aufklären wird, wenn unser wissenschaftliches Verständnis vom Gehirn vollständiger ist – vielleicht in 100 Jahren; deshalb haben wir diesen Glauben ironisch »Schuldscheinmaterialismus« genannt (Popper und Eccles, 1977). In Kapitel 3 wurden vor allem Identitätstheoretiker besprochen: Changeux, Crick und Koch, Dennett, Edelman, Sperry und Searle.

Am Ende des 2. Kapitels habe ich beschrieben, wie ich mich – nach Jahrzehnten, die dem Dualismus gewidmet und durch ein ständig wachsendes Verständnis des Neokortex gekennzeichnet waren – immer noch durch die Erhaltungsgesetze behindert fühlte, die jede Einwirkung auf das Gehirn durch nicht-materielle, mentale Ereignisse ausschlossen. Margenaus Buch *The Miracle of Existence* mit der darin ausgesprochenen Vermutung, die Quantenphysik könne ein Verständnis der Art und Weise ermöglichen, wie der Geist ohne Aufwand an Energie in Wechselbeziehung mit dem Gehirn tritt, war ein Licht am Ende des Tunnels. Diese Idee überwältigte mich, und ich machte mich daran zu zeigen, wie unser Verständnis der subtilsten Anlagen und Funktionen der Mikro-Struktur des Neokortex zu wichtigen Einsichten in die Wechselbeziehung zwischen Geist und Gehirn führen könnte.

In den Kapiteln 4 und 5 schien der Selbst-Gehirn-Dualismus wieder eine haltbare Hypothese zu sein – aber diesmal war es der Dualismus der Welten 1 und 2 (Popper und Eccles, 1977) und *nicht* der kartesianische Dualismus von Dennett und anderen, die ich in Kapitel 3 erwähnt habe.

10.3 Das Selbst

Bei der Entwicklung und Beschreibung der dualistischen Philosophie konzentriere ich mich weitgehend auf das Selbst, diese einzigartige Erfahrung, die jeder von uns sein ganzes Leben hindurch macht. Das erste Kapitel dieses Buches wurde von Sherringtons poetischer Schilderung des Selbst eingeleitet.

Uns liegen heute überzeugende Beweise dafür vor, daß das Selbst durch pure Vorstellung (Ingvar, 1989) erfolgreich ausgewählte Bereiche der Hirnrinde (Abbildungen 5.2, 5.4, 10.1, 10.2 und 10.3) aktiviert. Diese mentale Kontrolle der zerebralen Tätigkeit (siehe auch Abschnitt 10.5 über die Wahrnehmung) ist so umfassend, daß wir eine vollständige Herrschaft des Selbst über das Gehirn annehmen können. Und nun wurde zum ersten Mal die Hypothese vorgestellt, wie diese mentalen Einflüsse Gehirntätigkeiten kontrollieren können, ohne die Erhaltungsgesetze zu verletzen (Beck und Eccles, 1992, sowie Kapitel 9 und die Abbildungen 9.5 und 10.2 des vorliegenden Buches). Somit ist den materialistischen Dualismus-Kritikern wie Dennett, Changeux und Edelman die wissenschaftliche Grundlage entzogen. Materialistische Erklärungen zum Geist-Gehirn-Problem, wie zum Beispiel die Identitätstheorie, lassen sich jetzt als unwissenschaftlich und sogar als Aberglaube entlarven, der schon zu lange geherrscht hat – wie etwa der Schuldscheinmaterialismus. Alle diese Theorien scheinen jetzt unhaltbar.

Wir alle besitzen einen natürlichen dualistischen Glauben an eine Wechselwirkung zwischen Selbst und Gehirn – die sogenannte Laienphilosophie oder -psychologie –, aber die vorherrschende materialistische, reduktionistische Philosophie fordert die Ablehnung dieses Glaubens. Neurowissenschaftler hängen dieser Philosophie in verschiedener Gestaltung an, ohne sie einer philosophischen Überprüfung zu unterziehen, wie Popper und ich es getan haben (1977). Es handelt sich um einen naiven philosophischen Glauben, wie Edelman (1989, S. 12 der englischen Ausgabe) zuzugeben scheint. Aber er hat den Status eines materialistischen Glaubensartikels erlangt, weil er für sich in An-

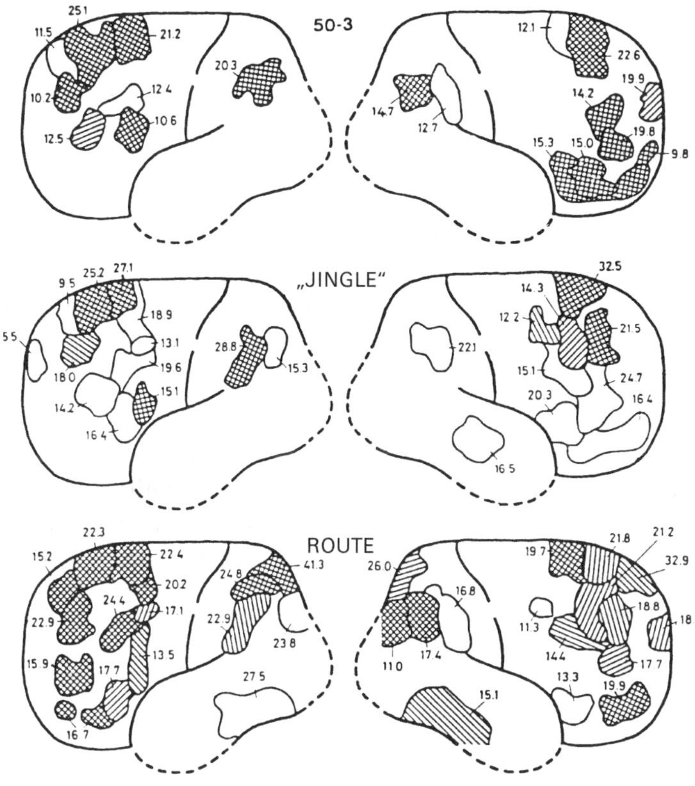

Abb. 10.1: Mittlere prozentuale Zunahme der regionalen Hirndurchblutung und ihre mittlere Verteilung in der Hirnrinde unter drei verschiedenen Bedingungen des schweigenden Denkens, wie im Text beschrieben. Linke Hemisphäre: sechs Versuchspersonen; rechte Hemisphäre: fünf Versuchspersonen. *Kreuzweise schraffierte Bereiche* weisen signifikante RHD-Zunahmen auf der 0,005-Ebene auf. Bei den *schraffierten Bereichen* sind es $P > 0{,}01$ und bei *umrandeten Bereichen* $P < 0{,}05$ (Roland und Friberg, 1985).

spruch nahm, alle Erfahrung auf der Grundlage verschiedener Spielarten des Materialismus zu erklären, wie man in Kapitel 3 nachlesen kann. Wir können diese ganze Pseudophilosophie jetzt im Licht der Hypothese zurückweisen, daß die Wechselwir-

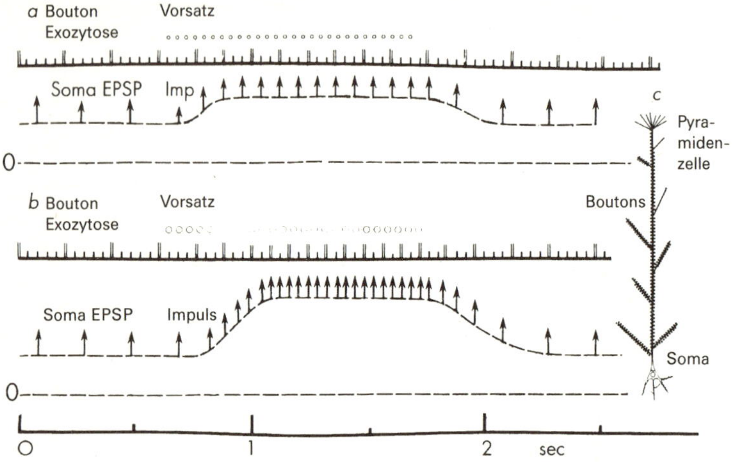

Abb. 10.2: Diese Abbildung ist weitgehend der Abbildung 9.5 gleich, aber sie weist zwei zusätzliche Züge auf. (1) Wie angedeutet, ist der mentale Einfluß, der durch eine *Reihe von Kreisen* dargestellt ist und etwa 1 s dauert, eine Aufmerksamkeit. (2) Man erkennt, wie das Hintergrund-EPSP eine Hintergrund-Impulsentladung geringer Häufigkeit in das Soma abgibt. Wäre die Wahrscheinlichkeit 1,0, fände eine *Hintergrund-Exozytose* bei jedem Impuls in der *oberen Reihe* statt. In diesem Fall könnte die mentale Aufmerksamkeit keine Wirkung haben.

kung zwischen Selbst und Gehirn stattfindet, ohne daß die Erhaltungsgesetze der Physik verletzt würden (Beck und Eccles, 1992, sowie Kapitel 9 des vorliegenden Buches). Somit kann Searle (1984, S. 99; siehe auch Abschnitte 3.8 und 3.9 des vorliegenden Buches) mit gutem Gewissen fortfahren, sich willentlichen, freien und vorsätzlichen Tätigkeiten zu widmen!

Die Einwirkung des Selbst auf das Gehirn (den Neokortex) läßt sich vermutlich durch geeignete Versuche, bei denen RHD und PET-Scanning-Methoden verwandt werden (siehe Abschnitt 10.5 und Abbildung 10.3 des vorliegenden Buches), auf die Gesamtheit unserer bewußten Erfahrungen ausdehnen, selbst auf die subtilsten und höchst transzendenten. Es ist ein beruhigendes Gefühl, daß wir den Reichtum und die Freude unserer Erfahrungen jetzt genießen können, ohne unser Gewissen damit zu belasten, daß wir die Erhaltungsgesetze verletzen könnten!

Es ist seltsam mitanzusehen, wie sehr sich Materialisten wie Changeux, Edelman oder Dennett (Kapitel 3) sprachlich winden, um ihrem unfruchtbaren materialistischen Glauben spirituelle Werte und Ideale abzuringen.

Die Wechselbeziehung zwischen Selbst und Gehirn eröffnet eine wundervolle Zukunft für das Verständnis der Hirnrinde. Die Wechselbeziehung zwischen Psychon und Dendron stellt die Grundlage dafür dar. Die niedrigen Werte der Exozytose-Wahrscheinlichkeit bei kortikalen Neuronen in den drei zuverlässigen Experimenten (Abbildung 8.6) (Sayer et. al., 1989, 1990) stellen eine wichtige Grundlage für die postulierte Zunahme von EPSPs (Beck und Eccles, 1992, sowie Kapitel 9 des vorliegenden Buches) über die ganze Bandbreite mentaler Einflüsse hin dar (Abbildungen 9.5. und 10.2). Man wird bemerken, daß ich dem Gehirn überhaupt keine mentalen Einflüsse oder Eigenschaften zugestehe. Diese Dinge sind dem Selbst oder den Welten 2 und 3 in den Abbildungen 1.1, 1.3 und 6.1 vorbehalten.

In Kapitel 3.9 habe ich Searle (1992, S. 55 der englischen Ausgabe) zitiert: »Der innerste Beweggrund für den Materialismus ist der Schrecken des Bewußtseins.«

Searle führt dies auf die Eigenschaft der Subjektivität zurück, die – wie Monod (1971) versichert hat – die Objektivität bedroht.

> »Wie können wir ein stimmiges Bild von der Welt entwerfen, wenn die Welt diese mysteriösen Bewußtseins-Entitäten enthält? Und doch wissen wir alle, daß wir – ebenso wie die Mitmenschen um uns – für die meiste Zeit unseres Lebens bewußt sind(!).«

Aber ich glaube, daß dieser Schrecken einen eher persönlichen Grund hat, der von der Einzigartigkeit des erfahrenden Selbst mit seinen religiösen Obertönen herrührt, wie sie sich dem Thema der Willensfreiheit und der moralischen Verantwortlichkeit beigesellen. Hingewiesen sei auf die nützlichen Auszüge aus

Hodgson (1992, Kapitel 19), die ich im Kapitel 3.6 des vorliegenden Buches zitiert habe.

Im Gegensatz dazu glauben Materialisten an die Identitätstheorie, die sich mit neuronalen Netzen befaßt, so daß sie das Bewußtsein auf ein materialistisches Phänomen herunterspielen können. Entsprechend sind zeitgenössische Philosophie und Neuro-Philosophie eine materialistische Kakophonie aus Strukturalismus und Funktionalismus, die in Robotik gipfelt! Ihr Titelgesang sollte *Der Zauberlehrling* sein!

10.4 Vorstellung und freier Wille

Ingvar (1989) hat viele weitere Belege für die Aktivierung des menschlichen Gehirns während einer reinen sensorischen Vorstellung (Abbildung 10.1) und bei reiner motorischer Vorstellung (Abbildung 5.2b) vorgelegt.

Wir können uns diese außerordentliche Fähigkeit des Selbst, den Neokortex zu aktivieren, nun durch die erhöhten Wahrscheinlichkeiten der Exozytose in den präsynaptischen Vesikelgittern (PVGs) der Hunderttausende von Boutons an einem Dendriten (Abbildungen 7.2, 7.3 und 8.3) erklären. Nach der Psychon-Hypothese steht für jedes Psychon an seinem zugehörigen Dendron (Abbildung 6.10) eine riesige Anzahl an PVGs mit ihren durch Quantenprozesse regulierten Wahrscheinlichkeiten für Exozytosen zur Verfügung.

Der ausgedehnte Einfluß des Geistes auf das Gehirn ist in Abbildung 10.1 (Roland und Friberg, 1985) gut dargestellt. Bei der Abbildung handelt es sich um Aufzeichnungen mittels der Xenon-Methode der gesteigerten Hirndurchblutung bei drei verschiedenen Arten von stillem Nachdenken.

In Abbildung 10.1a lautete die Aufgabe für den 50-minus-3-Teil, von der Zahl 50 ausgehend wiederholt 3 stumm abzuziehen. Die im Kopf ausgerechnete Zahlenfolge lautete 50, 47, 44, 41 und so weiter; war die 2 erreicht, folgte -1, -4 und so weiter, bis zur Beendigung der Aufzeichnung der regionalen Hirndurchblutung (RHD) nach etwa 45 Sekunden. Die Versuchsperson war in dieser Zeit keinerlei Störungen aus der Umwelt ausgesetzt. Beachtlich ist, daß die signifikant gesteigerten RHDs in beiden Seiten des vorderen Stirnlappens auftraten – ausgenommen der Gyrus angularis des Scheitellappens, mit Steigerungen von 20,3 beziehungsweise 14,7 Prozent. Entsprechend wurde bei beidseitiger Zerstörung des Gyrus angularis der klinische Zustand der Rechenunfähigkeit beobachtet.

Der »Jingle«-Teil in Abbildung 10.1b zeigt die RHD-Zunahme, wenn die Versuchsperson stumm mit der Aufgabe beschäftigt war, im Geiste zu jedem zweiten Wort einer bekannten dänischen Folge von Unsinns-Wörtern oder »Jingle« zu springen, die aus einer geschlossenen Schleife von neun Wörtern besteht. Auch hier befanden sich fast alle aktivierten kortikalen Bereiche im Stirnlappen.

Im »Route«-Teil in Abbildung 10.1c bestand die Aufgabe darin, daß sich die Versuchspersonen während eines gedachten Spaziergangs eine ihnen bekannte Straße entlang im Geiste die aufeinanderfolgenden Szenen vorstellten.

Bei der Deutung von Abbildung 10.1c besteht allerdings kein Anlaß, die ganze Aktivität als *primär* durch die Aufgabe erzeugt zu betrachten. Viele dieser vorderen Stirnlappenbereiche sind eng miteinander verbunden, und die primäre Aktivierung durch einige der Aufgaben würde zu einer sekundären und tertiären Aktivierung der übrigen Bereiche führen. Man muß dabei die Ausdehnung der präfrontalen Erregung bedenken, die mit der Lösung einiger visueller Aufgaben im Kopf verbunden ist.

Die nachgewiesenen außerordentlichen Auswirkungen des Denkens auf die Hirnrinde (Abbildung 10.1) führen zu der Frage, wie dieser enorme Einfluß des Selbst auf das Gehirn entstand. Die Antwort lautet, daß er auf lebenslanges aktives Lernen zurückzuführen ist. Das früheste Stadium zeigt sich bei der Handbetrachtung eines Babys in seinem Bettchen. Es lernt, seine Hand nach seinem Willen zu bewegen, und es wird immer besser im Berühren und Ergreifen von Gegenständen. Der Geist des Kindes bringt absichtliche Bewegungen mit motorischer, kortikaler Kontrolle zustande, wie in Abbildung 5.2 dargestellt. Alle Fähigkeiten werden im Laufe des Lebens auf diese Weise durch zielgerichtete Aufmerksamkeit erworben.

Über willkürliche Bewegungen hat es einen langen Streit gegeben: Materialisten haben beteuert, eine *mentale Absicht* könne zu keiner willkürlichen Bewegung führen, weil dies den Erhaltungsgesetzen widerspräche. Searle (1986) hingegen glaubt zu Recht und trotz der Erhaltungsgesetze, daß der freie Wille mit dem Bewußtsein zusammenhängt. Aber dank der Arbeit von Beck und mir (1992, sowie Kapitel 9 des vorliegenden Buches) besteht diese Beschränkung nun nicht länger. Tatsächlich werden wir mit dem wunderbaren Reichtum konfrontiert, in voller Handlungs- und Vorstellungsfreiheit mit unserem Gehirn kommunizieren zu können. Alle normalen menschlichen Ichs besitzen diese Freiheit, wenn auch die Materialisten und Monisten sie leugnen. Die Willensfreiheit stellt ein uraltes Problem dar. Dank der in Kapitel 9 formulierten Hypothese – daß das Selbst erfolgreich und ohne Verletzung der Erhaltungsgesetze auf das Gehirn einwirken kann – sind wir nun in der Lage, dieses Problem zu lösen. Wir können uns unserer wiedergefundenen Freiheit erfreuen, die auf dem Dualismus in den Abbildungen 1.1, 1.3 und 6.3 beruht. In den Abbildungen 9.5 und 10.2 erkennt man die Wechselbeziehung zwischen den beiden eigenständigen Entitäten, dem spirituellen Selbst der Welt 2 und der materiellen Welt 1, wie sie durch Popper und Eccles (1977) definiert wurden.

10.5 Aufmerksamkeit

Die RHD-Untersuchung Rolands (1981) über die Auswirkung mentaler Aufmerksamkeit auf den Neokortex wurde bereits in Diagrammform dargestellt (Abbildung 5.4). Die Aufmerksamkeit galt einer Fingerspitze in Erwartung einer kaum wahrnehmbaren Berührung. Entsprechend war eine Zunahme der Gehirntätigkeit vorwiegend im Fingerberührungsfeld zu beobachten (Abbildung 5.4a). Galt die Berührungserwartung den Lippen, nahm die kortikale Tätigkeit vor allem im sensomotorischen Feld der Lippen zu.

Die Studien anhand der Positron-Emissions-Tomographie (PET) durch Raichle und seine Mitarbeiter (Posner et al., 1985; Corbetta et al., 1990; Pardo et al., 1991) (Abbildung 10.3) lieferten höchst wichtige Hinweise darauf, wie Aufmerksamkeit den Neokortex bewußter Versuchspersonen beeinflussen kann. Die Forscher haben sich besonders bemüht, die zerebralen Bereiche zu bestimmen, die bei der Wahrnehmung aktiviert werden. Zum Beispiel:

»Visuelle Vorstellungen, Wörterlesen und sogar das Verlagern visueller Aufmerksamkeit von einem Ort zum anderen werden nicht von einem einzigen Gehirnbereich ausgeführt. Jede dieser Tätigkeiten beansprucht eine große Anzahl von einander ergänzenden Rechenvorgängen, die organisiert werden müssen, um die kognitive Aufgabe zu bewältigen!« (Posner et al., 1985, S. 1630)

Aber selektive Aufmerksamkeit scheint neurale Systeme außer denen zu benutzen, die mit dem passiven Sammeln von Informationen über einen Reiz befaßt sind.

»Wenn eine aktive Selektion oder visuelle Suche gefordert ist, geschieht dies durch ein räumliches System, das bei Patienten mit Verletzungen des Scheitellappens geschädigt ist. Entsprechend ist der laterale linke Stirnlappen in das semantische Netzwerk zur Kodierung von Wortassoziationen einbezogen. Teile des vorderen Cingulum werden zunehmend miteinbezogen, wenn das Rechenergebnis des semantischen Netzwerks als relevantes Ziel selektiert werden muß. Somit ist das vordere Cingulum an den Berechnungen beteiligt, wenn Sprache oder eine andere Informationsform ausgewählt werden müssen, die für die jeweilige Tätigkeit von Belang sind. Im Studium visueller Bildgebung unterscheiden die Modelle zwischen einer Gruppe von Operationen, die mit der Erzeugung des Bildes, und einer anderen, die mit der Abtastung des Bildes nach seiner Erzeugung befaßt sind.« (Posner et al., S. 1630)

Wie Corbetta et al. (1990) mit Hilfe des PET-Scannings gezeigt haben,

> »verstärkte Aufmerksamkeit die Aktivität in verschiedenen Bereichen der extrastriaten Sehrinde, die für die Verarbeitung von Daten zuständig zu sein scheinen, die mit der ausgewählten Eigenschaft in Beziehung standen«. (S. 1556)

Zum Beispiel steigert Aufmerksamkeit auf einen roten Hut in einer Menschenmenge Genauigkeit und Sensitivität für die visuelle Entdeckung oder Unterscheidung.

> »Man könnte erwarten, daß Aufmerksamkeit für eine visuelle Eigenschaft, wie zum Beispiel Farbe, die neuronale Aktivität in Gehirnbereichen beeinflußt, die auf die Verarbeitung dieser Eigenschaft spezialisiert sind – wie etwa V_4 für Farbe (Zeki, 1976). Galt die Aufmerksamkeit verschiedenen Eigenschaften eines visuellen Bildes, wurden verschiedene Bereiche der extrastriaten Sehrinde aktiviert.« (Corbetta et al., 1990, S. 1556)

> »Aufmerksamkeit für visuelle Grundeigenschaften wie Form, Farbe oder Geschwindigkeit scheint verhaltensmäßige und physiologische Faktoren der visuellen Datenverarbeitung zu beeinflussen. In bezug auf das Verhalten ist die Fähigkeit gesteigert, feine Unterscheidungen zu treffen. Physiologisch ist die neuronale Aktivität in extrastriaten Bereichen erhöht, die auf die Verarbeitung von Daten der ausgewählten visuellen Eigenschaft spezialisiert sind. Diese Verstärkungen der Aktivität spiegeln eine kognitive (Topdown) Steuerung der visuellen Datenverarbeitung wider.« (Corbetta et al., 1990, S. 1558)

Hier ist eine klare Bestätigung des Konzepts, daß mentale Ereignisse (Aufmerksamkeit) neuronale Ereignisse auslösen können, wie in Abbildung 10.2 – einer leicht veränderten Variante von Abbildung 9.5 – angedeutet ist.

Die wenigen bisher gemachten Versuche haben eine große Bandbreite kortikaler Aktivierungen offenbart; folglich kann man erwarten, daß *schließlich für alle Teile des Kortex herausgefunden wird, daß sie durch entsprechende Aufmerksamkeiten aktiviert werden.*

Abbildung 10.2 ist ein erläuterndes Diagramm, das zeigt, daß Aufmerksamkeit ähnlich wie Vorsatz in Abbildung 9.5 wirkt, mit dem Zusatz, daß die Hintergrund-Exozytosen nicht nur ein anhaltendes EPSP durch Summierung der Milli-EPSPs erzeugen, sondern daß dieses Hintergrund-EPSP außerdem zu einer Hintergrund-Impulsentladung führt. Die Aufmerksamkeit von etwa 1 s Dauer wirkt wie der Vorsatz in Abbildung 9.5; sie ruft einen Ausbruch von Impulsentladungen hervor, der bei der verstärkten Aufmerksamkeit in Abbildung 10.2b besonders intensiv ist. Die Hypothese, die Abbildung 9.5 über den Vorsatz aufstellt, gilt in diesem Diagramm für die Aufmerksamkeit; es zeigt, daß Aufmerksamkeit die Bouton-Exozytose wirksam verstärkt, ohne Verletzung der Erhaltungsgesetze (Beck und Eccles, 1992, sowie Kapitel 9 des vorliegenden Buches).

Man kann vermuten, daß das Selbst über die Aufmerksamkeit fähig ist, jeden beliebigen Teil des Neokortex »anzuwählen« und willkürlich zu aktivieren. Diese selektive Aktivierung durch Aufmerksamkeit ist für die gesamte Bandbreite unserer Erfahrungen von zentraler Bedeutung. Um ein alltägliches Beispiel zu nennen: Wir bemerken zufällig, daß sich eine Biene auf einer Blüte niederläßt. Wenn wir genauer sehen wollen, was sie auf der Blüte treibt, verstärkt unsere durch Psychon-Aktivierung ausgelöste Aufmerksamkeit den Bereich und die Intensität der Dendron-Aktivierung zur Steigerung des visuellen Inputs und seiner Diskriminierung. Man erkennt, daß wir durch Aufmerksamkeit unsere Wahrnehmungen verstärken und erweitern. Jeder von uns hat im Lauf seines ganzen Lebens gelernt, sein Gehirn klug und geschickt zu nutzen. Wir bemerken dies, wenn wir aufmerksam einem Musikstück lauschen oder ein schönes Bild betrachten oder uns an der Schönheit der Natur erfreuen. Diese transzendente Erfahrung, die wir durch Aufmerksamkeit und mit Hilfe des Gehirns machen können, stellt die Grundlage unseres Wesens und unserer Persönlichkeit dar. Unser Selbst hat genau gelernt, wie es mit allen Teilen des Neokortex selektiv »spielen« kann. Es ist ein Psychon-Dendron-Spiel. Natürlich wissen wir nichts über die Anatomie dieses

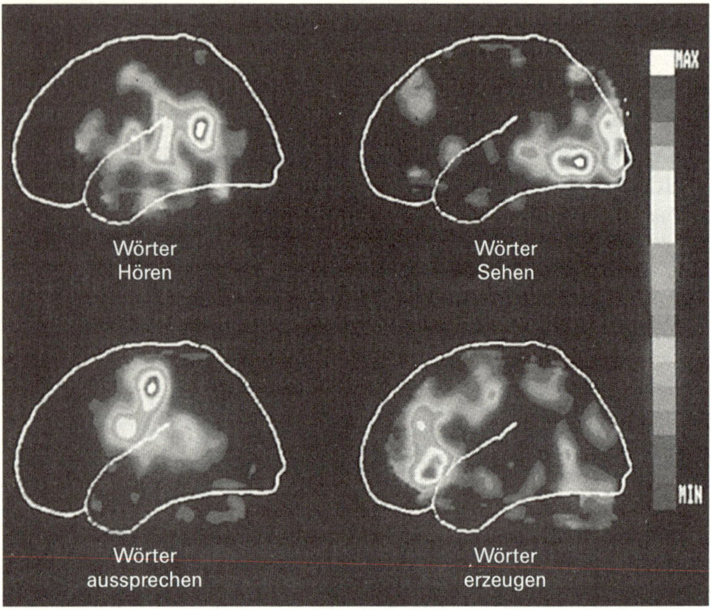

Abb. 10.3 Bei einer Positron-Emissions-Tomographie (PET) wird die Hirnrinde bewußter Versuchspersonen abgetastet, während sie vier intellektuelle Aufgaben in Verbindung mit Wörtern ausführen. Die PET-Technik läßt erkennen, daß die verstärkte Durchblutung, die von der Tätigkeit der Hirnrinde kündet, je nach der linguistischen Aufgabe scharf auf bestimmte Bereiche begrenzt ist. Die *Skala rechts* zeigt die große Bandbreite der Hirnrindentätigkeiten. (Dr. Marcus Raichle von der Washington University School of Medicine in St. Louis der diese Bilder 1992 anfertigte, stellte sie mir freundlicherweise für mein Buch zur Verfügung.)

Dialogs zwischen Selbst und Gehirn. Es handelt sich um eine funktionale Leistung, und die Sicherheit darin verdanken wir unserer lebenslangen Erfahrung. In Abbildung 10.1 (Roland und Friberg, 1985) und besonders in Abbildung 10.3 können wir die Tätigkeit des Gehirns bei drei sehr unterschiedlichen Denkvorgängen erkennen.

Dennett und Kinsbourne (1992) betrachteten sehr im einzelnen: Wo im Gehirn wird Bewußtsein erfahren? Ihrer umfassenden Einführung folgten 22 Erwiderungen von ausgewählten Experten. Dennett und Kinsbourne haben Dennetts Theorie der Multiplen Entwürfe (siehe Abschnitt 3.4 des vorliegenden Buches) ausgearbeitet, die als Erwiderung auf die Vereinheitlichung im sogenannten kartesischen Theater gedacht ist. Andere alternative Standpunkte wurden ebenfalls vorgeschlagen.

Die kortikalen Leistungen bei Aufmerksamkeit und Denken führen zu einer unerwarteten Antwort: *Bewußtsein wird dort im Gehirn erfahren, wo man es durch Aufmerksamkeit erweckt*, die auf ausgewählte Bereiche der Hirnrinde wirkt und sie erregt. Diese Erregung hat verstärkte Dendron-Reaktionen auf Sinnesreize zur Folge und damit eine Aktivierung von Psychonen und des Bewußtseins. Überlagert wäre dieser einfachen Aufmerksamkeitswirkung der ständige Dialog zwischen der Aufmerksamkeit, die das Selbst beisteuert, und den ausgewählten Bereichen des Neokortex mit ihren Sinneseindrücken. Dennett und Kinsbourne würden diese Lokalisierungsvorgänge vielleicht akzeptieren. Sie könnten die lokale Vielfalt der Multiplen Entwürfe erklären.

10.6 Künstliche Intelligenz (KI)

Das Wunder und Geheimnis des menschlichen Selbst mit seinen spirituellen Werten, seiner schöpferischen Kraft und der Einzigartigkeit, mit der es jeden einzelnen von uns begabt, wird auf tragische und absurde Weise mißverstanden.

Penrose hat in seinem Buch *The Emperor's New Mind* (*Computerdenken*), das ich in Abschnitt 3.7 des vorliegenden Buches besprochen habe, sehr gut die grundlegenden Fehler in der KI-Geschichte dargelegt. Natürlich verdamme ich nicht den Einsatz von Computern, und seien sie noch so hochentwickelt. Sie sind ein unverzichtbares Werkzeug bei unseren Versuchen, die wundervolle Arbeitsweise des menschlichen Gehirns mehr und mehr zu verstehen. Ich möchte speziell die irrtümlichen Ansprüche der Robotik-Advokaten kritisieren, daß Robotik zu einem Verständnis und zur Simulation des menschlichen Selbst führen wird. Es ist alles sehr schlau gemacht, zum Beispiel Edelmans *Darwin 3*, aber es ist zum Vorzeigen und zur Sicherung von Forschungsmitteln! Als Hilfe zum Verständnis des Gehirns taugt es nicht. Es ist sehr aufschlußreich, daß man in der ganzen umfangreichen Literatur über Bewußtsein und künstliche Intelligenz keinen Hinweis auf die drei grundlegenden Erkenntnisse findet, auf denen die wissenschaftliche Hypothese über die Wechselwirkung zwischen dem Selbst und dem Gehirn in Kapitel 9 beruht (siehe Abbildungen 9.5 und 10.2).

1 Das präsynaptische Vesikelgitter mit seiner herausragenden Anlage für das Wahrscheinlichkeitsverhalten der Exozytose.
2 Die geringe Wahrscheinlichkeit der Exozytose, die dem Geist die großartige Möglichkeit bietet, sie zu vergrößern, ohne die Erhaltungsgesetze zu verletzen.
3 Die Bündelung der aufsteigenden Dendriten von Pyramidenzellen zu Dendronen, die für die erforderliche große Verstärkung der in jeder Exozytose erzeugten Milli-EPSPs sorgt.

Es ist erstaunlich und sehr befremdend, daß alle großen wissenschaftlichen Bemühungen, das Gehirn zu verstehen, blind für die Mikrostrukturen und Mikrofunktionen des Neokortex sind. Penrose (1991) erkannte die Notwendigkeit einer wissenschaftlichen Untersuchung des Neokortex, aber er fand nicht zu den entscheidenden Mikro-Ebenen des Verständnisses. Sperry schlug in seiner Ablehnung des Materialismus die richtige Richtung ein, aber ihm fehlte das nötige Verständnis der Mikrostruktur.

Searle (1984) lehnt die Programme und Ansprüche der Künstliche-Intelligenz-Advokaten ab. Er schreibt:

»Die Programmierung eines Computers ist ganz und gar syntaktisch, aber der Geist hat mehr als eine Syntax, er hat eine Semantik.« (S. 31)

Searle schließt:

»Kein Computerprogramm reicht allein aus, um ein System

mit Geist zu begaben. Kurz gesagt, ein Programm ist nicht Geist, und es kann auch aus eigenem Vermögen keinen Geist erlangen. Der Versuch, Geist allein durch den Entwurf von Programmen zu schaffen, ist von Anfang an zum Scheitern verurteilt, da Bewußtsein, Denken, Gefühle und dergleichen mehr als eine Syntax voraussetzen. Ein Computer ist seinem Wesen nach unfähig, diese Dinge zu *duplizieren* – so groß seine Fähigkeit auch sein mag, sie zu *simulieren*. Und eine Simulation allein stellt niemals eine Duplikation dar.« (S. 37)

Wie in Kapitel 9 angemerkt, haben alle Quantenphysiker das Ziel verfehlt, weil ihr Ansatz über Allgemeinheiten nicht hinausging, in ähnlicher Weise, wie es bei der Elektrizität vor der Entdeckung der Elektronen und beim Licht vor der Entdeckung der Photonen war. Dieses wissenschaftliche Versäumnis läßt sich auf den vorherrschenden Materialismus mit seinen abergläubischen Glaubensartikeln zurückführen.

Besonders störend finde ich den Anspruch der KI-Designer, sie stünden kurz vor der Entwicklung von Supercomputern, die ein Bewußtsein besitzen würden. Vor vielen Jahren fragte ich auf einer Konferenz, die an der Yale-Universität stattfand, Minsky vom MIT – den beredtesten der »harten« KI-Advokaten –, weshalb sie alle behaupteten, über Supercomputer zu verfügen, die bald Bewußtsein entwickeln würden. Seine aufschlußreiche Erwiderung lautete:

»Weil ich dann mehr Forschungsmittel erhalte!«

10.7 Die Psychon-Welt

Die ungewöhnlichste Erfahrung für einen Neurowissenschaftler ist die Vereinheitlichung der unterschiedlichsten Eindrücke, wie sie von Augenblick zu Augenblick erlebt werden. Bereits vor mehr als 100 Jahren hat der große Psychologe William James die Einheit des Denkens erkannt. Stapp (siehe Abschnitt 3.12 des vorliegenden Buches) schreibt:

»James' wichtigste, grundlegende Erkenntnis ist die Ganzheit oder Einheit eines jeden bewußten Gedankens.«

James gelang durch Selbstbeobachtung eine erschöpfende Studie. Er erkannte, daß die Physik und die Wissenschaft vom Gehirn seiner Tage zu wenig entwickelt waren, um das dem Gehirn zugeschriebene Bewußtsein zu erklären. Jetzt – über 100 Jahre später – können wir James' Ansprüchen genügen!

Das Sehvermögen stellt die erstaunlichste unter unseren Wahrnehmungserfahrungen dar. Die Sehrinde unterzieht das invertierte Bild auf der Netzhaut des Auges einer Vielzahl von sequentiellen und parallelen Analyseverfahren. Merkmale wie Neigung, Richtung, Bewegung, Form, Kontrast, Intensität und Farbe werden zur Analyse ausgewählt, aber nirgendwo im Gehirn findet ein Wiederaufbau des ursprünglichen Netzhautbildes statt – außer einem vereinzelten groben Echo für Gesicht oder Hände in einigen Neuronen des unteren Schläfenlappens. Und doch wird das ursprüngliche Bild stereoskopisch im Geist erfahren. Inzwischen gibt es einen Versuch, in der Sehrinde Neuronen mit einer gewissen Organisation des Zusammenwirkens zu entdecken (Singer, 1990). Es handelt sich um das sogenannte Bündelungs-Problem, aber es ist nicht mehr als ein Anfang. Man muß erkennen, daß die vollständigen visuellen Bilder im Geist erfahren werden, der sie aus der Analyse in der Sehrinde zusammenzusetzen scheint. Möglicherweise gewährt die Verbindung von Dendronen und Psychonen eine Einsicht in dieses außergewöhnliche erlernte Phänomen. Es ist zu vermuten, daß intensive Lernvorgänge an der Perfektion der visuellen Erfahrung beteiligt sind, die wir von Augenblick zu Augenblick als Qualitäten erfahren. Zweifellos hat die Perfektion von Hör-, Berührungs- oder Bewegungserfahrungen ähnliche Erklärungen, wie am Schluß von Kapitel 6 besprochen.

Diese außergewöhnliche Erfahrung eines umfassenden Anblicks oder einer Übersicht mußte einen großen evolutionären Vorteil der Säuger gegenüber anderen Tieren darstellen, bei denen nur eine begrenzte, unkoordinierte Verarbeitung der visuellen Daten stattfand.

Psychonen sind die Einheiten der Erfahrung und sind somit eine dominante Realität. Die Entwicklung des Bewußtseins stellte einen großen evolutionären Vorteil dar, wie in Kapitel 7 beschrieben.

Man kann davon ausgehen, daß alle Säuger bewußt sind, eine gewisse bewußte Kontrolle über ihre Handlungen und einige bewußte Erfahrungen haben (Eccles, 1989). Die Wechselwirkung zwischen Dendron und Psychon ist somit die Voraussetzung für ihr mentales Leben. Die menschliche Situation ist die Folge einer Weiterentwicklung mit dem Aufkommen des Selbstbewußtseins, das vermuten läßt, daß Psychonen abgesondert von Dendronen in einer einzigartigen Psychon-Welt existieren könnten – der Welt des Selbst, wie sie in Abbildung 6.1 dargestellt ist.

Es gibt große Unbekannnte in dieser vermuteten Welt der Psychonen. Sie sind ihrer Natur nach Erfahrungen, und wir können ihre Existenz nur in Diagrammform durch den Bezug ihrer Wechselwirkung mit den Dendronen andeuten, der in Abbildung 6.10 als Umhüllung bei drei Arten von Psychonen dargestellt ist.

Die Übermittlung von Psychon zu Psychon könnte die Einheit unserer Wahrnehmung und der inneren Welt unseres Geistes erklären, die wir kontinuierlich von Augenblick zu Augenblick erfahren, wie es William James erkannt hat. Diese Einheit wird bei allen Ereignissen in Welt 2 erfahren.

Bisher hat noch keine Geist-Gehirn-Theorie erklärt, auf welche Weise uns die mannigfaltigen neuronalen Ereignisse in unserer Hirnrinde von Augenblick zu Augenblick globale mentale Erfahrungen von einheitlichem Charakter verschaffen können. Wir fühlen uns als Mittelpunkt unserer erfahrenen Welt (Welt 2). Dieses Phänomen ist in Abbildung 6.1 im Zentrum von Welt 2 dargestellt und wird dort als Psyche, Selbst oder Seele bezeichnet. Pfeile weisen in diese zentrale Region aus den Bereichen der äußeren und inneren Sinne und der Dendronen des Neokortex hinein. Dies führt zu der grundsätzlichen Frage: Sind auch die Erfahrungen des Selbst aus ganzheitlichen Psychonen zusammengesetzt, in ähnlicher Weise, wie es bei der Wahrnehmung und bei anderen

Erfahrungen der Fall ist? Und wenn es sich so verhält – ist dann auch jedes dieser Psychonen mit seinem Dendron verbunden, und wo im Neokortex befinden sich diese Dendronen? Wir können weiter fragen, ob es eine Art von organisierten Psychonen gibt, die nicht mit Dendronen verbunden sind, sondern nur mit anderen Psychonen, und so eine eigenständige Psychon-Welt bilden.

In Abschnitt 10.5 wurde beschrieben, auf welche Weise das Selbst auf die Ereignisse im Neokortex subtil und verständig einwirken und sie beeinflussen kann. Wie es aussieht, weiß das Selbst um alle erlernten Fähigkeiten des Gehirns. Es muß dieses Gedächtnis besitzen, um rasch und geschickt handeln und die der jeweiligen Situation angemessenen gespeicherten Erinnerungen des Gehirns aufrufen zu können. Folglich muß der Psychon-Komplex des Selbst (Abbildung 6.1) ebenfalls mit »Erinnerungen« ausgestattet sein, die ständig aktualisiert werden müssen für effektives Handeln. Hier haben wir es mit einem grundlegenden psychologischen Problem zu tun, das untersucht werden muß.

10.8 Die Bedeutung einer bewußten Existenz als ein Selbst

Die zeitgenössische Philosophie vernachlässigt die Probleme, die sich aus der erfahrenen Einzigartigkeit eines jeden Selbst ergeben. Diese Vernachlässigung ist vermutlich eine Folge des allgegenwärtigen Materialismus, der – wie Searle (Abschnitte 3.8 und 3.9 des vorliegenden Buches) betont hat – für die grundlegenden Probleme, die sich aus der spirituellen Erfahrung ergeben, blind ist. Das Hodgson-Zitat über die Suche nach einem Lebenssinn und seiner religiösen Bedeutung (Abschnitt 3.6 des vorliegenden Buches) findet meine vollste Zustimmung.

Die häufigste Antwort der Materialisten lautet, daß unsere erfahrene Einzigartigkeit eine Folge unserer genetischen Einzigartigkeit sei. Das einzigartige Genom, in dem man die Basis für die erfahrene Einzigartigkeit sieht, ist das Ergebnis einer ungeheuer unwahrscheinlichen genetischen Lotterie (eins zu $10^{15\,000}$ bei der vorsichtigen Schätzung von 50000 menschlichen Genen) (Eccles, 1989). Außerdem ist – wie Stent (1981) darlegte – die phänotypische Entwicklung des Gehirns aufgrund der Auswirkungen dessen, was Waddington (1969) »Entwicklungsrauschen« (»development noise«) genannt hat, weit von den genotypischen Instruktionen entfernt. Zum Beispiel hat der Genotyp mit dem Aufbau des Gehirns zu tun, aber er wirkt in einer Umgebung, die seinen phänotypischen Aufbauprozeß auf grundlegende Weise modifiziert. Aufgrund des unterschiedlichen Entwicklungsrauschens tragen die identischen Genome bei eineiigen Zwillingen zum Aufbau unterschiedlicher Gehirne bei.

Eine häufige und auf den ersten Blick plausible Antwort auf dieses Rätsel ist die Versicherung, der bestimmende Faktor sei die Einzigartigkeit der im Lauf des Lebens gesammelten Erfahrungen eines Selbst. Ich bin gern bereit zuzugeben, daß unser Verhalten und unsere Erinnerungen und in der Tat die ganze Fülle unseres inneren, bewußten Lebens von den gesammelten Erfahrungen unseres Lebens abhängen; aber so extrem die Veränderungen auch sein mögen – an einem bestimmten Punkt der Entscheidung, den der Druck der Umstände bestimmen könnte, wäre man immer noch dasselbe Selbst und könnte dessen Kontinuität bis zu den frühesten Erinnerungen aus dem ersten Lebensjahr zurückverfolgen; und man fände dasselbe Selbst in einem anderen Gewand. Es ist unmöglich, daß ein Selbst ausgelöscht und ein neues geschaffen wird!

Da materialistische Lösungen darin versagen, unsere erfahrene Einzigartigkeit zu erklären, bin ich gezwungen, die Einzigartigkeit des Selbst oder der Seele auf eine übernatürliche, spirituelle Schöpfung zurückzuführen (Eccles, 1989).

Es ist die Gewißheit des inneren Kerns einer einzigartigen Individualität, die keine andere Lösung als eine »göttliche Schöpfung« zuläßt. Ich gestehe ein, daß keine andere Erklärung haltbar ist; weder die genetische Einzigartigkeit mit ihrer phantastischen und unmöglichen Lotterie noch abweichende Umwelten, anhand derer unsere Einzigartigkeit nicht *bestimmt*, sondern nur modifiziert wird.

Diese Schlußfolgerung ist von unschätzbarer theologischer Bedeutung. Sie unterstützt entschieden unseren Glauben an die menschliche Seele und ihren wunderbaren Ursprung in einer göttlichen Schöpfung. Sie enthält nicht nur das Bekenntnis des transzendenten Gottes, Schöpfers des Alls – des Gottes, an den Einstein glaubte –, sondern auch des immanent wirkenden Gottes, dem wir unser Dasein verdanken.

Ich drücke hier meine Bemühungen aus, ein Selbst – mein Selbst – als erfahrendes Wesen zu verstehen. Ich spreche davon in der Hoffnung, daß wir menschlichen Ichs einen verwandelnden Glauben an den Sinn und die Bedeutung dieses wundervollen Abenteuers finden mögen, das jedem von uns auf dieser heilsamen Erde beschieden ist und auf der wir alle über ein wunderbares Gehirn verfügen, das uns gehört, um es zu steuern und zu gebrauchen für unser Gedächtnis, für unsere Freude und Kreativität und mit Zuneigung für andere menschliche Wesen.

Wie es Pascal so unvergleichlich ausdrückte, existiert jeder von uns als ein Selbst, zu einer Zeit und an einem Ort, jenseits unseres Verständnisses. Weshalb hier und nicht anderswo? Weshalb jetzt und nicht zu einer anderen Zeit? Sind wir nicht Teilhaber an dem Sinn, wo sonst kein Sinn ist? Erfahren und genießen wir nicht Freundschaft, Freude, Harmonie, Wahrheit, Liebe und Schönheit in einem Universum, das im übrigen ohne Geist ist?

10.9 Wie

Ich habe den Titel dieses Buches *Wie das Selbst sein Gehirn steuert* absichtlich als klare Herausforderung gewählt. Er verweist außerdem auf das Buch zurück, das ich gemeinsam mit Popper schrieb: *Das Ich und sein Gehirn* (dt. 1982).

Es stellt eine Antwort auf die gesammelten Allgemeinplätze materialistischer Versuche dar, den Ursprung des Bewußtseins zu finden, wie anhand der Beispiele Changeux, Dennett und Edelman in Kapitel 3 dieses Buches besprochen, nachdem ich mit ihrem stillschweigenden Einverständnis erklärt habe, daß das *Wie* unbekannt ist.

Die Methode der Materialisten unter den Neurowissenschaftlern wie auch unter den Philosophen besteht darin, daß sie entweder die Philosophie des Dualismus, die Popper und ich in unserem Buch von 1977 entwickelt haben, ignorieren oder mit dem alten Zwei-Substanzen-Dualismus von Descartes verwechseln. Außerdem lehnen sie die dualistische Philosophie, die ich kürzlich (Eccles, 1989) veröffentlicht habe, in der Überzeugung ab, daß sie die Erhaltungsgesetze der Physik verletze.

Inzwischen haben Beck und ich (1992) (siehe auch Kapitel 9 des vorliegenden Buches) nachgewiesen, daß der Dualismus, von dem ich spreche, wissenschaftlich auf die Quantenphysik gegründet ist und mit den Erhaltungsgesetzen übereinstimmt. Werden die Materialisten es wagen, ihn abzulehnen? Materialisten haben, wie Searle so einsichtsvoll feststellt, den Horror vor dem Bewußtsein. Wenn es sich aber so verhält, macht dies ihre Philosophie irrational und nicht rational. Sie ist irrational. Selbst die gerühmte Objektivität von Monods Dogmatismus stellt sich im letzten Kapitel seines Buches von 1971 – das passenderweise den Titel *The Kingdom of the Darkness* trägt – als emotional heraus. Monod hat seine Rationalität zugunsten seiner Rolle als Prophet – für die er sich schließlich entschied – aufgegeben, wie Thorpe, Cournand und andere in ihren Besprechungen seines Buches erkannt haben.

Nun wird in dem Artikel von Beck und mir (1992), der als Kapitel 9 in dieses Buch übernommen wurde, *zum ersten Mal* die wissenschaftliche Hypothese der Art und Weise vorgelegt, *wie* das Selbst sein Gehirn steuern könnte, ohne die Erhaltungsgesetze zu verletzen. Es handelt sich hierbei um unsere ständige dualistische Erfahrung in allen wachen Stunden. Sie widerspricht der wiederholten Aussage Searles (1984, siehe Abschnitt 3.8 des vorliegenden Buches):

»Das Gehirn ist die Ursache des Geistes«,

der materialistischen Identitätstheorie. Und so lege ich dieses Buch als Herausforderung für alle Materialisten vor.

Diese dualistische Schlußfolgerung ist der Höhepunkt meiner lebenslangen Beschäftigung mit dem Geist-Gehirn-Problem, das in diesem verständlich geschriebenen Buch mitsamt der historischen Würdigung beschrieben wurde. Somit wage ich das »wie« im Titel.

Die Hypothese, daß mentale Ereignisse (Psychonen) durch Erhöhung der Wahrscheinlichkeit der Exozytose – die durch Eindringen von präsynaptischen Impulsen in ein Bouton ausgelöst wird – erfolgreich auf die Dendronen einwirken können, hat eine bemerkenswerte Folge. Zum Glück ist die Quantenwahrscheinlichkeit für die Hirnrinde (den Hippokampus) mit 0,3 bis 0,4 (Abschnitt 8.6 des vorliegenden Buches) gering. Läge sie bei 1,0, könnten mentale Ereignisse nicht erfolgreich auf die neuronalen Ereignisse eines Psychons einwirken. Die evolutionäre Entwicklung des Säugerhirns hätte die Geistlosigkeit des Gehirns, die in Kapitel 7 beschrieben wurde, nicht überwunden. Die Frage, »WIE« das Bewußtsein schließlich im Zuge der biologischen Evolution in den Säugerhirnen aufgetreten ist, würde sich nicht stellen. Alles hängt ab vom neuronalen Entwurf der Vorgänge an ultramikroskopischen Strukturen mit ihrer geringen Exozytose-Wahrscheinlichkeit für die Millionen Boutons im Säuger-Neokortex und vom Auftreten einer primitiven Bewußtseinserfahrung, die möglich wird wegen der geringen Exozytose-Wahrscheinlichkeit.

Unsere Hypothese liefert schließlich das endgültige »WIE« des menschlichen Neokortex und heilt so, was andernfalls eine geistlose Welt, besiedelt von unbewußten Wesen, wäre.

Menschliches Selbstbewußtsein ist eine Folge des wunderbaren Auftretens des Selbst (Abschnitt 10.8), das seinen Ausdruck in der Erhöhung der geringen Exozytose-Wahrscheinlichkeit von Milliarden von Boutons des menschlichen Neokortex findet.

Eine grundlegendere Hypothese lautet, daß die Übermittlung zwischen Neuronen – solange sie elektrischer Natur war – sich mit Hilfe der klassischen Physik erklären ließ und somit keine Möglichkeit für den Einfluß einer »latenten, mentalen Welt«

bot, wie Stapp in seinem Zitat (Abschnitt 3.12 des vorliegenden Buches) klug bemerkte. Die mentale Welt konnte erst dann eine maßgebliche Rolle spielen, als sich die chemische Übermittlung mit den in synaptische Vesikeln »verpackten« chemischen Transmittern entwickelt hatte, deren sparsame Verwendung durch kontrollierte Exozytose gesichert war, bei der die Quantenphysik mitspielte. Dieser geheimnisvolle Evolutionsprozeß führte dazu, daß die hoch entwickelte Hirnrinde der Säuger für mentale Einflüsse offen war, die ihnen Bewußtsein verlieh und so eine bisher geistlose Welt erleuchtete. Somit ist die chemische synaptische Übermittlung die wichtigste Grundlage unserer bewußten Welt mit all ihrer transzendenten Schöpferkraft, die wir würdigen durch das bewußte Selbst mit seiner Steuerung des Gehirns im »WIE« dieses Buches.

Literatur zu Kapitel 10

Beck, F., and Eccles, J.C. (1992), »Quantum aspects of brain activity and the role of consciousness«, *Proc. Nat. Acad. Sci.* 89, 11357.

Corbetta, M., Miezin, F.M., Dobmeyer, S., Shulman, G.L., and Petersen, S.E. (1990), »Attentional Modulation of Neural Processing of Shape, Colour and Velocity in Humans«, *Science,* 248, 1356–1359.

Dennett, D., and Kinsbourne, M. (1992), »Time and the observer. The where and when of consciousness in the brain«, *Behavioral and Brain Sci.* 15, 185–247.

Eccles, J.C. (1989), *Evolution of the Brain: Creation of the Self* (Routledge, London), dt.: (1989) *Die Evolution des Gehirns – die Erschaffung des Selbst* (Piper, München, Zürich).

Edelman, G.M. (1989), *The Remembered Present: A Biological Theory of Consciousness* (Basc Books, New York).

Feigl, H. (1967), *The ›Mental‹ and the ›Physical‹* (University of Minnesota Press, Minneapolis MN).

Hodgson, D. (1991), *The Mind Matters* (Clarendon, Oxford).

Ingvar, D.H. (1990), »On ideation and ›ideography‹«, in: *The Principles of Design and Operation of the Brain*, eds. J.C. Eccles and O. Creutzfeldt (Experim. Brain Res., Series 21) (Springer, Berlin, Heidelberg), 433–453.

Margenau, H. (1984), *The Miracle of Existence* (Ox Bow, Woodbridge CT).
Monod, J. (1971), *Chance and Necessity* (Knoff, New York); dt.: (1971) *Zufall und Notwendigkeit* (Piper, München, Zürich) und (1985) *Zufall und Notwendigkeit* (DTV, München, 7. Aufl.).
Pardo, J.V., Fox, P.T., and Raichle, M.E. (1991), »Localization of Human System for Sustained Attention by Positron Emission Tomography«, *Nature,* 349, 61–64.
Penrose, R. (1989), *The Emperor's New Mind: Concerning Computers, Minds, and the Laws of Physics* (Oxford University Press, Oxford); dt.: (1991) *Computerdenken: Des Kaisers neue Kleider oder Die Debatte um Künstliche Intelligenz* (Spektrum der Wissenschaft, Heidelberg).
Popper, K.R., and Eccles, J.C. (1977), *The Self and Its Brain* (Springer, Berlin, Heidelberg), dt.: (1982) *Das Ich und sein Gehirn* (Piper, München, Zürich).
Posner, M.I., Petersen, S.E., Fox, P.T., and Raichle, M.E. (1985), »Localization of Cognitive Operations in the Human Brain«, *Science,* 240, 1627–1631.
Roland, P.E. (1981), »Somatotopical tuning of postcentral gyrus during focal attention in man. A regional cerebral blood flow study«, *J. Neurophysiol.* 46, 744–754.
Roland, P.E., and Friberg, L. (1985), »Localization in cortical areas activated by thinking«, *J. Neurophysiol.* 53, 1219–1243.
Searle, J.R. (1984), *Minds, Brains and Science* (British Broadcasting Corporation, London); dt.: (1986) *Geist, Hirn und Wissenschaft* (Suhrkamp, Frankfurt).
Searle, J.R. (1992), *The Rediscovery of the Mind* (MIT Press, Cambridge, MA); dt.: (1993) *Die Wiederentdeckung des Geistes* (Artemis & Winkler, München).
Singer, W. (1990), »Search for coherence: a basic principle of cortical self-Organization«, *Concepts Neurosci.,* 1, 1–26.
Stent, G.S. (1981), »Strength and weakness of the genetic approach to the developement of the nervous system«, *Annu. Rev. Neurosci.* 4, 163–194.
Waddington, C.H. (1969), »The theory of evoultion today«, in: *Beyond Reductionism,* eds. A. Koestler and J.R. Smythies (Hutchinson, London); dt.: (1970) *Das neue Menschenbild* (Molden, Wien, München, Zürich).
Zeki, S.M. (1980), »The representation of colours in the cerebral cortex«, *Nature* 284, 412–418.

Danksagungen

Ich stehe in großer Schuld bei Dr. Heinz Götze, der die Veröffentlichung dieses Buches mit seinen ausgezeichneten technischen Möglichkeiten vorbereitet hat.

Ich möchte dem Max-Planck-Institut für Hirnforschung danken; Prof. Wolf Singer für seine klugen und kritischen Ratschläge, und besonders Dr. Manfred Klee für seine großzügige Hilfe bei vielen Teilfragen, die mit dieser Veröffentlichung verbunden waren; insbesondere mit den Abbildungen.

Die vorrangigste und dankbarste Anerkennung gilt meiner Frau, Dr. Helena Eccles, für ihre selbstlose Hilfe in allen Entstehungsphasen dieses Buches, insbesondere dafür, daß sie den Text mehrmals abgetippt hat, und für ihre kluge und kritische Beratung. Darüber hinaus danke ich ihr für ihre liebevolle Pflege, der ich es verdanke, daß ich eine heftige Schmerzattacke, die mich in der Nacht des 28. Februar 1993 heimsuchte, überlebte und mich von ihr erholte. So konnte ich dieses Buch fertigstellen, von dem ich glaube, daß es das größte Abenteuer meines Lebens darstellt, mit seiner spirituellen Widmung der Hoffnung, Schönheit und Sinn des Lebens.

Ich möchte der Royal Society, der National Academy of Sciences und dem *Scientific American* für ihre Erlaubnis danken, Abbildungen aus ihren Veröffentlichungen verwenden zu dürfen.

Ich danke den Autoren von Veröffentlichungen, die ich zur Verdeutlichung herangezogen habe: den Doktoren K. Akert, J. Szentágothai, H. Stephan, P. Roland, R.B. Kelly, A. Peters, C. Schmolke, P.S. Ulinsky, D. Margoliash, H. Korn, S.J. Redman, R.J. Sayer, E.G. Gray, R. Porter und D. Ingvar. Mein besonderer Dank gilt Dr. M.E. Raichle, weil er mir die Diapositive für die vier Karten von Abbildung 10.3 besorgt hat.

Die Kapitel 4, 5, 6, 7 und 9 stellen bearbeitete Versionen von zuvor veröffentlichten Arbeiten dar:

4 »New light on the mind-brain problem: how mental events could influence neural events«, *Complex Systems: Operational Approaches in Neurobiology, Physics and Computers,* H. Haken (ed.), Berlin, Heidelberg: Springer, 1986.
5 »Do mental events cause neural events analogously to the probability fields of quantum mechanics?« *Proc. Roy. Soc. London 227,* 411-428 (1987).
6 »A unitary hypothesis of mind-brain interaction in the cerebral cortex«, *Proc. Roy. Soc. London 240, 433-451 (1990).*
7 *»The evolution of consciousness«, Proc. Nat. Acad. Sci. 89,* 7320-7324 (1992).
9 (Gemeinsam mit F. Beck) »Quantum aspects of brain activity and the role of consciousness«, *Proc. Nat. Acad. Sci. 89,* 11357-11361 (1992).

Glossar

Afferenz afferente Axone, die den Nervenzellen im zentralen Nervensystem, z.B. aus der Peripherie, Impulse zuleiten (Gegenteil: Efferenz, efferente Axone).

Aktionspotential (Spike) Elektrische Spannungsschwankung bzw. -entladung nach dem »Alles-oder-nichts«-Prinzip. Es ist das Standard-Signal im Nervensystem, das über ein Axon fortgeleitet wird. Amplitude ca. 100 mV, Dauer 1–5 msec.

Antidromisch Fortleitungsrichtung eines Impulses, der von Axonenden zum neuronalen Soma wandert, d.h. entgegengesetzt der üblichen (orthodromischen) Fortleitungsrichtung.

Arachnoidea siehe Ventrikel.

Astrozyten siehe Neuroglia.

Axon Fortsatz einer Nervenzelle, der einen Impuls weiterleitet, bisweilen über eine große Distanz.

Axon-Kollateral Zweig vom Hauptaxon.

Bouton Kleine Enderweiterungen der präsynaptischen Nervenfaser an einer Synapse. Ort, an dem Überträgersubstanz (Transmittersubstanz) freigesetzt wird.

Dendrit Eine bäumchenhafte Verzweigung bestimmter Zellfortsätze, die über die an ihnen endenden Synapsen als postsynaptischer Zellteil Erregungen aufnimmt.

Dendron Durch die Bündelung vieler apikaler Dendriten von Pyramidenzellen zu einer funktionellen Einheit geformte Komposition.

Depolarisation Abnahme des Membranpotentials vom Ruhepotential (s.d.) in Richtung Null.

Dorsal Zur Rückseite (eines Organismus) hin gelegen (von lat. **dorsum** = Rücken).

Efferenz, efferente Axone leiten Impulse vom Zentralnervensystem in die Peripherie fort (Gegenteil: siehe Afferenz).

Elektrochemisches Potential Der Spannungsunterschied zwischen zwei durch eine semipermeable Membran voneinander getrennten Salzlösungen. Mit Hilfe der Nernstschen Gleichung kann aus der logarithmischen Beziehung der Konzentrationen der geladenen Partikeln an den beiden Seiten einer Membran und einigen Konstanten das entstehende Potential errechnet werden.

Elektroenzephalogramm (EEG) Die Aufzeichnung der elektrischen Tätigkeit der Hirnrinde, die mittels Elektroden, die an der Kopfhaut angelegt werden, durch einen Verstärker und einen Schreiber dargestellt werden.

Elektrotonische Potentiale Lokale, abgestufte, durch unterschwellige Ströme erzeugte Potentiale, die durch passive, elektrische Eigenschaften der Nervenzellmembran bestimmt werden.

Enzephalon Das Gehirn.

Ependymalzellen Zellschicht, die die Ventrikel des Gehirns auskleiden. Siehe Ventrikel.

EPSP Exzitatorisches postsynaptisches Potential in einer Nervenzelle. Amplitude ca. 10 mV, Dauer 10 – 50 msec.

Erregung Ein Vorgang, der hauptsächlich durch die Summation von EPSPs (s.d.) zur Depolarisation der Membran bis zum »Feuern« eines Aktionspotentials führt.

Exozytose Ein Prozeß, bei dem sich synaptische Vesikel mit der Endmembran verbinden und Transmittermoleküle in den synaptischen Spalt freisetzen.

Ganglion Knotenförmiger Nervenzellhaufen, der Impulse aussendet und empfängt. Ganglien im autonomen Nervensystem steuern synaptisch die Eingeweide.

Gleichgewichtspotential Das Membranpotential, bei dem die Menge eines Ions, das über die Membran die Zelle verläßt, und die einströmende Menge gleich groß ist, d.h. der Strom gleich Null ist.

Glia siehe Neuroglia.

Golgizelle, Typ II Ein Neuron mit kurzen Axonen, bei dem ein Axon sich nahe dem Zellkörper nach Art der Dendriten verzweigt.

Hemmung Ein Vorgang, bei dem eine Nervenzelle eine ihr nachgeschaltete andere Nervenzelle durch Änderung des Membranpotentials (Hyperpolarisation) daran hindert, zu einem bestimmten Zeitabschnitt ein Aktionspotential zu feuern. Über eine Synapse werden an der Folgezelle z.B. GABA oder Glyzin freigesetzt, was jeweils durch eine Erhöhung der Leitfähigkeit für Chlorionen zur Hyperpolarisation führt.

Hippokampus Ein entwicklungsgeschichtlich älterer Teil des Gehirns, dem besondere Bedeutung für die Gedächtnisspeicherung zukommt.

Hyperpolarisation Eine Zunahme (Negativierung) des Membranpotentials, welche die Erregbarkeit des Neurons verringert.

Interneuron Ein Neuron, das weder eine reine motorische oder sensorische Funktion hat, sondern Neurone miteinander verbindet.

IPSP Inhibitorisches postsynaptisches Potential. Amplitude ca. 10 mV, Dauer 10 – 100 msec.

Kanal Eine Öffnung oder »Pore« in der Zellmembran, durch die Ionen und Moleküle hindurchtreten können.

Katecholamine Eine Gruppe synaptischer Transmittersubstanzen. Siehe synaptische Vesikel.

Kortikale Kolumne (Säule) Ein säulenförmiges Aggregat kortikaler Neurone, die gemeinsame Eigenschaften besitzen, z.B. sensorische Empfindungen, Dominanzverarbeitung eines Auges, Orientierung, Bewegungsempfindungen.

Mauthner-Zelle Ein Paar extrem großer Nervenzellen im Mittelhirn der Fische und Amphibien.

Motoneuron Ein Neuron, das über sein Axon einen Muskel innerviert.

Myelin Die weiße Substanz in der Markscheide der Nervenfasern.

Neokortex Der jüngste Teil der Hirnrinde, der die beiden halbkugelförmigen Hirnhälften bildet.

Nervenfaser Das Axon, der Hauptzweig der die Nervenzelle verlassenden Faser; Länge zwischen wenigen Millimetern und etwa einem Meter.

Neuroglia oder **Glia** Nichtneuronale Stütz- und Begleitzellen von Neuronen. Im Zentralnervensystem der Säuger sind die wichtigsten von ihnen Astrozyten und Oligodendrozyten. Die Begleitzellen peripherer Nerven werden Schwannsche Zellen genannt.

Neuronen (Nervenzellen) Der biologische, morphologische Grundbaustein des Gehirns und des gesamten Nervensystems.

Neuronentheorie Die Theorie, daß das Nervensystem aus einzelnen Neuronen oder Nervenzellen zusammengesetzt ist, die funktionell eigenständig sind, aber über die Synapsen in einen Informationsaustausch treten. Im Gegensatz zu einem früher vermuteten übergangslosen Fasersystem (Syncytium).

Noise (Rauschen) Spontane Fluktuationen des Membranpotentials oder -stromes, die auf zufälliges Öffnen oder Schließen von Ionen-Kanälen (s. Kanal) zurückzuführen sind.

Nukleus (Zellkern) Eine große basophile Masse, die meistens in der Zellmitte gelegen ist und die DNS enthält, in der die genetische Anleitung für die Zelle verschlüsselt ist.

Oligodendrozyten siehe Neuroglia.

Orthodromisch siehe antidromisch.

Postsynaptische Membran Der Membranabschnitt einer Nervenzelle oder einer Rezeptorzelle, der unmittelbar an eine Synapse (siehe dort) grenzt.

Präsynaptische Fasern Die Endverzweigungen von Nervenfasern, die später als synaptische Endkolben (s. Boutons) auslaufen.

Präsynaptisches Vesikelgitter (PVG) Präsynaptische Anordnungen aus synaptischen Vesikeln und dichtliegenden Erhebungen.

Pyramidenzellen Die wichtigsten Nervenzellen der Hirnrinde, die eine Pyramidenform besitzen.

Quantale Freisetzung Die Freisetzung des Transmitters an den präsynaptischen Endigungen in festen Mengen (Quantum).

Quantalgröße Die Zahl der Moleküle eines Transmitters innerhalb eines Quantums.

Quantum-Inhalt Die Anzahl von Quanten in einer synaptischen Antwort.

Ruhepotential Ein Gleichspannungspotential über die Nervenzellmembran in ihrem Ruhezustand. Ca. –70 mV.

Schwellenwert 1. Der kritische Wert des Membranpotentials, bei dem durch eine Membran-Depolarisation ein Impuls (s. Aktionspotential) »gezündet« wird. 2. Entsprechend auch der Mindestreiz, der für eine Empfindung nötig ist.

SMF Supplementäres motorisches Feld der Hirnrinde.

Synapse Die Übertragungsstelle der Erregung von einem Neuron auf ein anderes.

Synaptischer Spalt Der Raum zwischen den Membranen der präsynaptischen Faser und der postsynaptischen Zelle an einer chemischen Synapse, den die Transmittersubstanz überwinden muß.

Synaptische Plastizität Fähigkeit von Synapsen zum Wechsel in ihrer Funktionsfähigkeit, eventuell auch durch Größenveränderung.

Synaptische Vesikel Membranbläschen an den präsynaptischen Nervenenden (s. Boutons). Vesikeln mit dichteren Strukturen enthalten u.a. Katecholamine und Serotonin; in solchen, die »durchsichtigere« Strukturen aufweisen, befinden sich andere Transmitersubstanzen, z.B. Acetylcholin, Glyzin, GABA.

Transmittersubstanz Ein chemischer Stoff, der an einer präsynaptischen Nervenendigung freigesetzt wird und auf die Membran der postsynaptischen Zelle einwirkt. In der Regel ruft er eine Zunahme der Durchlässigkeit der Membran für ein oder mehrere Ionen hervor.

Trophischer Einfluß Einwirkung auf Wachstum, Erhaltung und Stoffwechsel einer Zelle. Der Einfluß kann von einem anderen Teil derselben Zelle oder einer anderen Zelle ausgehen.

Ventral Bauchwärts oder auf der Unterseite des Körpers gelegen.

Ventrikel Hohlräume im Gehirn, die mit zerebrospinaler Flüssigkeit gefüllt und durch Ependymalzellen abgegrenzt sind.

Weiße Substanz Teil des zentralen Nervensystems, der weiß erscheint, da er aus mit Myelin durchsetzten Teilen besteht.

Zerebellum (Kleinhirn). Ein kleinerer, rückwärtsgelegener Hirnteil in der hinteren Schädelgrube, für die Bewegungskontrolle verantwortlich.

Register

U

V

W

X

John C. Eccles

Die Evolution des Gehirns – die Erschaffung des Selbst

Aus dem Englischen von Friedrich Griese. 450 Seiten mit 110 Abbildungen. SP 1699

»Ich finde dieses Buch einzigartig. Seit Darwins *Descent of Man* ist die Frage nach der Abstammung des Menschen intensiv erörtert worden, aber nie zuvor hat ein Hirnforscher das gesamte Tatsachenmaterial im Hinblick auf das bedeutendste der großen Probleme – die Evolution des menschlichen Gehirns und des menschlichen Geistes – zusammengetragen.«
Sir Karl Popper

Wie das Selbst sein Gehirn steuert

Aus dem Englischen von Malte Heim. 281 Seiten mit zahlreichen Abbildungen. SP 2286

Das Gehirn des Menschen

Sechs Vorlesungen für Hörer aller Fakultäten. Aus dem Englischen von Angela Hartung. 304 Seiten mit 109 Abbildungen. SP 826

Mit diesem Buch vermittelt der Neurophysiologe und Nobelpreisträger John C. Eccles dem Leser eine Vorstellung vom Abenteuer der modernen Hirnforschung und von den vielfältigen Aspekten, die ihre Erkenntnisse auch anderen Wissensgebieten wie der Philosophie, Psychologie und Biologie eröffnen. Seine Darstellung bietet eine breitgefächerte, grundlegende Übersicht über den Stand der Neurophysiologie; die Themen erstrecken sich von den einfachsten Phänomenen der Nervensysteme von Wirbellosen bis zur Rolle des menschlichen Gehirns in Erkenntnis, Kreativität und Wollen. Darüber hinaus erörtert Eccles wichtige Grundkonzeptionen von Psychologie und Philosophie.

Karl R. Popper / John C. Eccles

Das Ich und sein Gehirn

Aus dem Englischen von Angela Hartung und Willy Hochkeppel, unter wissenschaftlicher Mitarbeit von Otto Creutzfeldt. 699 Seiten mit 66 Abbildungen. SP 1096

»Ein ungemein gedankenreiches Buch, das seine Hypothesen in ruhiger, verständlicher Sprache vorträgt. Die Autoren führen ein in ein wichtiges Gebiet heutiger Philosophie und Naturforschung, ohne die vielfältigen problemgeschichtlichen Zusammenhänge zu vernachlässigen...«
Frankfurter Allgemeine Zeitung

SERIE PIPER

Karl R. Popper

Auf der Suche nach einer besseren Welt

Vorträge und Aufsätze aus dreißig Jahren. 282 Seiten. SP 699

Karl Raimund Popper zählt zu den bedeutendsten Philosophen dieses Jahrhunderts. Sein »kritischer Rationalismus« und seine Konzeption der »offenen Gesellschaft« haben nachhaltigen Einfluß auf die Philosophie, die Wirtschafts- und Sozialwissenschaften und auf die Politik der westlichen Welt ausgeübt – sie tun dies bis heute. Der vorliegende Band – vom Autor selbst gestaltet – versammelt zentrale Vorträge und Aufsätze Poppers aus dreißig Jahren. Die Texte faszinieren durch ihre lebendige und klare Sprache. Sie konfrontieren den Leser mit Poppers großen Themen und mit der Vielfalt seines Denkens.

»Die Textsammlung ist selbst für versierte Popper-Kenner noch anregend und aufschlußreich.«
Das Parlament

»Wer Popper wenig oder nicht gelesen hat, wird hier einen vortrefflichen Überblick über sein Denken gewinnen.«
Die Presse

Alles Leben ist Problemlösen

Über Erkenntnis, Geschichte und Politik. 336 Seiten. SP 2300

Karl Popper hat an diesem Buch bis zu seinem Tod gearbeitet. In den sechzehn Texten kommen noch einmal die großen Themen zur Sprache, die sein Lebenswerk beherrscht haben: Fragen der Erkenntnis und der Beschränktheit der Wissenschaft, der Frieden, die Freiheit, die Verantwortung der Intellektuellen, die offene Gesellschaft und ihre Feinde.

»Karl Popper gehört . . . zu den Söhnen der jüdischen Bürgerschicht von Wien, deren Gedanken die geistige Landschaft Europas in diesem Jahrhundert verändert und geprägt haben.«
Frankfurter Allgemeine

Irenäus Eibl-Eibesfeldt

Krieg und Frieden aus der Sicht der Verhaltensforschung

329 Seiten mit Abbildungen. SP 329

»Ein immenses Material, das uns zum Nachdenken nicht anregt, sondern zwingt.«
Frankfurter Allgemeine Zeitung

Liebe und Haß

Zur Naturgeschichte elementarer Verhaltensweisen. 293 Seiten. SP 113

»Ein lebendiges und instruktives Buch, strotzend von Material, das vielfach auf eigenen Forschungsreisen gewonnen wurde, überzeugend in seinen Analysen und Schlußfolgerungen.«
Frankfurter Allgemeine Zeitung

Der Mensch – das riskierte Wesen

Zur Naturgeschichte menschlicher Unvernunft. 272 Seiten mit 29 Abbildungen. SP 585

Haben wir noch eine Zukunft? Was hindert die Menschen daran, nach Einsicht vernünftig zu handeln? Solche Fragen stellen sich auch dem Biologen Irenäus Eibl-Eibesfeldt, der seit Jahrzehnten menschliches Verhalten erforscht. In seinem Buch zur Naturgeschichte menschlicher Unvernunft setzt er sich temperamentvoll mit solchen Fragen auseinander und gibt allgemeinverständliche Antworten aus der Sicht des Biologen und Humanethologen.

Wider die Mißtrauensgesellschaft

Streitschrift für eine bessere Zukunft. 255 Seiten. SP 2173

Ein Naturwissenschaftler, der den Mut hat, sich einzumischen, hat ein provozierendes Buch geschrieben.

»Jedenfalls ein intelligentes, ehrliches, mutiges und äußerst interessantes Buch, zudem sehr gut lesbar, das Zustimmung und Widerspruch hervorrufen wird.«
ekz-Informationsdienst

»So redlich wie mit Eibl-Eibesfeldt ist zur Zeit kaum mit jemandem zu diskutieren. Denn er will nicht Standpunkte polarisieren, sondern ›den Rahmen des Möglichen empirisch und rational‹ ausloten.«
Salzburger Nachrichten

Galápagos

Die Arche Noah im Pazifik. 507 Seiten mit 43 farbigen und 229 schwarzweißen Abbildungen sowie 52 Karten im Inselführer. SP 1232

SERIE PIPER

Gerd Binning

Aus dem Nichts

Über die Kreativität von Natur und Mensch.
298 Seiten mit Zeichnungen und Gedichten von Rudi Gerharz. SP 1486

Gerd Binning, der Experimentalphysiker und Physik-Nobelpreisträger des Jahres 1986, hat in den letzten Jahren eine neue Vorstellung von Evolution entwickelt. Der Physiker versteht Evolution als kreativen Prozeß. Dieses Buch ist in erster Linie ein Buch über Kreativität. Schon der außermenschlichen Natur, nicht erst dem Menschen, schreibt Binning Kreativität zu, deshalb ist sie auf zweifache Weise Thema dieses Buches: Einerseits beschreibt der Autor kreative Mechanismen in der Natur und in der Geschichte der Evolution, andererseits versteht er sein Buch selbst als einen kreativen Prozeß, an dem der Leser unmittelbar teilnimmt. Das Buch ist also ein – sehr stark durch persönliche Erfahrungen des Autors geprägtes – Nachdenken über Kreativität.

»Mir geht es in diesem Buch nicht darum, detaillierte Rezepte für kreatives Verhalten zu geben, sondern vor allem darum, ein tieferes Verständnis von Kreativität zu erreichen. Dazu muß man sich aber die gesamte Natur und nicht nur den Menschen anschauen. Die Natur war und ist in der Lage, ständig Neues hervorzubringen, ist also kreativ.«
Gerd Binning

»Kein Sachbuch im üblichen Sinn, eher ein faszinierendes Leseabenteuer. Ein schönes Buch, das eine neue Richtung des Denkens vorstellt und dabei zum Denken verleitet.«
Die Welt

Humberto Maturana

Was ist erkennen?

Mit dem Kolloquium »Systemtheorie und Zukunft«. Herausgegeben und mit einem Essay zur Einführung von Rudolf zur Lippe. Aus dem Englischen von Hans Günter Holl. 256 Seiten. SP 2289

In der Biologie vollzieht sich heute, ähnlich wie Anfang des Jahrhunderts in der Physik eine naturwissenschaftliche Revolution, die unser tradiertes Weltverständnis von Grund auf verändert. Einer der Protagonisten dieses neuen Denkens ist der chilenische Neurobiologe und Erkenntnistheoretiker Humberto Maturana. Die vorliegenden Texte bieten Gelegenheit, zentrale Begriffe des Konstruktivismus und der evolutionären Erkenntnistheorie Maturanas in verständlicher Form kennenzulernen.
Der Biologe verabschiedet das traditionelle naturwissenschaftliche Erkenntnismodell der säuberlichen Trennung von Subjekt und Objekt, Geist und Natur und legt dar, daß das erkennende Ich, das Erkennen als Prozeß und das Erkannte zusammengehören. Die Welt, in der wir leben, ist eine Welt, die wir im Prozeß des Erkennens und im Verwandeln der Erkenntnis in Sprache gemeinsam erschaffen.
Diese Sichtweise ist außerordentlich folgenreich – philosophisch hat sie nur die Konsequenz, daß es keine objektive Wahrheit geben kann, daß niemand das Recht hat, Besitz an der Wahrheit für sich zu reklamieren. Für die Bereiche Gesellschaft und Politik hat Maturana als Biologe und Beobachter der Natur erkannt, daß nicht Konkurrenz und das »Gesetz des Dschungels«, sondern Kooperation und Toleranz die Grundlage aller Lebensvorgänge sein sollten – ein Denkmotiv, das ahnen läßt, warum sich Maturana gerade auch in der alternativen Szene und im Lager des neuen Denkens herumgesprochen hat.

Der kongenialen, vorzüglichen Übersetzung von Hans Günter Holl verdankt der Text Maturanas eine Neuerschaffung in deutscher Sprache, die das Denken Maturanas erstmals adäquat präsentiert: die lateinamerikanische Fabulierkunst, aber auch das Interesse an der Konkretion mit amüsanten Anekdoten und plastischen Beispielen – immer auf dem Sprung, liebgewonnene Denktraditionen und Vorstellungen auf den Kopf zu stellen.